THEORY OF AVIATION CABIN SECURITY

항공객실보안론

Theory of Aviation Cabin Security

Kim Yoon Sook
Hwang Ho Won

ISBN-13: 978-89-6218-512-6

Cengage Learning Korea Ltd.
14F YTN Newsquare 76 Sangamsan-ro
Mapo-gu Seoul 03926 Korea
Tel: (82) 2 330 7000
Fax: (82) 2 330 7001

Cengage Learning is a leading provider of customized learning solutions with office locations around the globe, including Singapore, the United Kingdom, Australia, Mexico, Brazil, and Japan. Locate your local office at: **www.cengage.com**

Cengage Learning products are represented in Canada by Nelson Education, Ltd.

To learn more about Cengage Learning Solutions,
visit **www.cengageasia.com**

Printed in Korea
Print Number: 01 Print Year: 2021

THEORY OF AVIATION CABIN SECURITY

항공객실보안론

김윤숙 · 황호원 지음

Andover • Melbourne • Mexico City • Stamford, CT • Toronto • Hong Kong • New Delhi • Seoul • Singapore • Tokyo

저자 소개

김윤숙

한국항공대학교 일반대학원 경영학박사

현) 한국관광대학교 항공서비스과 교수

대한항공 객실부사무장

강남대학교 초빙교수

인천재능대학교 겸임교수

인하공업전문대학교 외래교수

한국항공경영학회 이사

항공서비스교육연구회 이사

한국항공보안학회 편집위원

한국산업인력공단 일학습병행제 외부평가자

한국산업인력공단 NCS기반(항공객실) 학습모듈 집필 평가위원

황호원

성균관대학교 법학과, 동 대학원 졸업(형사법 전공/법학석사)

독일 Johaness Gutenberg in Mainz University(형사법 전공/법학석사 및 법학박사)

현) 한국항공대학교 항공우주법학과 교수

한국 형사정책연구원 부연구위원

한국항공우주정책법학회 부회장

항공보안포럼 위원장

한국항공보안학회 편집위원장

교통안전공단 자문위원

사법시험, 행정고시, 변호사시험 출제위원

항공객실보안론

초판 1쇄 인쇄 | 2021년 3월 8일

초판 1쇄 발행 | 2021년 3월 12일

지은이 김윤숙, 황호원

발행인 송성헌

발행처 센게이지러닝코리아(주)

등록번호 제313-2007-000074호(2007.3.19)

주소 서울시 마포구 상암산로 76 YTN 뉴스퀘어 14층

전화 02) 330-7000

이메일 asia.infokorea@cengage.com

홈페이지 www.cengage.co.kr

ISBN-13: 978-89-6218-512-6

정가 22,000원

Preface

머리말

국가 간의 경제협력 네트워크가 확장됨에 따라 항공기를 이용하는 승객은 지속적으로 증가하고 있다. 특히 최근에는 글로벌 시대에 걸맞게 해외여행이 급속히 증가하는 추세로 교통체계상 '항공 교통'이 차지하는 비중은 갈수록 증대되고 있다.

그러나 이런 장밋빛 청사진에 찬물을 끼얹는 사안이 발생하고 있으니 기내 난동이 바로 그것이다. 기내 난동(Air Rage)은 「항공보안법」 제23조에 따르면, 승객의 협조 의무를 규정하였는데, 이에 위반하는 불법행위로서 폭언, 고성방가 등 소란 행위, 흡연 행위, 약물 복용 및 음주 후 위해 행위, 성적 수치심 유발 행위, 항공안전법 제73조를 위반하여 전자기기를 사용하는 행위, 기장의 허락 없이 조종실 출입을 기도하는 행위, 기장 등의 업무를 위계 또는 위력으로서 방해하는 행위 등으로 승무원의 정당한 업무 집행을 방해하거나 승무원과 탑승객의 안전한 운항이나 여행을 위협하는 일체의 행위로 정의된다. 즉, 이는 항공기의 안전과 승객의 생명을 위태롭게 할 수 있는 심각한 사태로 불법행위 유형에 따라 법정형으로 엄격하게 처벌하고 특별한 조치를 하게 되어 있다.

그런데 국토교통부 자료를 보면 최근 가파른 상승세를 지속적으로 나타낼 뿐만 아니라 그 유형도 점점 다양해지고 있다. 심각하게도 운항 중인 항공기에서 발생한 '기내 난동'은 자칫 항공안전을 위태롭게 만들 수 있기 때문에 이러한 행위를 사전에 예방하거나 차단하기 위한 실질적인 방안에 대해 더 많은 관심과 노력을 기울일 필요가 있다. 항공 특성상 단 한 번의 항공기 사고로 다수의 인명 피해를 발생시킬 수 있으며, 국제적 위상에도 큰 영향을 미치는 바, 최근 증가하는 난동 행위 억제를 위해 제도적 보완 조치와 함께 승객 사전 안내 등 홍보 강화, 승객 자율 신고제도 도입, 경찰 인계 의무화 등 항공기내 난동 행위자에 대한 단호한 법적 대응이 절실한 시점이다.

그러므로 국내·외적으로 급증하고 있는 항공기내 난동에 대비하여 국가 및 항공사는 예방적 관리 프로그램부터 사건 발생 이후 체포한 난동 행위자 인도 및 사법처리 과정을 아우르는 항공기내 난동 승객 처리 절차 수립에 매우 큰 관심을 갖지 않을 수 없게 되었다. 그 중심에는 항공기내 난동 발생 시 신속하고 효율적인 대응을 위한 항공기내보안요원 등의 전문성 강화 및 경찰에의 인수인계 범위 확정 등 처리 절차에 있어서 명확한 방향 제시 등 법적 조치가 자리 잡고 있다.

그동안 항공기 기내 난동이란 지상이 아닌 공중의 기내라는 밀폐된 공간에서의 소란 행위이기에 이로 인하여 승객들에게 끼치는 불안감 등의 심리적인 영향력은 지상에서의 공포와는 비할 바 없이 심각하므로, 보다 강력한 제재가 요구되었다. 또한 승무원의 지시에 대한 불응 및 폭행은 안전운항을 해치는 위험한 불법행위이며, 승객이라는 지위를 악용한 일종의 '갑질'의 성격까지도 갖고 있으므로, 도덕적으로도 비난받아 마땅한 행위이므로 사법부가 보다 심각하게 판단해야 할 근거가 확고하다.

우리나라의 경우 해외에 비해 기내 난동에 대한 처벌 수준이 지극히 낮은 수준이라는 이유로 기내 난동이 줄어들지 않는다고 하여, 이에 대한 대책으로 적극적인 항공보안법의 개정이 필요하다는 목소리가 높아진 바 있다. 그 결과 항공기 보안이나 운행을 저해하는 폭행 · 협박 등의 위계 행위를 한 사람은 10년 이하의 징역에 처하며, 항공기 내에서 다른 사람을 폭행한 사람은 5년 이하의 징역에 처하는 등 엄격한 처벌이 규정되어 있다(항공보안법 제46조). 또한 기장 등의 업무를 위계 또는 위력으로 방해한 사람은 10년 이하의 징역 또는 1억 원 이하의 벌금에 처하고(제49조 제1항), 운항 중인 항공기 내에서 폭언 등 소란 행위, 음주 후 위해 행위를 한 사람은 3년 이하의 징역 또는 3천만 원 이하의 벌금에 처하는 등 매우 엄격한 처벌이 규정되었다(제23조 제1항 제6호, 제23조 제4항).

이렇듯 여러 차례에 걸친 「항공보안법」 개정을 통해 항공기 내에서의 불법행위에 대한 처벌이 전반적으로 강화되었음에도 불구하고, 최근 불법행위 건수는 여전히 증가 추세를 보이고 있어 항공기내 불법행위 처벌의 실효성에 의문이 제기되고 있다. 이런 점에서 항공객실승무원의 역할이 중요하고 이런 상황에서 어떤 임무와 권한과 책임이 있는지를 명확하게 알아야 함이 중요하다. 이미 법적으로는 항공기내보안요원이란 제도를 도입하여 항공객실승무원에게 항공기내 난동에 대한 법적인 권한을 부여하고 있으나, 현실적으로 교육 훈련의 미흡함으로 인하여, 기내 난동 상황에 있어서의 대처 방안 및 법적인 권한과 책임 등의 충분한 숙지가 부족하여 초기 대응은 물론 사건 처리를 제대로 처리하지 못하는 불상사가 발생하고 있는 실정이다. 이는 현재의 교육 훈련 시스템에서는 유사시 항공기내보안요원으로서의 조치 사안을 제대로 교육 훈련받지 못하고 현장으로 투입되는 현실이므로 이에 대한 보완책이 강구되어야 함이 시급하다.

특히 "사법경찰관리의 직무를 수행할 자와 그 직무범위에 관한 법률" 제7조 제2항에 의하면 항공기 안에서 발생하는 범죄에 관하여 항공객실승무원은 특별사법경찰관리의 직무를 수행하도록 규정되어 있으나 정작 당사자들은 이런 중대한 임무를 제대로 파악하지 못하고 있는 실정이다. 범죄의 진압 및 수사뿐 아니라, 나아가 항공기 내 범죄의 예방적인 측면까지도 가능할 수 있도록 법규의 제도적 보완과 실질적인 효율화 방안이 모색되어 상시적인 특별사법경찰관리로서의 권한을 갖는 항공기내보안요원 임무에 관한 독립적인 권한 부여와 함께 미국의 연방 에어마샬제도처럼 국가적 차원의 교육과 사전 및 사후 국가안보 기관들과 긴밀한 협조를 할 수 있는 환경 또한 마련되어야 할 것이다.

그러므로 현장에서의 항공보안업무를 책임지고 있는 항공객실승무원들에게 보다 권위있는 명확한 항공기 내 보안활동으로 기내 난동에 적극적 대응을 가능하게 하는 실체적이고 근본적인 교육 훈련을 통하여 기내 난동 억제 조치를 담당할 역량을 갖추도록 해야 할 것이다. 즉, 항공기 내 현장에서는 행동지침에 따라 위협 수준에 따라 적절한 조치를 수행할 역량을 향상시키고 특별사법경찰관리의 권한과 임무를 숙지하도록 하며, 사후 단계로 철저한 처벌을 위하여 경찰과의 유기적인 공조 능력을 갖추게 하는 교육 훈련이 절실하게 필요하다. 더욱이 최근 활발하게 논의되고 있는 난동 승객에 대한 즉각적인 제압 시 무기 사용에 따른 문제점과, 즉각적인 조치를 하지 않은 항공사에 대한 과징금 조치, 승무원 교육 프로그램 내용에 대한 변경 등을 국제 기준 및 현장 상황, 항공사의 운영 현실에 적합하게 합리적이고 실효성 있게 연구되어야 할 것이다.

이런 배경하에서 본 교재에서는 항공기내 불법행위 발생 시 처리하는 활동 및 처벌 조항, 실제 처벌 사례를 살펴보고 개선 과제를 도출하여 교육 훈련에 필수적인 내용으로 구성하였다.

이를 상세히 살펴보면 항공기내보안, 항공보안 관리, 항공보안 법규, 항공기내 보안 사건에 관한 내용으로 총 네 PART로 구성되었다.

PART 1은 항공보안 일반의 전반적 내용과 항공객실보안의 내용을 세부적으로 설명하였다.

PART 2는 항공객실승무원의 권한 역할 그리고 항공기내보안요원의 정의 및 역할과 항공기내 보안장비 사용 표준 절차에 대한 내용으로 구성되었다.

PART 3은 항공법의 변천사를 통해 항공보안법과 항공 범죄에 관한 국제협약에 내용으로 구성되었다.

PART 4는 실질적으로 발생하는 항공기내 보안 사건 유형과 항공기내 불법 방해 행위 국내·외 사례를 살펴보았다.

끝으로 어려운 시기에 이 책의 출판을 위해 많은 격려와 도움을 주신 센게이지러닝코리아(주)의 모든 관계자분들께 깊은 감사의 마음을 전한다.

2021년 3월

저자 김윤숙, 황호원

Contents

차례

PART 4 항공기내 보안 사건
Security Accident on Board

Appendix 부록 법규

항공기내보안
Cabin Security

Chapter 1_ 항공보안 일반
Aviation Security - General

Chapter 2_ 항공객실보안
Aircraft Cabin Security

CHAPTER 01

항공보안 일반
Aviation Security - General

1. 항공보안의 개념

항공보안(Aviation Security)은 민간항공의 안전을 위해, 항공 업무를 수행하는 데 중대한 영향을 미치는 불법적인 기내 업무방해 행위나 위협, 그리고 인명 및 재산의 안전에 위해를 가하는 여러 요소가 결합된 부분들을 사전에 차단 또는 제압하는 것이다.

항공기 내에서의 범죄 및 기타 행위에 관한 협약에서는 항공보안의 목적이 민간항공을 대상으로 하는 항공기 납치, 항공기 폭파, 항행(항공기나 차량의 움직임을 계획, 분석, 조절하는 과정), 안전시설 및 공항시설의 파괴 등을 자행하는 테러 등의 불법 방해 행위로부터 민간항공의 운항을 보호하고 승객, 승무원, 지상 운영 요원과 일반 국민을 보호하는 것으로 되어 있다.

또한 대한항공에서는 항공보안을 항공기 납치, 폭파 위협 및 기타 항공기의 운항을 저해하는 불법 간섭 행위 등을 방지하고, 이와 같은 사건으로 인한 영향을 최소화하기 위한 모든 행위라고 말하고 있다.

국제민간항공협약 부속서 17에는 항공보안을 “불법 방해 행위로부터 민간항공 및 항공 관련 시설을 보호하기 위한 인적·물적 요소가 결합된 대책”으로 규정하고 있다.

여기서 불법 방해 행위란 항공기의 안전 운항을 저해할 우려가 있거나 운항을 불가능하게 하는 행위를 말한다.

■ 불법 방해 행위

항공보안법 제2조 제8항

- 지상에 있거나 운항중인 항공기를 납치하거나 납치를 시도하는 행위
- 항공기 또는 공항에서 사람을 인질로 삼는 행위
- 항공기·공항 및 항행 안전시설을 파괴하거나 손상시키는 행위
- 항공기, 항행 안전시설 및 보호구역에 무단 침입하거나 운영을 방해하는 행위
- 범죄의 목적으로 항공기 또는 보호구역 내로 무기 등 위해 물품(危害 物品)을 반입하는 행위
- 지상에 있거나 운항중인 항공기의 안전을 위협하는 거짓 정보를 제공하는 행위 또는 공항 및 공항시설 내에 있는 승객, 승무원, 지상 근무자의 안전을 위협하는 거짓 정보를 제공하는 행위
- 사람을 사상(死傷)에 이르게 하거나 재산 또는 환경에 심각한 손상을 입힐 목적으로 항공기를 이용하는 행위
- 그 밖에 이 법에 따라 처벌받는 행위

2. 항공보안의 의의

보안의 가장 중요한 목적은 인명과 재산의 손실을 방지하고 보호하는 것이다. 즉, 항공기를 이용하는 승객은 물론이고 공항에서 근무하는 모든 사람들을 보호하고, 항공기, 항공 관련 시설과 장비 등의 자산을 보호하는 것이 항공보안의 주요한 역할이라 할 수 있다.

항공 범죄 중 대규모 인명 손실로 이어지는 테러는 종교적, 정치적으로 자신의 목적을 달성하기 위한 수단으로, 인명 살상을 전혀 개의치 않고 범행을 저지르는 위험성이 매우 높은 행위이다. 과거에 비해 더욱 자주 발생하고 규모가 커지고 있다. 2001년 9월 11일에 발생한 미국 뉴욕의 110층 세계무역센터(World Trade Center) 쌍둥이 빌딩과 워싱턴의 국방부 건물에 대한 항공기 동시다발 자살테러 사건이 대표적인 경우이다. 이 사건으로 인한 피해는 4대의 항공기에 탑승한 승객 266명 전원이 사망하였고, 워싱턴 국방부 청

사에서는 사망자 또는 실종자가 125명이었으며, 세계무역센터에서 사망자 또는 실종자가 2,500~3,000명이 발생하는 등 인명 피해만도 2,800~3,500명에 달했다. 경제적 피해는 세계무역센터의 건물 가치 11억 달러, 테러 응징을 위한 긴급 지출 400억 달러, 재난 극복 연방 원조액 111억 달러 외에 각종 경제 활동이나 재산상 피해를 더하면 화폐 가치로 환산하기 어려울 정도로 큰 재산 피해를 입혔다. 별도의 폭발물을 소지하지 않은 채, 비행기를 납치하여 자살 공격을 했다는 점에서 사전 대비의 어려움을 보여주는 사례이다.

항공 교통이 점차 발달하면서 공항을 이용하는 사람들의 수가 전 세계적으로 늘어나고 있으며, 공항을 이용하는 사람들의 계층이 다양해졌고 빈번하게 이용하는 장소이자 수단이 되고 있다. 따라서 항공보안을 위해 공항 및 항공기 등 항공 관련 시설의 질서를 체계적으로 유지하는 것이 항공보안의 중요한 역할이기도 하다.

항공보안의 또 다른 의의는 항공 산업의 경쟁력 강화이다. 철저한 규제에 따라 검색하고 조사하여 항공기 공중 납치(Hijacking, Air Piracy)와 파괴 등 각종 항공 범죄로부터 예방이 가능해지면, 인적·물적 손실을 막을 수 있기에 항공 산업의 경쟁력 강화로 이어질 수 있다. 항공기 테러는 재산상의 손실뿐 아니라 이미지 손상으로 인해 항공사 경영에도 큰 어려움을 가져오게 된다.

New Story

2019년 9월 24일, 인천국제공항이 항공보안 분야 유일한 국제 시상인 'AVSEC(Aviation Security: 항공보안) 글로벌 어워드 2019' 시상식에서 최우수상에 해당하는 '올해의 항공보안기관상'을 받았다. 시상은 보안기관과 보안교육센터, 보안요원 등 6개 부문으로 나눠 이뤄진다. 인천공항과 캐나다 교통부, IATA(International Air Transport Association: 국제항공운송협회), 워싱턴 댈러스공항 등 모두 12개 기관이 수상했는데, 국내 기관이 수상한 것은 처음이다. 인천공항은 편리하고 신속한 보안 절차와 최첨단 보안시설, 환승 검색의 편의성 등을 인정받아 상을 받았다.

■ 생체정보를 활용한 본인 일치 여부 확인

항공보안법 제14조의 2

① 공항운영자 및 항공운송사업자는 다음 각 호의 어느 하나에 해당하는 목적에 한정하여 관계 행정기관이 보유하고 있는 얼굴 · 지문 · 홍채 및 손바닥 정맥 등 개인을 식별할 수 있는 신체적 특징에 관한 개인정보(이하 '생체정보'라 한다)를 이용할 수 있다.
  1. 공항운영자: 보호구역으로 진입하는 사람에 대한 본인 일치 여부 확인
  2. 항공운송사업자: 탑승권을 발권, 수하물을 위탁하거나 항공기에 탑승하는 승객에 대한 본인 일치 여부 확인

② 제1항에 따라 생체정보를 이용하려는 경우 공항운영자 및 항공운송사업자는 관계 행정기관에 생체정보 제공을 요청할 수 있으며, 행정기관은 정당한 이유 없이 그 요청을 거부하여서는 아니 된다.

③ 공항운영자 및 항공운송사업자는 제1항 및 제2항에 따른 생체정보를「개인정보 보호법」에 따라 처리하여야 한다.

④ 제1항 및 제2항에 따른 생체정보를 활용한 본인 일치 여부 확인방법 및 생체정보의 보호 등에 필요한 사항은 대통령령으로 정한다.

⑤ 공항운영자 및 항공운송사업자는 본인 일치 여부가 확인된 사람의 생체정보를 대통령령으로 정하는 바에 따라 파기하여야 한다.

[본조신설 2020. 6. 9.]

3. 공항 보안의 활동

1) 공항 보안검색

(1) 보안검색의 개념

보안검색이란 항공보안에 위해가 되는 흉기, 폭발물, 총포, 화학류(총기, 실탄)나 마약 등 불법 물품 등을 탐지 및 수색하기 위한 행위를 말한다. 항공기 탑승 및 수하물 적재 시에는 철저한 보안검색이 이루어져야 한다.

보안검색은 보안검색을 담당하는 검색 요원의 능력에 따라, 즉 짧은 시간 내에 얼마나 완벽하게 검색이 이루어지는지에 따라 검색의 대부분이 결정되기에 그들의 능력에 크게 의존하는 것이 현실이다. 이를 위해서 검색 요원의 전문성과 첨단 검색 장비 및 시설이 필요하며, 또한 승객 등 피검색자의 협조 또한 필요하다.

- 검색 대상은 모든 승객 및 휴대 수하물 및 위탁 수하물, 공항 상주 인력, 공항 출입자
- 항공기에 무기[탄저균(炭疽菌), 천연두균 등의 생화학무기를 포함한다], 도검류(刀劍類), 폭발물, 독극물 또는 연소성이 높은 물건 등 국토교통부 장관이 정하여 고시하는 위해물품을 가지고 들어가서는 안 된다.
- 항공보안법 제21조를 위반하여 휴대 또는 탑재가 금지된 물건을 항공기에 휴대 또는 탑재하거나 다른 사람으로 하여금 휴대 또는 탑재하게 한 사람은 2년 이상, 5년 이하의 징역 또는 2천만 원 이상, 5천만 원 이하의 벌금에 처한다.

■ 보안검색

「항공보안법」 제2조 제9항에 따르면, 보안검색이란 불법 방해 행위를 하는 데에 사용될 수 있는 무기 또는 폭발물 등 위험성이 있는 물건들을 탐지 및 수색하기 위한 행위를 말한다.

표_항공보안장비 종류(8종)

종류	용도
엑스선 검색 장비	휴대 및 위탁 수하물, 항공 화물 등에 포함된 위해 물질 및 폭발물 탐지
폭발물 탐지 장비	위탁 수하물에 포함된 위해 물질 및 폭발물 탐지 장비로 신속 · 정확하며 고가임
액체 폭발물 탐지 장비	휴대 및 위탁 수하물, 항공 화물 등에 포함된 액체 폭발물 탐지
폭발물 흔적 탐지 장비	휴대 및 위탁 수하물, 항공 화물 등에 포함된 폭발물의 입자 탐지
문형 금속 탐지 장비	승객 · 승무원 등 보호구역 출입자가 소지한 위해 물질(금속) 탐지
원형 검색 장비	승객 · 승무원 등 보호구역 출입자가 소지한 위해 물질(금속 및 비금속) 탐지
신발 검색 장비	승객 · 승무원 등 보호구역 출입자가 발목 아래에 은닉한 위해 물질(금속) 탐지
휴대용 금속 탐지 장비	승객 · 승무원 등 보호구역 출입자가 신체에 은닉한 위해 물질(금속) 탐지

출처: 국토교통부

엑스선 검색 장비	원형 검색 장비	문형 금속 탐지 장비	휴대용 금속 탐지 장비
		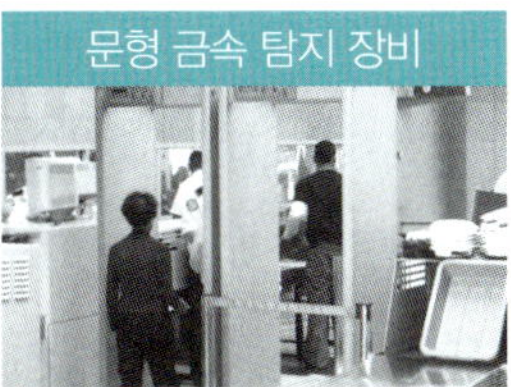	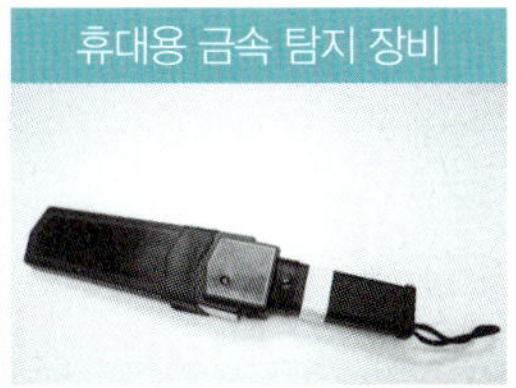

■ **항공보안장비 성능 인증제**

항공보안장비는 테러 방지를 위해 폭발물·무기 등을 탐지하는 성능이 중요하기 때문에 인증을 통해 성능 검증이 필수적이다. 미국·유럽·중국 등 일부 국가에서만 인증제를 운영하고 있으며 이에 적합한 항공보안장비를 생산하고 있다. 우리나라는 항공보안장비 성능 인증제도가 없어 외국산 장비를 수입하여 사용했기 때문에 장비의 성능 수준 등을 외국 업체에 의존할 수밖에 없었고, 유지 · 보수 등 사후 관리에도 많은 시간과 비용부담 등 문제점이 있었다. 1917년 기준 국내 항공보안장비 시장 규모가 약 953억 원이다.

항공보안장비 성능 인증제 시행으로 국내 항공보안 여건에 맞는 항공보안장비 생산·보급을 촉진하고, 장비의 성능 수준 관리에 효율성 및 신뢰도가 향상될 것으로 본다.

(2) 보안검색 절차

공항 운영자는 탑승객, 통과·환승 승객의 휴대물품, 위탁 수하물에 대하여 항공기 탑승 또는 탑승 전에 보안검색을 실시한다. 보안검색을 위해 사용하는 방법은 엑스레이 검색기, 인체 검색기, 휴대용 금속 탐지기와 검색요원의 몸수색 등으로 실시된다.

Milkovasa / Shutterstock.com

엑스레이 검색 장비

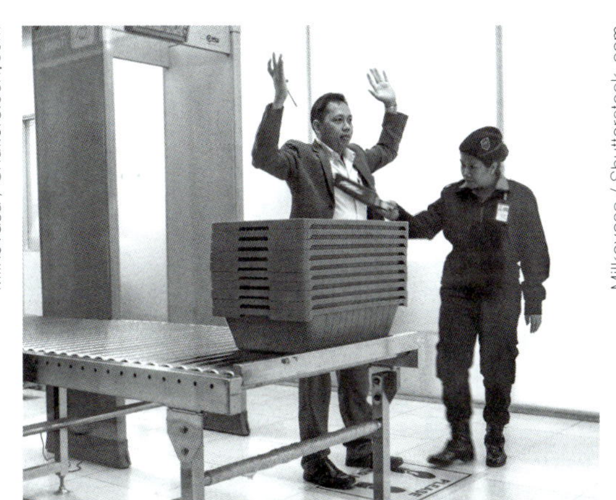
Milkovasa / Shutterstock.com

문형 금속 탐지 장비

■ 보안검색 절차

- 1단계: 여권, 신분증(국내선), 탑승권을 출국장 입장 시에 보안요원이 확인한다.
- 2단계: 휴대물품(가방, 핸드백, 코트 등)을 엑스레이 검색대 벨트 통과로 검색한다.
- 3단계: 소지품(휴대폰, 지갑, 열쇠, 동전 등)은 바구니에 넣어 검색대 벨트 통과로 검색한다. 보안등급 상향으로 보안 강화 시 신발과 외투를 벗어 바구니에 넣어 검색대 벨트 통과로 검색한다.
- 4단계: 문형 탐지기 또는 원형 검색기를 통과하고 검색요원이 검색한다.
- 5단계: 항공기 탑승 직전 지상 직원이 여권으로 신원을 확인한다.

2) 항공기 내 반입 금지 위해 물품

(1) 항공기 내 반입 금지

항공기 내 반입 금지 물품은 국토교통부 고시 제2013-653호에 따르면 다음과 같이 정의된다.

■ 항공기 내 반입 금지 위해 물품

항공보안법 제21조 제1항에 따라, 항공기 내에 반입할 수 없는 무기류·폭발물류·공구·생활용품·레저용품·의료용품·인화성 물질 등 항공기의 안전 운항을 저해하거나 운항을 불가능하게 하는 불법 방해 행위(항공기 납치·파괴 등)에 사용될 수 있는 물건을 말한다.

(2) 항공 위험물

항공 위험물(Dangerous Goods)은 화학적·물리적 특성이 폭발성, 인화성, 부식성, 독성, 방사성이고 또 병균 오염의 우려가 있어 인명, 항공기 및 다른 화물 등에 손해를 줄 위험성이 있는 화물을 말한다. 성질에 따라서 9가지로 구분되고 있고 각 품목마다 성질, 포장, 취급 방법, 내용물 등을 라벨을 붙여서 표기하고 운송하도록 규정되어 있다.

표_항공 위험물

종류	내용
폭발물 (Explosives)	• 탄약(Ammunition) • 폭죽(Fireworks) • 연막탄(Smoke Bomb)
가스류 (Gases)	• 가스 라이터(Lighter): 휴대만 가능함 • 에어로졸(Aerosols) • 캠핑가스(Camping Gas) • 부탄가스(Butane Gas) • 소화기(Fire Extinguisher) • LPG(Camping Gas)
인화성 액체 (Flammable Liquids)	• 페인트(Paint) • 알코올(Alcohol) • 시너(Thinner) • 라이터 기름(Lighter Fuel) • 휘발유(Gasoline)
인화성 고체 (Flammable Solids)	• 성냥(Match): 휴대만 가능함 • 고체연료(Solid Fuel) • 번개탄(Ignition Coal) • 바베큐 숯(Charcoal)
산화성 물질 (Oxidizing Material)	• 표백제(Bleaching Power) • 락스(Crorox) • 파마 약(Permanent Agents)
독성 및 전염성 물질 (Toxic And Infectious Items)	• 제초제(Herbcide) • 살충제(Pesticide) • 전염성 물질(Contagious Matter)
방사성 물질 (Radioactive Materials)	• 방사성 동위원소(Radioisotope) • 방사선 투과검사 장비(Radiographic Test Equipment)
부식성 물질 (Corrosive Materials)	• 빙초산(Glacial Acetic Acid) • 습식 배터리(Wet Battery) • 수은 온도계(Mercury Thermometer)
기타 위험성 물품 및 물질 (Miscellaneous Dangerou Substance & Articlecle)	• 일회용 리튬전지(Non–Rechargable Lithium Batteries): 휴대만 가능함 • 전자기기용 여분의 충전식 리튬이온전지(Spare Li–ion Batteries for Electronic Devices): 휴대만가능함 • 드라이 아이스(Dry Ice) • 전자담배(Elcetronic Cigarette): 휴대만 가능함 • 연료전지(Fuel Cell)

국제민간항공기구(International Civil Aviation Organization : ICAO) 부속서 및 항공법에 따라 폭발성, 독성, 부식성, 인화성 가스 혹은 증기를 방출할 가능성이 있어 사람이나 항공기에 해를 입힐 수 있는 물질 또는 물품 등 위험물은 위험물 규정(Dangerous Goods Regulation : DGR)에 의거하여 위험물임을 신고하고 포장, 표기 및 그 밖에 엄격한 절차에 따라 취급되어야 하며, 일반 화물과 구분되어 취급될 수 있도록 화주 신고서를 작성 제출해야 한다. 이를 위반 시 2천만 원 이하의 벌금 또는 과태료를 부과하게 된다.

(3) 제한 물품

제한 물품(Security Removed Items : SRI, 혹은 Restricted Item)은 비행기 내로 반입이 제한된 물품을 말한다. 승객의 안전을 해치거나 그러한 행위에 사용될 수 있는 물품으로 소형 칼, 대검, 야구 방망이, 하키 스틱, 각종 공구, 총기류, 모형 무기류(총, 칼 등) 등은 승객이 관할이 아닌 항공사가 승객으로부터 분리해 운송해야 한다.

항공기의 안전과 보안을 위해 칼 등과 같은 무기류나 골프채 등의 물건들은 객실 내에 탑재할 수 없으며 이러한 물건들은 탑승 수속 중 보안 점검 시(엑스레이 통과 시) 수거하여 화물 칸(Bulk 탑재)으로 운송되며 승객들은 수하물 찾는 곳에서 이를 찾을 수 있다. 국내 공항을 비롯한 일부 공항에서는 탑승 수속 중 보안 점검 시(X-Ray 통과 시) 휴대 수하물 내에서 발견된 SRI는 다시 위탁 수하물로 탑재하거나, 승객의 판단에 의해 폐기한다.

(4) 특별 보안검색 대상 물품

「항공보안법 시행령」 제13조 제3항 제1호부터 제4호의 2에 해당하는 것

- 골수·혈액·조혈모세포(造血母細胞) 등 인체조직과 관련된 의료품
- 유골, 유해
- 이식용 장기
- 살아있는 동물

「항공보안법 시행령」 제13조 제3항 제5호에 해당하는 것

: 엑스레이 검색 시 본래의 형질이 손상되거나 변질될 수 있는 것

- 엑스레이 검색 장비 및 폭발물 탐지 장비 등에 의한 검색 시 본래의 형질이 손상되거나 변질될 수 있는 물품(필름, 시험용 백신, 국보급 가치가 있는 고미술품, 골동품 등)
- 비밀 취급을 필요로 하여 밀봉된 것으로서 개봉하기 어려운 물품(대학수학능력 시험 문제지 등)

(5) 액체 겔류 등 항공기 내 반입 금지 물질(국토교통부 고시 제200호)

다음은 국토교통부에 고시되어 있는 액체 겔(Gel)류 등 항공기 내에 반입이 금지되는 물질에 대한 지침이다. 이 지침은「항공보안법」제14조 제5항에 따라 액체·분무·겔(Gel)류 등 항공기 내 휴대 반입 금지 물질을 정하여 액체 폭발물에 의한 항공 불법 간섭 행위로부터 항공기를 이용하는 자의 생명과 재산을 보호하기 위함이 목적이다. 액체·분무·겔(Gel)류(Liquids, Aerosols and Gels)를 'LAGs'로 명시한다. 면세점에서 액체류를 구입한 승객에게는 국제민간항공기구(ICAO)가 인증한 액체류 보안 봉투(Security Temper-Evident Bag: STEB, 이하 STEB)에 담아 제공해야 한다. STEB는 최종 목적지까지 절대 열지 말 것, 그리고 용품들은 봉투가 훼손되었다면 압수되어도 좋다는 글귀가 봉투 하단에 적혀 있다. 밀봉된 STEB를 개봉하면 개봉하였음을 표시하기 위해 'VOIDED'라는 빨간색의 글씨 자국이 남게 되므로 주의해야 한다.

「액체·겔(Gel)류 등 항공기 내 반입 금지 물질」(국토부고시 2010-650호) 전부를 개정하고 제명을「액체·분무·겔류 등 항공기 내 휴대 반입 금지물질 운영기준」으로 한다.

[서식: 특별 보안검색 물품 허가 신청서]

특별 보안검색 물품 허가 신청서

(앞쪽)

접수번호		접수일		처리기간 3일	
신청인	상호(법인명)	예) 대한주식회사			
	성명(대표자)	예) 홍길동	주소	예) 세종시 중앙로 15	

물품 정보					
물품종류	예) 단백질 의약품		물품수량	예) 100mL × 20bottles	
운송형태	[○] 휴대물품, [ ] 위탁수하물, [ ] 화물				
물품소유자 정보					
성명	예) 홍길동	주소	예) 세종시 중앙로 15	전화번호	예) 010-1111-1111
육상운송 정보					
포장장소	예) 세종시 중앙로 15	포장일시	예) '13. 12. 5.	운송일자	예) '13. 12. 5.
운송자 정보					
성명	예) 홍길동	주소	예) 세종시 중앙로 15	전화번호	예) 010-1111-1111
항공운송 정보					
항공사	예) ○○항공	운송편명	예) KA007	출발예정일시	예) '13. 12. 5.
출발지	예) 인천	도착지	예) 터키 이스탄불		

동 신청 물품에는 승객 및 항공기 안전을 해할 위해물품이 포함되어 있지 않으며, 일반 절차에 따른 보안검색 시 형질 변경이 우려되어 특별 보안검색 허가를 신청합니다.

년 월 일

신청인 성명 (서명 또는 인)

국토교통부장관 귀하

첨부서류	형질변경 확인서 또는 물품증명 확인서	수수료 없음

210mm×297mm[일반용지 70g/㎡(재활용품)]

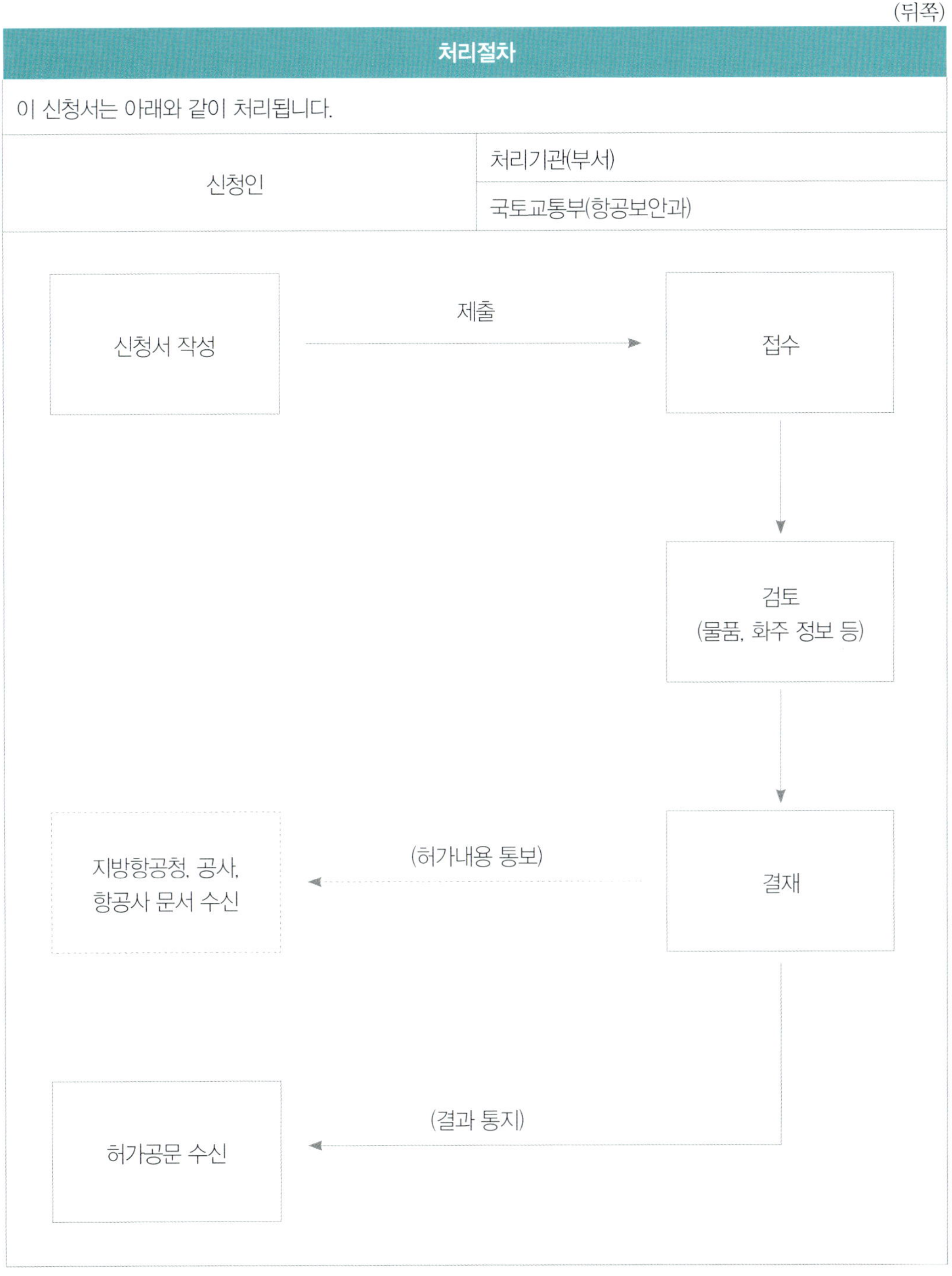

(뒤쪽)

처리절차	
이 신청서는 아래와 같이 처리됩니다.	
신청인	처리기관(부서)
	국토교통부(항공보안과)

출처: 국토교통부

액체·분무·겔류 등 항공기 내 휴대 반입 금지물질 운영기준

[시행 2019. 6. 7.] [국토교통부고시 제2019-280호, 2019. 6. 7., 일부개정]

제1조(목적) 이 지침은 「항공보안법」 제14조 제5항에 따라 액체·분무·겔류 등 항공기 내 휴대 반입 금지 물질을 정하여 액체폭발물에 의한 항공 불법간섭행위로부터 항공기를 이용하는 자의 생명과 재산을 보호하기 위함을 목적으로 한다.

제2조(정의) 이 지침에 사용되는 용어의 정의는 다음과 같다.

1. '액체·분무·겔류(Liquids, Aerosols and Gels, 이하 'LAGs'라 한다)'라 함은 별표 1의 1에서 정한 물품을 말한다.
2. '특별 식이처방음식'이라 함은 어린아이 음식·젖당불내증 또는 글루텐불내증 승객의 특별영양식품 등 승객의 건강에 꼭 필요한 LAGs 물품을 말한다.
3. '공항판매상점'이라 함은 국제공항 여객터미널의 보안청정구역 내에 상주하여 LAGs 물품을 판매하는 상점을 말한다.
4. '항공사 기내판매점'이라 함은 운항중인 항공기 객실 내에 탑재하여 판매를 목적으로 하는 물품판매 장소를 말한다.
5. '액체류 보안봉투(Security Temper-Evident Bag, STEB)'라 함은 ICAO 기술기준에 따라 만든 보안봉투를 말한다.
6. '유사봉투'라 함은 사방이 밀봉되고 훼손여부를 확인할 수 있는 보안봉투를 말한다.
7. 'STEB 상용공급자'라 함은 액체류 보안봉투를 제조하여 LAGs 물품 상용공급자에게 공급하는 자를 말한다.
8. '비행여정'이라 함은 출발공항부터 최종목적지공항 도착까지 연속되는 총비행시간 및 지연운항·회항·공항터미널 대기 시간 등을 고려하여 합한 총시간을 말한다.
9. '보안청정구역(Sterile Area)'이라 함은 검색대에서부터 일반인의 출입이 통제되는 항공기 사이의 모든 지역을 말한다.
10. 'LAGs 물품 상용공급자'라 함은 공급망보안통제 대책 등을 갖추었다고 국토교통부장관이 지정하는 공항판매상점, 시내면세점, 항공사 기내판매점을 말한다.

제3조(적용범위) ① 이 지침은 대한민국 내에 위치한 공항에서 출발하는 모든 국제선 여객항공편 또는 통과 및 환승 항공기를 이용하여 여행하는 승객이 휴대 운반하는 LAGs에 대하여 적용한다.

② 보호구역 및 항공기로 출입하는 공항근무자의 개인용품(음료, 향수, 화장품, 의료품 및 비슷한 용품)은 국가항공보안우발계획에 의한 항공보안등급이 상향조정되거나 테러 발생 위협이 고조되는 경우 등 필요시 승객에 대한 보안통제와 동일하게 적용한다. 다만, 공항근무자가 직무를 수행하기 위해 합법적으로 소지한 LAGs 용품(청소세제, 실란트, 위생제, 접착제, 페인트 및 오일 등)은 보안통제에서 제외된다.

제4조(면제) 다음 각 항에 대해서는 제5조에 의한 LAGs 보안통제 적용을 면제한다.

① 비행근무시간(flight duty period) 동안 항공기 운항에 필수적인 업무를 수행하기 위하여 책임이 부여된 자격증명을 갖춘 운항승무원이 소지한 LAGs

② 승객이 휴대한 의약품 및 특별 식이처방음식

③ 보호구역 및 항공기로 출입하는 공항근무자가 휴대한 LAGs

④ 위기대응임무를 수행하는 요원이 휴대한 LAGs

제5조(LAGs 보안검색통제 등) ① 승객이 항공기를 이용하여 여행하고자 LAGs를 휴대하고 보안검색대를 통과하기 위해서는 다음의 각 호를 준수하여야 하며, 그 통제대상 물품은 별표 1의 1과 같다.

1. 모든 LAGs는 용량이 100mL 또는 이와 동등한 용량(3.4온스, 100그램)을 초과하지 않는 용기에 담아야 한다.
2. 100mL를 초과하는 용기에 일부 분량의 LAGs를 담아서 운반할 수 없다. 단, 100mL를 초과하는 빈 용기는 반입할 수 있다.
3. 모든 LAGs 용기는 최대 용량이 1L(20.5cm×20.5cm, 25cm×15cm 또는 이와 동등한 크기)를 초과하지 않는 투명하고 개폐가 가능한 플라스틱 봉투에 담겨져야 하며, 용기들은 이 봉투가 완전하게 닫힐 수 있는 정도의 분량이어야 한다.
4. 제5조 제1항 제3호의 플라스틱 봉투는 승객 1명당 1개만 휴대할 수 있다.

② 환승하거나 통과하는 승객이 휴대한 LAGs는 다음 각 호 이외에는 보안검색대를 통과할 수 없다.

1. LAGs 물품 상용공급자가 판매한 LAGs를 액체류 보안봉투(구매영수증 포함)에 넣어 운반하는 경우
2. LAGs 물품 상용공급자가 판매한 LAGs를 유사봉투(구매영수증 포함)에 넣어 운반하고, 환승공항에서 액체폭발물 탐지장비를 사용하여 검색을 완료한 경우

③ 제1항 및 제2항의 규정에 의하여 허용되지 아니하는 LAGs에 대하여 승객이 휴대하기를 포기한 물품은 「국가항공보안계획」 부록1의 승객 포기물품 처리절차에 따라 처리한다. 다만, 보안검색요원은 액체류 보안봉투 또는 유사봉투를 사용하지 아니한 LAGs를 휴대한 승객이 LAGs를 포기하지 아니한 경우 동 승객이 보안검색대(통과 또는 환승 포함)를 통과하도록 허용하여서는 아니 된다.

④ 해당 항공운송사업자는 제3항 단서규정에 의하여 보안검색대를 통과하지 아니한 승객에 대하여 적절한 조치를 취하여야 한다.

⑤ 제3항 단서규정에 불구하고 액체류 보안봉투 또는 유사봉투를 사용하지 아니한 LAGs를 휴대한 환승·통과승객이 보안검색대를 통과하는 경우 이를 액체폭탄으로 사용될 수 있는 물품으로 판단하여 압수하고 보안검색감독자 또는 보안검색요원이 현장에서 신속하게 폐기한다.

제6조(LAGs 보안검색통제에서 제외되는 품목 등) ① LAGs 보안검색통제 예외 대상품목은 다음과 같다.

② 제1항에서 규정한 LAGs를 휴대하고자 하는 승객은 다음의 각 호를 충족하여야 한다.

1. 제1항의 규정에 의한 LAGs는 제5조 제1항 제3호의 플라스틱 봉투를 이용하지 아니하고도 비행여정 동안 필요한 양만큼은 허용된다. 다만, 필요한 양에 대한 판단을 위해 승객은 보안검색요원에게 제외대상 품목과 관련된 증빙서를 제시하여야 한다.
2. 제1호의 규정에 의하여 보안검색요원이 보안검색대에서 승객이 소지한 LAGs를 통과 또는 압수 조치할 판단절차는 다음과 같다.

가. 비행여정

1) 승객의 비행여정을 참고하여야 한다.

2) 보안검색요원은 비행여정 중 필요한 의약품의 용량 등을 확인하기 위해 승객에게 약의 종류, 비행중 복용 필요성, 투약횟수 등을 질의하고, 적절하지 않은

경우 보안검색대를 통과하게 허용해서는 안 된다.

나. 의약품

1) 의사 처방을 받은 의약품 및 약국에서 구매한 의약품을 포함한다.

2) 의사처방전 없이 판매되는 의약품(비강스프레이, 감기약, 콘택트렌즈용액 등)을 대상으로 LAGs 보안통제를 면제하는 경우 더욱 신중하여야 한다.

3) 의약품이 아니더라도 의료목적으로 사용되는 LAGs로서 얼음(예; 이식 장기 보관용), 혈액 및 혈액제제, 물티슈, 자폐증 환자용 음료 등은 허용된다.

다. 특별 식이처방 음식

1) 특별 식이처방 음식은 승객의 건강에 꼭 필요한 음식임을 확인하고 허용하여야 하며, 어린아이를 동반한 승객이 휴대한 어린아이의 용품(우유, 물, 주스, 액체·겔·죽 형태의 음식 및 물티슈 등)은 허용된다. 다만, 비행여정을 초과하는 분량은 보안검색대를 통과할 수 없다.

라. 출처증명(처방전 등)

1) 승객은 LAGs 보안통제 예외 대상품목에 대한 증빙서류를 제시하여야 한다.

2) 의사처방전 없이 판매되는 의약품은 비행여정에 필요한 적절량으로 제한한다.

3) 의사가 처방한 의약품의 경우 승객 본인이 사용하기 위한 것임을 확인할 수 있어야 한다. 의약상품명 또는 의사소견서에 승객의 이름이 표기되어 있어야 하고 탑승권상의 승객 이름과 일치하여야 한다.

4) 보안검색요원은 승객이 운반하는 LAGs의 용량이나 의약품 또는 특별 식이처방음식이 의심스러운 경우 진위여부 확인을 위해 승객에게 복용하거나 승객 피부에 바르도록 요구할 수 있다.

5) 단, 진위여부 확인 시 다음과 같은 사항에 유념해야 한다.

가) 해당 의약품을 복용하는 것이 승객에게 위험할 수 있다는 의사권고가 있는 경우 복용하게 하여서는 아니 된다.

나) 승객이 원하지 않을 경우 의약품 복용을 요구하여서는 아니 된다.

다) 승객에게 동반 유아의 의약품을 복용하도록 요구하여서는 안 되며, 질문을 통해 확인한다.

라) 승객의 피부에 바르도록 요구한 경우 최소 2분 동안 피부의 변화증상을 관찰해야 한다.

마. 승객이 자신의 의약품에 대해서 민감할 수 있으므로 의약품 검색 시 주의해야 한다. 보안검색 결과 의심스러운 LAGs는 보안검색대를 통과할 수 없으며, 승객이 해당 LAGs가 반드시 필요하다고 주장하는 경우 항공여행을 중단토록 권고하여야 한다.

③ 보안청정구역에서 구매 또는 취득한 뚜껑이 있는 음료수는 항공기 내로 반입할 수 있다. 단, 커피·차 등 뜨거운 음료수는 제외한다.

제7조(STEB의 기술기준 등) ① STEB는 별표 2 및 별표 4에서 정한 기준에 준하거나 그 이상으로 제조되어야 하며, 부득이 봉투에 각 공항, 판매자, 고유 브랜드 또는 로고를 사용하고자 하는 경우에는 봉투 안의 영수증 및 물품의 확인이 용이하도록 제조된 STEB이어야 한다.

② STEB를 제조한 제조사는 대한민국 기호('KOR'로 한다) 또는 항공운송사업자명(ICAO 등록기호) 및 제조사명(ICAO 등록기호)을 표시하여야 한다.

③ 'STEB 상용공급자'로 지정받은 자만이 STEB를 제조하거나 공급할 수 있다.

제8조(STEB의 출처) ① STEB에 국제적으로 사용되는 기호의 표시는 승객에게 제공된 STEB의 출발지 국가를 파악하기 위한 국가기호가 표시되며, 항공기 내 면세품 판매에 대한 출발점을 파악하기 위하여 항공사 ICAO 등록기호가 표시된다.

※ 국가기호는 ICAO Machine Readable Travel Documents, Part 1 – Machine Readable Passports(Doc 9303)에 의함.

② STEB에는 생산품목 나열기호(inventory code)와 보안기호(security code) 또는 판매자와 상점의 STEB 보호를 위한 STEB의 상품인식기호(bar code)가 표시된다.

제9조(STEB의 인증) 제7조 및 제8조의 규정에 의하여 제조된 STEB는 공인된 인증기관으로부터 기술기준에 관하여 인증되어야 한다.

제10조(STEB의 사용기준 등) ① STEB 안에는 보안검색을 용이하게 하기 위해서 공항판매상점에서 구매한 LAGs 및 출발지 이후 비행여정의 단계(환승, 통과 포함)에서 보안검

색 대상이 될 수 있는 LAGs만을 넣는 것을 원칙으로 한다.

② 통제품목에 해당되지 않는 다른 물품은 일반봉투에 넣어져 있어야 하나, STEB 안에 넣어져 있다면, 비행여정 동안 보안검색대에서 수행되는 육안검색을 곤란하게 하여서는 아니 된다.

③ 공항판매상점 또는 항공사 기내판매점에서 구입되지 아니한 물품을 STEB 안에 넣어서는 아니 된다.

④ LAGs 물품을 구입한 영수증은 STEB 안(봉투 안쪽 주머니 또는 고정)에 있어야 하며, 보안검색요원이 확인할 수 있어야 한다. 만일 보안검색 시 영수증이 떨어져 있고 볼 수 없다면 봉투는 개봉되어야 하며, 그 물품은 제5조 제5항의 규정에 의하여 처리하거나 보안검색요원에 의해 개봉된 봉투와 함께 새로운 STEB에 넣어 처리할 수 있다.

⑤ STEB에 의하여 LAGs 통제 물품을 휴대하고 항공기를 이용하여 여행하는 승객 등은 최종 목적지 도착까지 STEB를 훼손하여서는 아니 된다.

⑥ 승객이 휴대한 STEB가 훼손된 사실이 확인된 경우 STEB에 「Do not open until final destination — contents may be confiscated if bag is tampered with(최종 목적지까지 절대 열지 말 것 — 물품들은 봉투가 훼손되었다면 압수되어도 좋음)」의 글씨가 있을 때에는 승객에게 이를 알리고 STEB 안의 물품을 압수할 수 있다. 또한 압수한 물품의 처리는 제5조 제3항의 규정을 준용한다.

⑦ STEB 생산물품 나열기호(Inventory code) 및 보안기호(Security code) 또는 판매자와 상점의 STEB 보호를 위하여 STEB의 상품인식기호(bar code)는 'LAGs 상용공급자'에게 관리책임이 있다. STEB는 국토교통부장관이 지정한 'LAGs 물품 상용공급자에게만 배부되어야 한다.

제11조(LAGs 물품 상용공급자의 LAGs 물품 인계) LAGs 물품 상용 공급자는 승객이 구매한 LAGs를 액체류 보안봉투 안에 넣어 판매 장소에서 승객에게 인계할 수 있다. 다만, 시내면세점의 경우 인가된 직원이 보안청정구역 안의 지정된 물품 인도장에서 승객이 구매한 LAGs를 액체류보안봉투에 넣어 인계할 수 있다.

제12조(공항운영자의 준비) 공항운영자는 관할 국제공항의 보안검색대 등에 승객이 LAGs 물품을 버릴 수 있는 장소를 제공하여야 하며, 보안검색 이후 압수물품을 폐기할 수 있는 시설·장소 등 필요한 조치를 하여야 한다.

제13조(승객 보안검색 편리 등) ① 항공운송사업자는 이 기준에 의한 LAGs 보안검색과 관련된 내용을 승객(환승·통과 포함)에게 사전에 주지시키고, 항공기 출발예정시간 등을 고려하여 탑승수속 시 이를 확인하는 등 승객의 불편이 최소화되도록 필요한 조치를 하여야 한다.

② 항공운송사업자는 ICAO의 LAGs 검색을 위한 보안통제지침을 이행하고 있는 국가 또는 공항으로부터 우리나라 국제공항을 경유하는 환승·통과승객이 이 기준에 준하는 STEB를 사용하여 LAGs 물품을 운반하는지를 우리나라 국제공항에 도착하기 이전의 출발공항부터 확인하여야 한다.

③ 항공운송사업자는 승객이 제5조 및 제6조의 규정에 적합한지 여부를 확인하기 곤란한 LAGs는 위탁수하물로 처리하도록 안내하며, 순수한 의료목적 또는 어린아이 음식류를 포함한 특별 식이처방음식의 LAGs를 휴대하고자 하는 승객의 경우 가급적 일찍 보안검색을 받도록 안내한다.

④ 보안검색감독자 또는 보안검색요원은 보안검색대 통과 전에 승객이 휴대한 LAGs를 꺼내어 검색대를 통과하도록 조치 및 검색하여야 한다.

제14조(LAGs 물품 판매에 관한 보안원칙 등) ① LAGs 물품 상용공급자 및 STEB 상용공급자는 별표 3에서 정한 보안원칙을 준수하여야 한다.

② LAGs 물품 상용공급자는 보안상 문제가 인지되었다면 관계기관에 즉시 해당 정보를 제공하고, 의심스러운 물품은 자체보안계획에 의하여 조치하여야 한다.

제15조(국제협력) ① 국토교통부장관은 LAGs 및 액체류 보안봉투의 효율적인 보안통제를 위해 현장 확인 등을 포함하여 다른 국가와 적절하게 양자 간 또는 다자간 협의할 수 있다.

② 국토교통부장관은 소속 공무원 또는 항공보안감독관으로 하여금 제1항의 규정에 의한 서류심사 및 별표 5 서식의 액체류 보안통제 점검표에 따라 현장실사를 실시하게 할 수 있다. 단, 동일 국가에 속하는 공항 중 주요 공항에 대해서만 현장실사를 실시하고 이외 공항에 대하여는 현장실사를 생략할 수 있다.

③ 국토교통부장관은 제1항의 규정에 의한 서류심사 및 현장실사 결과에 대하여 ICAO 권고기준에 충족하다고 판단하는 경우 협의당사국 환승객에 대한 LAGs 및 액체류 보안봉투 보안통제 면제여부를 결정하여야 한다. 단 면제결정에 필요하다고 판단되는 경우에는 관계기관과 협의할 수 있다.

④ 제3항에 의하여 당사국 환승객에 대한 LAGs 보안통제 면제를 하는 때에는 다음 각 호와 같이 해당되는 관련기관에 통보하여 소관사항을 사전 준비하도록 하여야 한다.

1. 공항 검색운영주체 기관: 당사국 환승객 보안검색 면제를 위한 LAGs 및 액체류 보안봉투 자료, 정보에 관한 교육 실시(검색원, 검색관련 감독자 등)
2. LAGs 물품 상용공급자: 액체류 물품 보안통제면제 당사국을 경유하는 환승객에 대하여 LAGs 판매 및 액체류 보안봉투 사용에 관한 종사원 교육 등
3. 액체류 보안검색 관련 대테러주관 정부 보안기관

제16조(LAGs 물품·액체류 보안봉투 상용공급자 지정 등) ① LAGs 물품 상용공급자 또는 STEB 상용공급자는 관할 지방항공청장(사업장소재지 기준)으로부터 'LAGs 물품 또는 액체류 보안봉투 상용공급자'(이하 'LAGs 등 상용공급자'라 한다)로 지정받아야 한다.

② 제1항의 규정에 의한 'LAGs 등 상용공급자'로 지정을 받고자 하는 자는 다음 각 호의 구비 서류와 별지 제1호 서식의 'LAGs 물품·액체류 보안봉투 상용공급자 지정신청서'를 작성하여 관할 지방항공청장에게 제출하여야 한다.

1. 항공보안법 제10조에 의한 '자체보안계획' 1부
2. 별지 제2호 서식의 'LAGs 물품·액체류 보안봉투 상용공급자 보안각서' 1부

③ 지방항공청장은 제2항의 규정에 의하여 LAGs 등 상용공급자 지정을 위하여 소속 공무원으로 하여금 서류심사 및 공급망보안통제성 현장 실사를 구분하여 실시한다. 이 경우 서류심사 결과 지정기준에 충족하지 않으면 현장 실사를 실시하지 아니한다.

제17조(재검토기한) 국토교통부장관은 「훈령·예규 등의 발령 및 관리에 관한 규정」에 따라 이 고시에 대하여 2019년 7월 1일 기준으로 매 3년이 되는 시점(매 3년째의 6월 30일까지를 말한다)마다 그 타당성을 검토하여 개선 등의 조치를 하여야 한다.

부　　칙 〈제2016-200호, 2016. 4. 12.〉

제1조(시행일) 이 고시는 2016년 4월 12일부터 시행한다.

제2조(다른 고시의 폐지) 이 고시의 시행과 동시에 「액체·분무·겔류 통제지침」(보안조치 2009-1호)은 폐지한다.

부　　칙 〈제2019-280호, 2019. 6. 7.〉

제1조(시행일) 이 고시는 공포한 날부터 시행한다.

[별표 1의 1]

항공기 객실 내 휴대 반입 금지 LAGs 물품(제5조 관련)

분 류	반입 금지 물질 예시
물 등 음료수 (water and other drinks)	생수, 과실 음료(채소 주스 등), 청량음료(콜라·사이다 등), 홍차 음료, 커피, 유산균 음료, 스포츠용 음료, 식초 음료, 알코올음료(소주·청주·맥주·위스키·한방술 등), 유제품(탈지유·농축 우유, 요구르트 등), 얼음류(아이스크림, 빙과류) 등
국 종 류(스프류, soups)	곰탕, 설렁탕, 다시마국물 등
시럽류(syrups)	꿀, 물엿, 시럽, 엑기스 등
잼류(jams)	스프레드류(잼, 땅콩버터, 초콜릿 스프레드 등), 버터류
스튜류(국물류, stews)	통조림 등
소스류(sauces)	각종 장류(된장, 고추장 등), 케첩, 마요네즈 등
반죽(풀)류(pastes)	도우(dough) 등
소스 또는 액체가 포함된 음식류 (foods in sauces or containing a high liquid content)	김치류, 액체 절임 고기류, 액젓류 등
크림류(creams)	약용 크림, 연고, 보습크림, 화장 클렌징크림, 액체형 구두약, 구두 크림 등
로션류(lotions)	밀크 로션, 스킨로션, 보디로션, 자외선차단 로션, 화장수, 액체비누 등
화장품류(cosmetics)	액상 파운데이션, 매니큐어, 매니큐어 제거제 등
오일류(oils)	식용류, 올리브유, 쇼트닝 등
향수류(perfumes)	샤워 코롱, 향수 등
분무류(sprays)	헤어스프레이, 페이셜미스트 등 스프레이류
겔류(gels including hair and shower gels)	샴푸, 린스, 트리트먼트, 헤어젤, 샤워젤 등

압력용기품목 (contents of pressurized con- tainers, including shaving foam)	면도크림(폼), 세안폼 등
탈취제류 (other foam and deodorants)	신체 냄새 제거제, 액상 제균제 등
치약류 (pastes including toothpaste)	구강세정제, 구강청정제 등
액체혼합 물질 (liquid–solid mixtures)	한방 건강식품류(십전대보탕 등), 먹물, 물감, 만년필 잉크 등
마스카라(mascara)	액체 마스카라, 액상 아이라이너 등
립글로스/립밤(lip gloss/lip balm)	립글로스, 립밥, 젤 타입 립스틱 등
실내온도에서 액체류 상태를 유지 하는 모든 물질 (any item of similar consistency at room temperatures)	반입 금지 LAGs로 의심되는 모든 물질 포함
※비고 1. 목록별 통제 물품 예시는 대표 물품만을 수록하였으므로 유사한 물품 및 의심되는 물품은 통제 대상 물품에 포함될 수 있다. 2. 다음의 경우 항공보안검색 감독자가 판단하여 반입을 제한할 수 있다. • 용기에 담겨 있지 아니하면 형태를 유지하기 곤란한 물질 • 내용물 또는 용량을 확인할 수 없는 물질 • 휴대 반입 금지 LAGs 물질과 유사한 특성을 보이는 물질 • 위해(危害) 가능성이 있는 것으로 의심되는 물질	

[별표 1의 2]

항공기 객실 내 휴대 반입 금지 LAGs 제외물품(제6조 관련)

예외 대상 품목		예외 대상 물품 예시	허용 기준
의약품	처방 약품	의사 처방전 있는 모든 약품	제6조 제2항에 따라 허용
	시판 약품	액상 감기약, 액상 위장약, 기침 억제 시럽, 젤 캅셀약, 비강 스프레이, 콘택트렌즈용제(보존액), 해열파스, 안약, 의료용 식염수 등	
비의약품		변질 방지 등 의료 목적으로 사용되는 얼음, 얼음팩, 젤팩(이식용 장기 보관용), 혈액 또는 혈액제제, 물티슈, 자폐증 환자용 음료	
특별 식이 처방 음식		승객의 건강에 꼭 필요한 음식	
어린아이 용품		우유, 물, 주스, 모유, 액체·겔·죽 형태의 음식 및 물티슈 등	

[별표 2]

STEB의 기술 기준(제7조, 제8조 관련)

1. 사용되는 재질
   - 투명한 고강도 저밀도 폴리에틸렌(LDPE) 또는 동등한 것
   - 재활용 및 가능한 한 환경친화적일 것
   - 두께는 최소 50마이크론이어야 하고 크기는 사용에 적합할 것

2. STEB의 상부 앞면

2.1. 입구 부분(봉합):
   - 적색의 훼손사실 증명확인 테이프의 최소 넓이는 30mm, 떼어내는 라이너의 최소넓이는 40mm
   - 자체 부착력이 우수할 것
   - 훼손 시 일관된 보안장치 또는 숨겨진 그래픽이 표시될 것

2.2. 테두리 — 경계 부분:

- 양면과 하단에는 두께 15mm 이상 넓이 적색 밀착
- 글씨 크기는 5mm의 "DO NOT OPEN" 표기와 함께 공항 명칭, 또는 연속적인 어떠한 메시지 또는 디자인으로 봉투 테두리 경계를 표기하여도 됨(선택 사양 — 경계 부분이 훼손된 사실을 나타내는 일관된 보안 장치 또는 숨겨진 그래픽)

2.3. 메시지

- STEB 중앙에 녹색의 보안 표시

- 하단에 적색 상자(BOX) 안에 "Do not open until final destination—contents may be confiscated if bag is tampered with" 표기하고 동 내용 한글 첨부

※ Do not open until final destination — contents may be confiscated if bag is tampered with(최종 목적지까지 절대 열지 말 것 — 용품들은 봉투가 훼손되었다면 압수되어도 좋음)

2.4. 확인/식별 표식

- 영수증 보관: STEB 좌측 상단에 영수증 보관 위치 적색 기준선을 표시한 장소에 영수증 부착(선택 사양: 영수증 보관 주머니를 봉투 내부에 제작)
- 영수증은 다음 사항을 포함하여야 한다.
  - 구입일자(dd/mm/yy or dd/mm/yyyy)
  - 국제코드를 사용한 구입 장소(국가, 공항, 항공사)
  - 항공편명 및 승객 성명
  - STEB 안에 구입된 물품 및 장소의 수량과 목록(영문 기록 포함)

2.5. 봉투의 출처

- 승객에게 제공되는 STEB 출발국가 3문자 기호, 또는 STEB의 출발점을 알기 위한 항공사 국제기호(기내 면세 판매용)
- 제조사명(ICAO 등록기호), 상품 목록 기호(판매 상점 업체), 보안코드 또는 판매자 및 상점의 STEB 보호를 위한 상품 인식 기호 표시

3. 봉투 뒷면에는 각 공항, 판매자, 고유 브랜드 또는 로고 사용 가능

STEB 표준사양

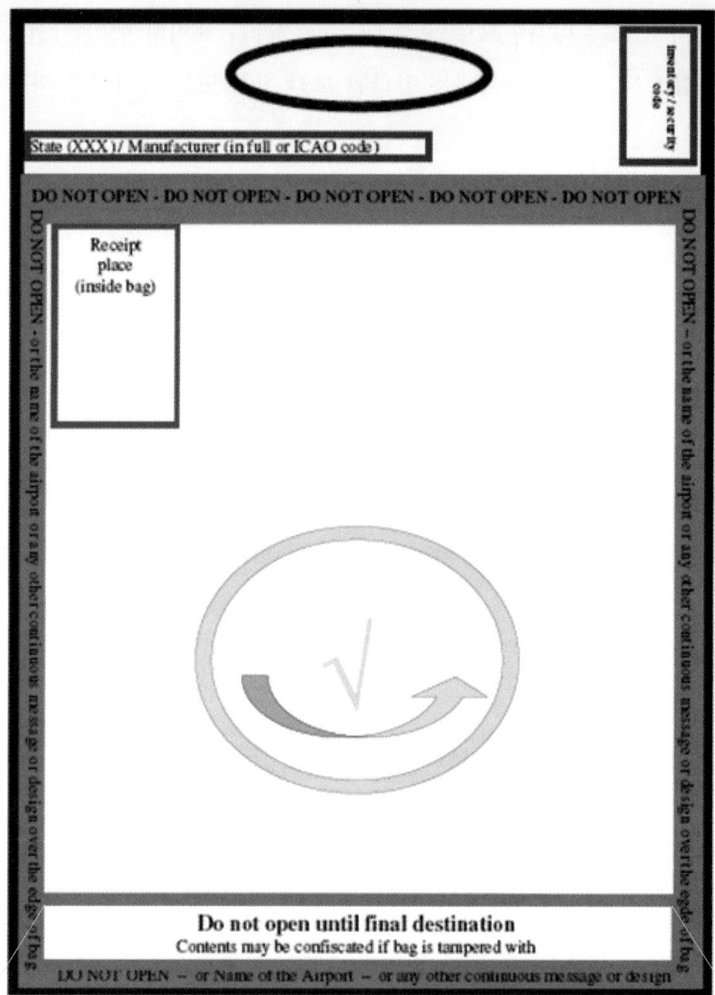

Do not open until final destination
Contents may be confiscated if bag is tampered with
(최종 목적지까지 절대 열지 말 것—
용품들은 봉투가 훼손되었다면 압수되어도 좋음)

[별표 3]

LAGs 등 상용공급자에 관한 보안원칙(제14조 관련)

1. 제조현장 및 저장 창고의 보안 규정

1.1. STEB 제조 현장, LAGs 및 STEB 저장 창고의 보안 통제성 유지를 위해 다음의 보안 규정을 적용한다.

a) 인가된 자만의 건물 출입, 직원 및 방문객의 신분 확인 검색 절차를 포함한 접근통제 시스템을 갖추어야 한다.

b) 침입 방지, 물품의 훼손 및 도난 방지, 또는 업무방해의 예방을 목적으로 하는 저장 창고 내에서의 활동들을 감시할 감시 시스템(CCTV 또는 동등한 종류의 것)을 갖추어야 한다.

c) LAGs 및 STEB가 불법간섭행위를 준비하는 데 사용되지 않도록 저장 창고 출구에 대한 보안통제시스템을 갖추어야 한다.(공항직원의 경우 출구통제는 보호구역을 나올 때 수행되어야 한다)

2. 운반하는 동안의 보안 규정

2.1. LAGs 물품 상용공급자는 저장 창고에서 보호구역 내의 공항판매상점 또는 항공기 탑재 시까지 다음 각 호의 방법으로 이행하여야 한다.

a) LAGs 및 STEB의 운반은 봉인된 용기 또는 트럭만이 사용되어야 한다.

b) 저장 창고에서 운반된 모든 LAGs 및 STEB는 고유의 서류 및 배달 송장과 함께 배송되어야 한다. 고유의 서류 및 송장은 최소 3년간 보관하여야 한다.

c) LAGs 물품 상용공급자의 보안책임자는 LAGs 및 STEB에 접근할 수 있는 직원을 적절한 신원조회를 거쳐 최소한의 인원으로 인가하고 감독하여야 한다.

d) STEB는 인가된 직원에 의해 판매되기 전까지 감독하에 항상 보호되어야 한다.

2.2. 2.1의 규정에 의하여 LAGs 물품 상용공급자에 의해 인가된 직원은 LAGs 물품 및 STEB를 인수하기 전 봉인의 훼손, 절도, 위해물품 등의 반입에 대하여 확인하여야 하며, 공항보호구역 입구에서 육안 검사 또는 보안 통제를 수행하여야 한다.

2.3. LAGs 물품 상용공급자는 LAGs 물품 및 STEB가 보호구역 진입 후 판매되어 승객에게 전달되기까지 LAGs 물품 및 STEB를 보호하기 위한 절차를 수립하여야 한다.

2.4. LAGs 물품 상용공급자는 STEB의 일간 단위로 재고를 관리하여야 하며, 이상이 발견되는 경우 즉시 국토교통부 또는 공항보안기관에 보고하여야 한다. LAGs 물품 상용공급자는 국토교통부 소속 항공보안감독관 또는 소속 공무원이 요구할 시 STEB 재고 관련 서류를 제출하여야 한다.

2.5. LAGs 등 상용공급자는 LAGs 물품 또는 STEB 판매를 중단하게 되는 경우에는 STEB 재고물량을 폐기하거나 관련 업체에 인계해야 한다.

3. 보안수준 관리

3.1. LAGs 및 STEB의 모든 보안규정은 자체보안계획에 명시되어야 한다.

3.2. 자체보안계획은 항공보안 환경변화 등을 고려하여 매 1년마다 보완하여야 한다.

3.3. LAGs 및 STEB 보호대책의 적합수준을 유지하기 위해 매 분기 1회 이상 자체평가를 실시하여야 한다.

[별표 4]

STEB 인증 기준(제9조 관련)

시험 항목			인증 기준	시험 결과
재질	재질		투명한 고강도저밀도 폴리에틸렌(LDPE) 또는 동등한 재질	
	광선 투과율		80% 이상	
	두께		0.05mm 이상	
봉합부	적색 테이프의 넓이		30mm 이상	
	떼어내는 라이너의 넓이		40mm 이상	
	봉합 테이프의 접착 강도		7N/cm^2 이상	
	보안장치		훼손 시에 나타나는 숨겨진 그래픽	
테두리	적색 접착부	옆면 접착부	15mm 이상	
		하단 접착부	15mm 이상	
	글씨 크기		5mm 이상	
보안 표시(happy face)	위치		STEB의 중앙	
	크기		STEB 넓이의 30~33%	

[별표 5]

액체류 보안통제 현장확인 점검표(제15조 관련)

항공보안감독관 점검표			
점검 분야	액체류 보안 통제	감독관	
점검일	. . .	수검기관명	
Y: Yes, N: No, R/C: Required Correction, N/A: Not Applicable			

1. 액체류 공급망	Y	N	N/A
가. 국가항공보안 당국 또는 공항운영자는 상용공급자를 지정하고 있는가?	□	□	□
나. 상용공급자는 보안각서를 제출하여(공급망에 대한보안통제) 책임을 지고 있는가?	□	□	□
다. 상기 보안각서는 ICAO 지침의 상용공급자 보안각서의 모든 요소를 포함하고 있는가? • 보안책임자의 지정: • 공급망 관련자들에 대한 보안인지교육훈련 여부: • 이동지역으로의 액체류 및 STEB 공급과정에서 보안통제성 유지: • 액체류 및 STEB 공급품에 대한 항시 보호:	□	□	□
바. 비상용공급자에 의한 취급에 대비하여 보안요원은 보호구역 시작점부터 액체류 물품 및 STEB에 대해 시각적으로 확인을 하고 있는가?	□	□	□
아. 모든 액체류 물품 및 STEB는 보호구역으로 진입 후 불법방해행위로부터 보호되고 있는가?	□	□	□
자. 불법방해행위의 징후의 발견 시, 해당 공급품들이 보호구역으로 진입을 불허하는 절차가 있는가?	□	□	□
차. 모든 STEB는 봉인이 되어 전달되며 현장판매점에서 불법방해행위로부터 보호되고 있는가?	□	□	□

2. 출발 및 환승 승객의 액체류 보안검색	Y	N	N/A
가. 현장 확인/인터뷰 결과, 1L 이하 투명하고 개폐가 가능한 플라스틱 봉투에 담긴 100mL 이하 용기에 담긴 액체류만 보안검색대를 통과하도록 하고 있는가?	□	□	□
나. 승객들은 액체류를 분리하여 보안검색요원에게 제시하도록 요구받는가?	□	□	□
다. 승객들은 '나'항의 요건을 숙지하고 있는가?	□	□	□
라. 만약 그러할 경우 승객고지 방법을 기술하라.			
마. 액체류 보안통제 면제품목의 범위			
• 유아용품: • 특별식이처방음식: • 의약품: • 시판의약품:			
바. 현장확인/인터뷰 결과, 보호구역 내의 상점에서 구매하였으며 구매증명서가동봉된 STEB 및 유사봉투에 담긴 액체류만 보안검색대를 통과하도록 허용하고 있는가?			
사. 환승검색대의 보안검색요원은 구매증명서에 대한 확인			
• 확인여부: • 구매일자: • 편명 및 승객명: • 구매처:			
아. STEB의 기술기준은 신뢰할 만한가?	□	□	□

[별지 제1호 서식: LAGs 물품(STEB) 상용 공급자 신청서]

(앞쪽)

<table>
<tr><td colspan="4" rowspan="2">LAGs 물품(STEB) 상용공급자 신청서</td><td>처리기간</td></tr>
<tr><td>30일</td></tr>
<tr><td rowspan="3">신 청 인</td><td>상호(명칭)</td><td colspan="3"></td></tr>
<tr><td>성명(대표자)</td><td></td><td>생년월일</td><td></td></tr>
<tr><td>주소</td><td colspan="3">(전화번호:　　　　)</td></tr>
<tr><td colspan="5">「액체·분무·겔류 등 항공기 객실 내 휴대 반입 금지물질 운영기준」 제16조의 규정에 따라 LAGs 물품(STEB) 상용공급자의 지정을 신청합니다.

년　　월　　일

신청인　　(서명 또는 인)

ㅇㅇ지방항공청장 귀하</td></tr>
<tr><td colspan="4" rowspan="2">구비서류

1. 자체보안계획　　　1부
2. LAGs 물품(STEB) 상용공급자 보안각서　　1부</td><td>수수료</td></tr>
<tr><td>없음</td></tr>
</table>

이 신청서는 아래와 같이 처리됩니다.

(뒤쪽)

신 청 인	처리기간(부서) 지방항공청(항공보안업무 담당부서)
신청서 작성	→ 제출 → 접수
	↓ 검토
심사준비	← 심사 계획 통보 ← 심사
지정서 수령	← 통지 ← 결재

[별지 제2호 서식: LAGs 물품(STEB) 상용공급자 보안각서]

LAGs 물품(STEB) 상용공급자 보안각서

① 소속명:

② 성명(법인의 경우에는 대표자 성명):

③ 생년월일(법인등록번호):

④ 주소(법인의 경우에는 주사무소 소재지):

⑤ 취급업: LAGs 물품 및 STEB 취급

폐사는 「항공보안법」 제14조 제5항에 따른 '액체 · 분무 · 겔류 등 항공기 객실 내 휴대 반입 금지물질 운영기준'과 관련한 LAGs 물품 또는 STEB의 생산, 운반 보관 및 판매 등 제반 관리상에 적용되는 동 지침 별표 3의 보안원칙을 준수하고 그에 따른 책임을 지며, 항공보안 노력을 다할 것으로 서약함.

년 월 일

서 약 자 (서명 또는 인)

ㅇㅇ지방항공청장 귀하

3) 항공보안 전문인 교육 및 훈련

항공보안 교육 훈련의 목적은 항공보안 수준을 표준화하고 체계화하며, 항공보안과 관련하여 신속하게 대처할 수 있는 보안 능력을 강화하고, 전문 인력을 전략적으로 운영하여 활성화하며, 구성원들의 경력 개발 및 동기부여하는 것이다.

한국공항공사 한국기술훈련원에서는 세계 공항 산업을 이끄는 글로벌 인재를 양성하는 것을 비전으로 항공보안 전문인을 양성하고 있다. 항공보안교육센터는 동북아 유일의 국제민간항공기구(ICAO) 인증 국제항공보안 전문교육기관이다.

항공보안 교육 훈련은 공항 운영자, 항공운송사업자, 항공기 취급업체, 항공기 정비업체, 공항 상주업체, 항공 여객 · 화물 터미널 운영자 등을 대상으로 이루어진다.

(1) 교육 훈련

■ 보안 교육 훈련 관련법

제28조(교육 훈련 등)

① 국토교통부 장관은 항공보안에 관한 업무 수행자의 교육에 필요한 사항을 정하여야 한다. 〈개정 2013. 3. 23., 2013. 4. 5.〉

② 보안검색 업무를 감독하거나 수행하는 사람은 국토교통부 장관이 지정한 교육기관에서 검색방법, 검색절차, 검색장비의 운용, 그 밖에 보안검색에 필요한 교육 훈련을 이수하여야 한다. 〈개정 2013. 3. 23.〉

③ 제2항에 따른 교육기관으로 지정받으려는 자가 갖추어야 하는 시설 · 장비 및 인력 등의 지정기준에 대하여는 국토교통부령으로 정한다. 〈개정 2013. 3. 23.〉

④ 국토교통부 장관은 교육기관으로 지정받은 자가 다음 각 호의 어느 하나에 해당하는 경우에는 그 지정을 취소할 수 있다. 다만, 제1호에 해당하면 지정을 취소하여야 한다. 〈개정 2013. 3. 23.〉

1. 거짓이나 그 밖의 부정한 방법으로 교육기관의 지정을 받은 경우

2. 제3항의 지정기준에 미달하게 된 경우. 다만, 일시적으로 지정기준에 미달하게 되어 3개월 내에 지정기준을 다시 갖춘 경우에는 그러하지 아니하다.

3. 교육의 전 과정을 2년 이상 운영하지 아니한 경우

⑤ 교육기관의 지정이나 교육 훈련에 관하여 필요한 사항은 국토교통부 장관이 정한다. 〈개정 2013. 3. 23.〉

[전문개정 2010. 3. 22.]

(2) 보안검색 교육 내용

보안 교육은 주 5일 하루에 5~8시간 실시함을 표준으로 하고 있으며, 교육기관 운영상 불가피한 경우에는 국토교통부 장관으로부터 허가를 받아야 한다.

- X-Ray 운영자는 모니터에 나타나는 지정된 테스트물품을 구별할 수 있어야 하고, 모니터 화면에 나타나는 유·무기물을 구분하기 위한 색깔을 분별할 수 있어야 한다.
- 육안 식별이 가능한 문형 금속 탐지기 및 X-Ray 시스템에 색깔 및 경보 인지, 출입증 구분 능력, 신분 확인 능력 및 병·라벨·에어졸캔 등 포장물 표시 판독 능력이 있어야 한다.
- 수하물에 대한 물리적 검색을 실시하는 검색요원은 수하물을 개봉하여 구석구석까지 손을 넣어 확인 및 검색할 수 있어야 한다.
- 승객에 대한 물리적 검색을 실시하는 검색요원은 한쪽 손으로 또는 금속 탐지기를 이용하여 승객의 모든 신체 부위까지 검색할 수 있어야 한다.
- 검색요원은 일반 운영 환경에서 금속 탐지기 및 X-Ray 시스템에 의해서 발생되는 경보음과 육성을 듣고 대응조치를 할 수 있어야 한다.

표_국내 항공보안 교육과정

<table>
<tr><th colspan="2">교육과정</th><th>세부과정</th><th>교육 시간</th></tr>
<tr><td colspan="2" rowspan="3">항공보안검색 요원 과정</td><td>초기과정</td><td>40</td></tr>
<tr><td>정기과정</td><td>8</td></tr>
<tr><td>화물</td><td>8</td></tr>
<tr><td colspan="2" rowspan="2">항공보안검색 감독자 과정</td><td>초기과정</td><td>8</td></tr>
<tr><td>정기과정</td><td>8</td></tr>
<tr><td colspan="2" rowspan="3">보안검색 특별과정</td><td>x–ray</td><td>20</td></tr>
<tr><td>검색 특별과정</td><td>8</td></tr>
<tr><td>전신 검색과정</td><td>8</td></tr>
<tr><td colspan="2">항공경비 요원 과정</td><td>초기과정</td><td>30</td></tr>
<tr><td colspan="2" rowspan="2">항공경비 감독자 과정</td><td>초기과정</td><td>8</td></tr>
<tr><td>정기과정</td><td>8</td></tr>
<tr><td colspan="2" rowspan="2">공항보안 책임자
감독자 과정</td><td>초기과정</td><td>16</td></tr>
<tr><td>정기과정</td><td>8</td></tr>
<tr><td colspan="2" rowspan="2">항공보안장비
유지 보수 요원 과정</td><td>초기과정</td><td>40</td></tr>
<tr><td>정기과정</td><td>8</td></tr>
<tr><td colspan="2">폭발물 처리 요원 과정</td><td>정기과정</td><td>8</td></tr>
<tr><td colspan="2" rowspan="2">폭발물 위협 분석관</td><td>초기과정</td><td rowspan="2">4
4</td></tr>
<tr><td>정기과정</td></tr>
<tr><td rowspan="2">국토
교통부</td><td>항공안전 감독관</td><td>정기과정</td><td>5일</td></tr>
<tr><td>항공보안 감독관</td><td>정기과정</td><td>3일</td></tr>
</table>

출처: 한국공항공사 한국기술훈련원

4) 항공보안 감독관(출처: 국토교통부)

(1) 항공보안 감독관

「항공안전 및 보안에 관한 법률」 제33조 제1항에 따라 항공안전 및 보안에 관한 점검 업무를 수행하도록 국토해양부 장관이 지정한 소속 공무원을 말한다. 항공보안 감독관이 되기 위해서는 항공보안 전문교육 기관에서 항공보안 기초, 감독자 및 감독관 과정을 모두 이수하여 전문성을 갖추어야 하며, 일정 시간의 현장 직무교육(OJT)을 이수한 후에 지정받아야 항공보안 감독 업무를 수행할 수 있다.

정부는 국제 기준에 따라 정부가 제정한 항공보안 법령 및 관련 규정을 공항 운영자 및 항공운송사업자 등이 제대로 잘 이행해야만 불법 방해 행위로부터 승객 및 항공기를 보호할 수 있다. 따라서 공항 운영자 등이 이러한 항공보안 규정을 잘 이행하고 있는지를 정부가 직접 감독하여 잘 이행되고 있지 않을 경우 시정 지시하여 항공보안 수준을 지속 유지하기 위하여 항공보안 감독 업무를 수행하는 것이다.

우리나라의 항공보안 감독관은 현재까지 총 28명의 항공보안 감독관이 전국 공항에서 항공보안 감독 활동을 하고 있으며, 항공보안 감독관은 사법 경찰관이 아닌 일반 공무원이므로 사법권은 없다.

(2) 항공보안 감독관의 업무

항공보안 감독관은 공항 운영자, 항공운송사업자 등에 대한 현장 조사, 보안 평가, 보안 점검, 불시 평가 등의 점검 활동을 수행한다. 현장 조사, 보안 평가, 보안 점검, 불시 평가를 실시하는 책임자는 사전에 점검 활동 수행자들에게 점검 목적, 주안점 및 점검 대상의 보안 현황 등에 브리핑을 실시해야 하고 불시 평가 실시 전에 불시 평가 수행자에게 다음 각 호의 사항에 대해 특별 사전 교육을 실시해야 한다.

- 불시 평가 계획
- 공항 구조 및 보안 통제 특성
- 불시 평가 물품 사용 방법 및 회수 절차
- 불시 평가 시 준수 사항
- 불시 평가 성공 또는 실패 시 대처법

(3) 항공보안 감독관 점검 활동의 종류

현장 조사(Survey)

민간항공에 대한 항공기 납치(Hijacking), 파괴 행위(Sabotage) 및 테러 공격(Terrorist Attack) 등의 불법 방해 행위(Acts of Unlawful Interference)를 방지하기 위하여 그 취약성을 분석하고, 보호 대책을 수립하기 위하여 공항별로 공항 운영자, 항공운송사업자 등에 대한 항공보안 업무 운영 실태 등을 조사하는 것을 말한다.

보안 평가(Audit)

공항 운영자 및 항공운송사업자 등이 수립한 시행 계획의 이행 여부와 실제 이행 능력 등을 확인하기 위하여 점검하는 것을 말한다.

보안 점검(Inspection)

민간항공보안에 대한 보안 대책 및 통제 절차 등이 적절히 수행되고 있는지를 확인하기 위하여 공항, 항공기 및 공항 운영자 등에 대하여 점검하는 것을 말한다.

불시 평가(Test)

보안 업무 수준이 적절하게 유지되고 있는지를 확인하기 위하여 공항, 항공기 및 공항 운영자 등에 대한 보안 대책 및 통제 절차 수행 능력 등을 불시에 확인하는 것을 말한다.

(4) 업무 규정

항공보안감독관 업무규정

[시행 2018. 5. 16.] [국토교통부훈령 제1007호, 2018. 5. 16., 일부개정]

국토교통부(항공보안과)

제1조(목적) 이 규정은 「항공보안법」 제33조 및 같은 법 시행규칙 제19조 제4항에 따라 항공보안감독관의 지정 · 운영 및 점검 활동 등에 관하여 필요한 사항을 규정함을 목적으로 한다.

제2조(정의) 이 규정에서 사용하는 용어의 뜻은 다음과 같다.

1. '항공보안감독관'이란 「항공보안법」 제33조 제1항에 따라 항공안전 및 보안에 관한 점검 업무를 수행하도록 국토교통부 장관이 지정한 소속 공무원을 말한다.
2. '점검활동'이란 항공보안감독관 등이 보안업무의 효율성 증대를 위하여 「항공보안법」 제10조에 따라 자체 보안계획을 수립하는 공항운영자, 항공운송사업자 등(이하 '공항운영자 등'이라 한다)에 대하여 실시하는 제3호부터 제6호까지를 말한다.
3. '현장조사(Survey)'란 민간항공에 대한 불법방해행위(Acts of unlawful interference), 항공기납치(Hijacking), 파괴행위(Sabotage) 및 테러공격(Terrorist attack) 등을 방지하기 위하여 그 취약성을 분석하고, 보호대책을 수립하기 위하여 공항별로 공항운영자, 항공사 등에 대한 항공보안 업무 운영실태 등을 조사하는 것을 말한다.
4. '보안평가(Audit)'란 공항운영자 등이 수립한 자체 보안계획의 이행여부 및 실제 이행능력 등을 확인하기 위하여 점검하는 것을 말한다.
5. '보안점검(Inspection)'이란 민간항공보안에 대한 보안대책 및 통제절차 등이 적절히 수행되고 있는지를 확인하기 위하여 공항, 항공기 및 공항운영자 등에 대하여 점검하는 것을 말한다.
6. '불시평가(Test)'란 보안업무 수준이 적절하게 유지되고 있는지를 확인하기 위하여 공항, 항공기 및 공항운영자 등에 대한 보안대책 및 통제절차 수행능력 등을 불시에 확인하는 것을 말한다.

7. '확인서'란 점검활동 시 나타난 위반 사항을 서면으로 확인하기 위하여 작성하는 서류를 말한다.
8. '시정조치'란 점검활동 시 나타난 현장에서의 개선이 필요한 사항을 시정할 수 있도록 강구하는 제반조치를 말한다.
9. '시정조치서'란 시정조치가 필요한 경우 항공보안감독관이 발부하는 서류를 말한다.

제3조(항공보안감독관의 지정) ① 국토교통부 장관은 다음 각 호의 어느 하나에 해당하는 소속 공무원을 항공보안감독관(이하 '감독관'이라 한다)으로 지정할 수 있다.

1. 항공보안 업무 실무 경력이 3년 이상이고, 항공안전공무원 교육훈련규정에 따른 직무교육훈련을 이수하고 제3조의 2 제1항 및 제2항에서 정한 시험에 합격한 경우
2. 국토교통부 장관으로부터 인가를 받은 항공훈련기관 또는 국제민간항공기구(ICAO)·미 교통보안청(TSA) · 국제항공운송협회(IATA) 등의 항공보안교육기관에서 항공보안기초, 항공보안감독자, 항공보안감독관 초기과정 및 항공안전공무원 교육훈련규정에 따른 직무교육훈련을 이수하고 제3조의 2 제1항 및 제2항에서 정한 시험에 합격한 경우

② 제1항에 따른 감독관으로 지정받으려는 소속 공무원은 별지 제5호 서식의 항공보안감독관 서약서를 작성하여 국토교통부 장관에게 제출하여야 한다.

제3조의 2(감독관 시험 등) ① 국토교통부 장관은 제3조 제1항에 따른 교육훈련을 이수한 감독관 후보자에 대해 시험을 실시하여야 한다.

② 제1항에 따른 시험은 항공보안 관련 이론지식과 감독관으로서의 실무능력이 평가될 수 있도록 하여야 한다.

③ 국토교통부 장관은 감독관으로 지정된 사람의 업무기량 유지 및 전문성 향상을 위해 정기적으로 시험을 실시할 수 있다.

④ 제3항에 따른 시험은 다음 각 호의 사항에 대한 숙지여부가 평가될 수 있도록 실시하여야 한다.

1. 항공보안관련 규정 제·개정에 관한 사항

2. 최근 항공보안 분야 국제동향
3. 항공보안 상황 유형별 대응 능력
4. 기타 항공보안 감독업무 수행을 위해 필요하거나 이와 관련된 지식 등

제4조(감독관의 지정취소 등) ① 국토교통부 장관은 감독관이 다음 각 호의 어느 하나에 해당하는 경우 그 지정을 취소할 수 있다. 단, 제4호 및 제5호의 경우는 당연 취소된다.

1. 점검활동 과정에서 금품 수수 등으로 감독관의 품위를 손상시킨 경우
2. 점검활동 결과 등을 허위로 보고한 경우
3. 감독관의 권한을 남용한 경우
4. 최근 5년 동안 정기교육을 받지 않은 경우
5. 퇴직자

② 제1항에 따라 지정 취소된 사람이 감독관으로 지정받고자 하는 경우, 제3조 및 제3조의 2 제1항 및 제2항에 따른 과정을 거쳐 신규로 지정되어야 한다. 다만, 제1항 제4호의 사유로 지정 취소된 사람은 제14조에 따라 20시간 이상의 정기교육을 이수한 경우 재지정될 수 있다.

제5조(감독관의 업무) 감독관의 업무는 다음 각 호와 같다.

1. 공항운영자 등에 대한 현장조사, 보안평가, 보안점검 및 불시평가 등 점검활동 수행
2. 국제민간항공기구 등 대외 점검기관으로부터 공항운영자 등에 대한 점검 시 입회하여 점검업무 지원 및 협력
3. 항공기 납치 및 폭발사건 등 불법행위에 대한 보안사건 조사에 대한 참여·협력 지원
4. 그 밖에 국토교통부장관이 정하는 업무

제6조(점검활동의 수행) 감독관은 공항운영자 등에 대한 현장조사, 보안평가, 보안점검 및 보안평가 등 점검활동을 수행하는 경우 국가항공보안 수준관리지침(이하 '수준관리지침'이라 한다)에 따라야 한다.

제7조(감독계획의 수립 및 제출) ① 국토교통부 장관은 감독관이 점검활동을 수행할 수 있도록 매년 12월 20일까지 다음 연도의 항공보안 감독계획을 수립하여야 하며, 이를 지방항공청장에게 통보하여야 한다.

② 지방항공청장은 제1항에 따른 감독계획에 따라 감독관에 대한 다음 연도의 자체 감독계획을 수립하여 12월 31일까지 국토교통부 장관에게 제출하여야 한다.

③ 제1항 및 제2항의 감독계획에는 다음 사항이 포함되어야 한다.

1. 점검대상 및 점검방법
2. 점검분야 및 주요점검내용
3. 점검자
4. 점검기간
5. 기타 점검에 필요한 사항

제8조(점검의 실시) ① 감독관이 점검활동을 하는 경우 관련기관 합동으로 실시하거나 감독관 1인 또는 2인 이상이 합동으로 실시할 수 있다.

② 감독관은 제7조에 따른 연간 감독계획에 따라 점검활동을 실시하여야 한다. 다만, 감독관이 점검계획 이외의 점검을 하려는 때에는 미리 그 사유를 국토교통부 장관 또는 지방항공청장에게 보고하여야 한다.

③ 감독관은 점검활동을 하는 경우에는 점검표를 활용하고, 점검대상자의 확인서는 별지 제1호 서식에 따라 작성하도록 하여야 한다.

④ 감독관은 감독활동 과정에서 항공보안에 관한 위해요소를 발견한 경우 별지 제2호서식의 시정조치서를 작성하여야 한다.

제9조(점검결과의 보고) ① 감독관은 점검활동을 실시한 후 업무일 기준 10일 이내에 지적사항, 조치사항, 시정조치서에 대한 사항, 개선사항 및 건의사항 등이 포함된 점검결과보고서를 작성하여 국토교통부 장관 또는 지방항공청장에게 보고하여야 한다.

② 제1항에 따라 보고를 받은 지방항공청장은 점검결과를 국토교통부 장관에게 보고하여야 하며, 연간 종합보고서는 다음 연도 1월 10일까지 작성하여 보고하여야 한다.

제10조(점검결과의 조치) ① 국토교통부 장관 또는 지방항공청장은 점검 실시 후 업무일 기준 10일 이내에 시정지시 등을 포함한 점검결과를 해당 점검대상자에게 통보하여야 한다. 다만, 점검결과에 대한 추가 사실 확인 등이 필요한 경우에는 업무일 기준 10일을 초과하여 점검결과를 통보할 수 있다.

② 제1항에 따라 시정조치서를 발부할 경우 감독관은 시정조치 여부를 확인하고, 이에 대한 기록을 최소 3년 이상 보존하여야 한다.

제10조의 2(감독활동 사후 평가) ① 국토교통부 장관은 항공보안 제도개선과 감독업무의 통일성 등을 위해 점검대상자를 상대로 감독활동에 대하여 사후 평가를 실시할 수 있다.

② 사후평가는 「항공보안법」 제33조의 2에 따른 항공보안자율신고 보고서를 활용하거나, 점검대상자를 무작위로 선정하여 설문 또는 면담 등을 통해 실시할 수 있다.

제11조(감독관의 의무) ① 감독관은 점검을 시작하기에 앞서 점검대상자(항공시설인 경우에는 그 소유자 또는 관리자를 말한다) 또는 관계직원에게 감독관임을 확인할 수 있도록 별지 제3호 서식에 의한 항공보안감독관 증표를 제시하여야 한다. 다만, 불시에 보안평가를 하는 경우에는 증표를 제시하지 아니할 수 있다.

② 감독관은 점검을 실시함에 있어 필요하다고 인정할 때에는 다음 각 호의 조치를 취하여야 한다.

1. 「항공보안법」 또는 같은 법에 따른 명령 등에 위반한 사실을 발견한 경우에는 별지 제1호 서식에 따른 확인서 등의 작성
2. 관계서류 및 물품 등의 검사
3. 관계직원에 대한 질의
4. 기타 점검에 필요한 조치

③ 감독관이 제2항 제1호에 따라 확인서를 작성한 경우에는 관련업체의 장 또는 해당 직원에게 서명을 받아 징구하여야 한다.

제12조 삭제

제13조(긴급보고) 감독관은 점검 중에 긴급한 조치를 취하지 아니할 경우 항공보안에 막대한

지장을 초래할 수 있는 위해요소를 발견하였을 때에는 이를 즉시 국토교통부 장관에게 보고하여야 한다.

제14조(감독관의 교육훈련 등) ① 국토교통부 장관 및 지방항공청장은 감독관의 자질 향상을 위하여 감독관 최초 지정 또는 정기교육 등을 이수한 날로부터 연 1회 이상 다음 각 호의 어느 하나에 해당하는 교육 등이 이수될 수 있도록 하여야 한다.

1. 항공안전공무원 교육훈련 규정에 따른 20시간 이상의 항공보안감독관 정기교육 과정
2. 국토교통부 장관으로부터 인가를 받은 항공훈련기관, 국제민간항공기구 또는 국제민간항공기구에서 인정한 교육기관에서 실시하는 항공보안 교육 과정
3. 항공보안세미나, 항공보안워크숍 또는 항공보안 관련 국제회의 등에 2일 이상 참석

② 제1항에 따른 정기교육을 부득이한 사유로 이수하지 못한 사람이 1년이 경과한 날부터 30일 이내에 정기교육을 이수한 경우에는 1년 이내에 정기교육을 이수한 것으로 본다.

③ 제1항 및 제2항에 따른 정기교육을 받지 않은 감독관은 다음 정기교육을 이수할 때까지 감독관 자격이 정지되며, 점검활동을 수행할 수 없다. 다만, 감독관으로 지정된 사람이 항공보안 업무를 담당하지 않게 된 경우에는 제1항 및 제2항에 따른 정기교육을 이수하지 않아도 5년간 그 자격이 유지된다.

제15조(증표관리) ① 감독관은 업무를 수행할 때에는 별지 제3호 서식의 항공보안감독관 증표를 소지하여야 하며, 이를 타인에게 대여하여서는 아니 된다.

② 감독관은 지정이 취소되거나, 항공보안 업무를 담당하지 않게 된 경우에는 항공보안 감독관 증표를 반납하여야 한다.

제16조(기록유지) 감독관은 제10조에 따라 시정조치서 등을 발부한 경우 별지 제4호의 시정조치서 관리대장에 발부 사실과 관련 내용을 기록 · 유지하여야 한다.

제17조(재검토기한) 국토교통부 장관은 「훈령 · 예규 등의 발령 및 관리에 관한 규정」에 따라 이 훈령에 대하여 2018년 7월 1일 기준으로 매 3년이 되는 시점(매 3년째의 6월 30일까지를 말한다)마다 그 타당성을 검토하여 개선 등의 조치를 하여야 한다.

New Story I

1. 2015년 3월 16일, 아시아나항공 홍콩발 인천행 항공기에서 30대 한국인 남성 승객이 40분 먼저 한국에 가려고, 제주항공을 예약한 친구의 탑승권과 바꿔 탑승하여 결국 회항하였다.
2. 2015년 3월 16일 인천공항에서 한국인 2명이 중국인들이 예약한 항공권으로 태국 방콕까지 갔다가 밴쿠버행 항공기에 타려다 발각되어 법무부 조사를 받았다.

New Story II

지문 인식 탑승 수속

2018년 1월 29일부터 김포공항과 제주공항에서 국내선 출발 시 신분증이 없어도 지문인식으로 탑승할 수 있게 되었다. 이는 지문과 손바닥 정맥을 탑승 수속에 활용하는 것이다. 기존에 육안으로 신분증을 확인하는 과정에서 발생하던 오류를 사전에 방지할 수 있다.

이 서비스를 이용하기 위해서는 김포공항 국내선 여객 청사 3층 및 제주공항 여객청사 3층 등록대에서 신분증 제시 후 개인 정보 활용 동의를 거쳐 손바닥 정맥과 지문을 등록하면 이후에는 신분증 없이 전용 게이트를 통해 보안 검색장으로 진입할 수 있다. 서비스 이용 대상은 만 14세 이상 한국 국민이다.

손바닥 정맥 기술을 이용한 서비스 도입은 우리나라가 처음으로, 컬러렌즈, 신장, 습도, 온도에 따라 제약이 없으며, 체내 특성 정보로 유출이나 위·변조에 우수한 보안성을 갖추고 있다. 김해, 대구, 청주 등 타 공항으로 확대해 나갈 계획이다.

ⓒ연합뉴스

지문 인식기

New Story III

금지 물품 보관 및 택배 서비스

인천공항을 이용하는 승객이 보유한 기내 반입 금지 물품에 대한 적발 건수*가 매년 증가하여 '16년에는 3백만 건을 넘어섰다.

항공기 내 반입 금지 위해 물품**은 항공기 객실로 반입할 수 없어, 인천공항공사는 보안검색 과정에서 적발된 금지 물품을 압수한 후 폐기·기증하는 절차를 운영해 왔다. 그러나 생활 공구류(맥가이버 칼) 및 액체류(화장품, 건강식품) 등 반입 금지 물품에 해당하는 일상 생활용품의 경우, 이를 포기해야 하는 승객의 불만이 이어져 왔다. 특히 인천공항의 경우, 고가의 생활용품을 포기하는 승객***이 하루 백 명을 넘어서고 포기 과정에서 승객-보안검색 요원 간 충돌이 빈번하여 보안검색 속도 지연과 검색 품질 저하의 원인이 되었다. 이로 인해 인천공항의 항공기 내 반입 금지 물품 처리절차가 압수·폐기에서 보관·택배 서비스로 크게 개선되었다. 국토교통부는 인천국제공항공사와 함께 기내 반입이 금지된 물품들을 공항에서 보관하거나 택배로 보내주는 서비스를 2017년 8월 1일부터 시작했다.****

출처: 국토교통부

---

* 적발 건수: '14년 2,092,937건 / '15년 2,048,036건 / '16년 3,071,821건

** 항공기 내 반입 금지 위해 물품: 항공기의 안전 운항을 저해하거나 운항을 불가능하게 하는 불법 방해 행위(항공기 납치·파괴 등)를 하는 데 사용될 수 있는 위험 가능성이 있는 물건

*** 고액 물품 포기: 일 평균 120명, 항공사 위탁·환송객 인계: 일 평균 373명('16년)

**** 보관 서비스 일일 3천 원/ 택배 7천 원부터(크기·무게에 따라 부과)

New Story IV

한국공항공사에서는 2018년 하반기에 항공보안 강화를 위해 보안검색 감독, 폭발물 처리 요원을 공정한 채용 전형 진행을 위해 블라인드 채용 방식으로 입사 지원서에 성별, 연령, 학력, 사진 등 불합리한 차별이 개입될 수 있는 인적사항을 완전히 배제하고, 면접 시에는 후보자의 학력, 성별 등 인적사항 정보를 제공하지 않고 직무능력 중심의 블라인드 면접을 실시하여 우수한 인재를 선발하였다.

New Story V

2020년 하반기부터 미국에 갈 때 보안 인터뷰와 추가 검색 등의 불편이 줄어든다

미국으로 가는 항공기는 승객 탑승 전 항공기 객실을 인천공항공사 보안요원 10명이 시트 쿠션을 다 뜯고 점검 및 수색을 하여 10분 정도 소요되었다.

연간 345만 명에 달하는 우리나라의 미국행 승객이 보안 인터뷰와 탑승구 앞 전자제품 · 분말 · 액체류 등의 추가 검색을 받았고, 연 1만 4천100편의 미국행 항공기에 대한 검색 강화가 항공사의 연간 200억 원의 비용부담으로 이어졌었다.

아시아 국가 중에서 우리나라가 처음으로 한미 항공보안 협력회의에서 미국 교통보안청(TSA)과 '한미 항공보안체계 상호인정 합의서'를 맺었다. 그동안 미국 교통보안청은 테러 위협에 대응하기 위해 2017년 6월부터 미국을 취항하는 전 세계 항공사를 대상으로 승객 · 휴대물품 등에 대한 보안검색을 강화하고 이행 실태를 주기적으로 평가해왔다. 항공권 발권 카운터 앞, 환승 검색장 앞, 탑승구 앞에서 보안 질의(인터뷰) 등을 추가로 운영했었다. 미국 교통보안청은 지난 2002년부터 2019년 5월까지 총 19회의 평가 결과 인천 · 김해공항, 대한항공 · 아시아나항공 등 우리나라 공항과 항공사가 국제민간항공기구(ICAO) 국제 기준과 미국행 항공기 보안 규정을 충족하는 등 보안 면에서 우수하다고 판단하여 이러한 결정을 내렸다.

New Story VI

칼트상용화주터미널

칼트상용화주터미널(CALT-SPK Regulated Terminal: CSRT)은 2019년 9월 ,국토교통부 승인을 받아 사업을 개시한 국내 최초의 상용화주터미널이다. 항공보안법에 의거하여, 상용화주로 지정된 자체 보안 시스템을 갖춘 터미널로서, 동 터미널 내에서 보안검색을 하고 적재 조업한 화물에 대해서는 항공사의 보안검색을 면제받게 된다. ICAO 기준에 부합하는 100% X-Ray 검색 보안체계, 수출신고 전산 시스템 및 공항까지의 보안 트럭 운송 등을 갖추어 수출 항공 화물에 대한 완벽한 보안성을 제공하고 있기에 공항 화물 터미널에서 보안검색을 받지 않고 공항 내 화물기나 여객기로 직접 이송이 가능하다.

국내에서는 아직 생소한 개념이지만 물류 선진국인 홍콩, 유럽 등에서는 항공 화물 중 상용화주에 의한 조업률이 70%를 넘을 정도로 보편화되어 있다.

New Story VII

국토교통부는 '액체·겔류 등 항공기 내 반입 금지 물질' 고시 개정안을 2016년 12일부터 시행하는 공항의 보안 검색대를 통과한 뒤의 '보안검색 완료 구역' 내 편의점 등에서 구입한 물이나 음료수를 국제선 여객기에도 휴대할 수 있도록 하였다. 그동안 음료수는 보안검색 과정에서 반입이 제한되었을 뿐만 아니라 검색대를 통과한 뒤 구매한 음료수도 국제선 여객기 내에 들고 탈 수 없었다.

이용객들의 불편이 잇따르고, 보안검색 완료 구역 내에서 판매하는 음료수는 안전성이 입증됐다는 판단에 따라 음료수 반입 금지 규제가 풀렸다. 국토부에 따르면 미국, 캐나다, 영국 등 외국 주요 공항에서도 보안검색 완료 후 구입한 뚜껑이 있는 음료수(뜨거운 음료수는 제외)의 국제선 반입을 허용하고 있다. 다만 공항 검색대를 통과할 때는 여전히 음료수를 반입할 수 없다.

또한 국토교통부는 주류·화장품이 ICAO의 규격 보안 봉투에 담겨 있지 않아도 액체 폭발물 탐지 장비로 검색해 이상이 없으면 이를 휴대할 수 있도록 했다. 그동안에는 규격 봉투에 담기지 않으면 이를 전량 압수·폐기했는데, 인천국제공항에서는 일 평균 10여 건의 폐기 사례가 발생했다.

CHAPTER 02

항공객실보안
Aircraft Cabin Security

1. 객실승무원의 항공기 보안 활동

1) 항공기 보안 점검

(1) 경보

객실승무원은 매월 및 수시로 공지되는 경보 단계(Alert Level) 발령·조치사항을 참조하여, 해당 편 경보 단계에 해당되는 항목을 점검해야 한다. 보안 점검은 해당 항공기 각 구역별로 실시하며, 승무원은 본인의 업무 담당에 따른 승무원 좌석(Jump Seat)이 배정된다. 점검 구역은 본인의 업무 담당 승무원 좌석 주변을 점검한다.

경보(Alert)는 행동 또는 방어를 위한 준비 태세 신호로 실제 또는 긴박한 위험에 대하여 대비하도록 알리는 것이다. 경보 단계는 3단계로 구분하며 Alert 3은 평상시 Green이고, Alert 2는 주의 단계 Yellow이며, Alert 1은 심각한 단계로 Red로 표시한다.

표_경보단계

단계	내용
Alert 3	평상시 Green
Alert 2	주의 단계 Yellow
Alert 1	심각한 단계 Red

■ 경보 단계

Alert 3(평시: Green)
구체적이고 믿을 만한 위협 정보는 없으나, 승무원 및 현장 직원의 보안 의식 고취 및 관심이 필요한 경우(예: 허위 위협, 합법적 시위 등)

Alert 2(주의: Yellow)
구체적이고 믿을 만한 위협 정보로 인해 항공기 안전 운항을 위해 강화된 보안 대책이 필요한 경우(예: 실제 폭파 위협, 정치사회적 불안 등)

Alert 1(심각: Red)
실제 위험이 존재하고, 항공기 안전 운항을 위해 최고 수준의 보안 대책이 필요한 경우(예: 항공기 또는 공항에 대한 테러 공격, 항공기 납치, 전쟁, 폭동 등)

출처: 대한항공 홈페이지

(2) 점검 절차

항공기 보안 점검은 운항 시작 전에 객실승무원이 항공보안 규정에 의거하여 보안 점검을 실시해야 한다. 해외 취항지 국가에서 요구하는 항공기 보안 점검 규정이 당사 규정과 상이할 경우에는 해당국의 규정에 따른다.

보안장비 점검은 비행 전 비상/보안장비 점검 시에 실시하며, 지정된 대리인에 의해 항공기 보안 점검이 실시되는 경우에도 해당 구역에 대해 최종점검을 수행해야 한다.

점검 중 의심스러운 물건을 발견 등 이상이 있을 시, 즉시 점검을 중지하고 객실사무장이나 기장에게 보고하여 관계 기관에 신고될 수 있도록 한다.

객실승무원은 담당 구역의 보안 점검을 끝낸 후 객실사무장에게 이상 유무를 보고하며, 객실사무장은 최종적으로 보안 점검 결과를 기장에게 보고한다.

(3) 점검 사항

매 항공편 운항 후에는 기내 승객 유실물(Left Behind Item) 및 잔류 승객을 확인하며, 항공기 내 비인가자의 출입을 통제한다.

기내식 물품은 용기에 담겨 용기 외부가 봉인되어 탑재됨을 원칙으로 한다.

객실승무원은 탑재 용기 외부의 봉인 상태를 점검하며, 봉인 상태에 이상이 있을 경우에는 기내식 탑재 매니저를 호출하여 내용물을 재검사한다. 재검색을 하여 이상이 있을 경우 해당 물품을 하기시켜 재확인한 후 탑재토록 조치를 취한다.

기내 보안 점검은 기내식 조업이나 기내 청소와 분리하여 실시하는 것이 원칙이다. 그러나 기내식 조업은 당사 직원 또는 지정된 대리인의 감독하에 보안 점검 중에 실시한다.

기내 청소는 청소가 완료된 구역부터 보안 점검을 실시한다. 만약 청소요원이 항공기 검색 교육을 받고 항공사의 승인을 받았을 경우, 청소와 보안 점검을 동시에 실시할 수 있다.

2) 항공기 운항 전후 보안 점검

(1) 벙커 내 보안 점검사항

벙커(Bunker. Crew Rest Area) 점검은 승객 탑승 전 및 승객 하기 후에 실시해야 한다. 1차 점검자는 담당 사무장(Duty Purser)이며, 2차 점검자는 벙커의 출입구에서 제일 가까운 승무원 좌석에 배정된 승무원이다.

벙커 점검은 안전 장비 점검을 포함하여 벙커로 내려가는 계단에 있는 Light Switch 정상 작동 여부와 벙커 내 보안상 의심스러운 물건이 있는지를 확인한다.

기종에 따라 벙커 출입구(Crew Rest Area Main Entrance Hatch) 닫힘 상태를 확인한다.

A330-200 기종은 화재진압장치(Fire Extinguishing System: FES) 스위치의 Sealing 상태를 유의하여 점검해야 한다.

벙커 점검 완료 후에는 객실사무장에게 이상 유무를 보고한다. 점검 중 의심스러운 물건을 발견하면, 즉시 객실사무장이나 기장에게 보고하여 관계 기관에 신고될 수 있도록 조치해야 된다.

■ 벙커 점검 사항

- 벙커로 내려가는 계단 Light Switch 정상 작동 여부 점검
- 벙커 내 보안상 의심스러운 물건 확인
- 벙커 출입구 닫힘 상태 확인(해당 기종)
- 화재진압장치(FES) 스위치의 Sealing 상태 점검(A330-200 Only)

■ 기종별 벙커 위치

- A380-800: R3
- B747-400: R5
- B777-200: R3
- A330-200: L3

(2) 항공기 출발 전 탑승객 하기 시 보안 조치

항공기에 탑승하였던 모든 탑승객은 하기 시 본인의 소지품 및 휴대 수하물을 소지하고 하기해야 한다. 승무원은 승객 하기 후 '항공기 보안 점검 Checklist'의 'Alert 3, 2'에 의거하여 반드시 보안 점검을 실시해야 한다.

항공기 출발 전 탑승한 승객이 하기할 시에는 승객의 앞 좌석 및 옆 좌석의 좌석 앞 주머니(Seat Pocket)와 좌석 하단에 장착된 구명복 그리고 좌석에 있는 쿠션(Seat Cushion)을 들어 승객이 앉았던 열을 꼼꼼히 점검해야 한다. 그러나 하기 사유가 승객의 의도가 전혀 아닌 경우에는 모든 승객의 하기 및 기내 재점검을 실시하지 않아도 된다.

[서식: 항공기 보안 점검 Checklist]

항공기 보안 점검 CHECKLIST

(운항기술기준 9.1.20.1)

날짜 ____________ A/C No. HL ____________ A/C TYPE ____________ 항공편 ______________
Station(from/to) _______ / _______ Current Alert Level 3(Green)☐ 2(Yellow)☐ 1(Red)☐
Purser: 이름 ____________ 서명 ____________ Completion Time ______________________
PIC: 이름 ____________ 서명 ____________ Completion Time ______________________

※ S: Satisfactory U: Unsatisfactory N/A: Not Applicable

구분		점검 내용	Alert Level					
			3,2			1		
			S	U	N/A	S	U	N/A
Cabin	좌석	Seat Pocket 내부						
		Seat Cushion 하단 및 Life Vest 보관 장소						
		좌석 상단						
		좌우 창측 벽면 구석진 곳						
		Sidewall Stowage Bins(B744U/D, A380U/D)						
	통로	Overhead Bin 내부						
		Bulkhead 및 Curtain 주위 구석진 곳						
		객실 Floor 부분						
	Jumpseat	Crew Jumpseat 및 Life Vest 보관 장소						
		비상장비 보관 장소						
	Door	Door 주변 구석진 곳						
		Coatroom 내부						
		잡지 Rack 내부						
	CRA	Crew Rest Area [A380, B744, B77WS, A332]						
	VCC	Video Control Center						
	DFS Area	Duty Free Showcase [A380 Only]						
Lavatory	설비	Lavatory Door, Wall 및 Ceiling 주위						
		변기 주변 구석진 곳						
	보관함	휴지, 화장지 보관함						
		세면대 하단 공간						
		쓰레기통						
		거울 뒷면 Comp't 내부 [A380, B772, B773, B77WS]						
Galley	보관함	Galley 내 모든 보관 공간(Oven, 냉장고, Bar 등)						
		Ceiling, Walls 및 Floor						
		쓰레기통 및 Towel 수거함						
		천장에 위치한 Comp't						
		Cart Lift(Elevator) 내부 [A380, B744]						
	탑재 Cart	Cart Sealing						

- 폭발물 피해 최소 구역: 각 항공기별 R side 최후방 Door

Unsatisfactory에 체크하였을 경우,
- 즉시 기장에게 보고하고, 필요할 경우공항 관계기관에 보고한다.
- 세부사항은 하단 Box 내 기재한다.

(3) 항공기 출발 전 탑승객 하기 시 점검 미실시인 경우

- 시스템 오류로 좌석이 중복된 탑승권을 교부하거나 예약 초과로 인한 좌석이 부족하여 하기할 경우와 같이 항공기 ACL(Allowable Cabin Load) 부족으로 승객 의사와 관계 없이 하기하는 경우
- 기상, 정비 등으로 승객과 무관한 사유에서 비롯한 운항 지연으로 기내에서 장시간 대기하여 이로 인한 피로 또는 여정의 차질 등을 이유로 여행 포기를 위해 하기하는 경우
- 입국 거부 승객, 강제 퇴거 승객, 호송 대상 승객, 환자 승객이 비행을 지속할 경우 운항 중 항공기 및 승객의 안전에 영향을 줄 것이 우려되어 의료진 또는 승무원 판단으로 하기될 경우
- 승객 하기의 원인이 항공사 또는 관계 기관에 있는 경우
  - 보안 점검 실시 여부를 기장 및 공항 지점장이 결정할 수 있도록 객실승무원은 하기 승객에 대한 정보를 제공하도록 한다.
  - 관계 기관에서 구체적 정보에 의해 보안 위협 승객을 하기 조치한 경우에는 항공사와 협조하여 전 승객 하기 및 기내 재검색을 실시해야 한다.

(4) 미국행(발) 항공편[괌(GUM) 포함] 보안 조치

승객 군집 제한

9·11 테러 사건 이후 미국행 항공편에서는 운항 중에 승객들이 군집해 있는 경우 객실승무원은 기장에게 보고해야 한다. 기장은 항공기 출발 전 군집 금지 방송을 해야 하며, 운항 중에는 적정한 시점에 반복 방송을 실시한다.

화장실 사용 제한

승객은 탑승한 Class의 화장실만을 사용해야 한다. 단, 장애인, 노약자, 환자 등 도움을 필요로 하는 승객은 가까운 화장실을 사용할 수 있다. 객실승무원은 모든 화장실 내에 금지 물품, 의심스러운 액체 물질, 승객의 유실물(Left Behind Item)이 있는지 점검해야 하며, 점검은 출발 전과 비행 중 매 2시간마다 이루어져야 한다.

보안 점검 중 훼손 구명복 발견 시 처리

구명복 자체 또는 포장이 훼손·파손된 경우에는 해당 구명복을 교체해야 한다. 보안 점검 요원으로부터 훼손된 구명복 발견 사실을 접수한 경우 즉시 정비사에 통보 및 교체를 요청한다.

(5) 제한 구역 출입자에 대한 규정

객실승무원은 항공기 주위 또는 기타 제한 구역에서 인가된 신분증 미소지자나 의심스러운 행위를 하는 사람을 발견하면 신분증 제시를 요구하여 비인가자의 항공기 출입을 막아야 한다. 만일 신분증을 제시하지 못하거나 거부하는 경우 해당 승객을 감시하며 운송 직원 또는 공항 경찰에 신고한다.

객실승무원은 수상한 행동을 하는 승객이나 의심스러운 물품을 소지한 승객이 있는지 점검하며, 소유자가 불분명한 의심스러운 물건이 기내에 있는지, 항상 관심을 가지고 살펴본다.

의심스러운 물건을 발견할 시 기장에게 보고한다. 기장 및 기장으로부터 권한을 위임받은 객실승무원은 공항 계류 또는 운항 중인 항공기의 안전을 해치고 인명, 재산에 위해를 가하며 기내 질서를 문란시키거나 기내 규율에 위반하는 행위를 하려는 자에 대하여 그 행위를 저지하기 위해 필요한 조치를 할 수 있으며, 조치를 할 때에는 기장의 지휘를 받아 행해야 한다.(항공안전 및 보안에 관한 법률 제22조)

(6) 경유지 공항 Ground Time 3시간 미만 시 보안 규정

여객, 화물 등의 하역을 하지 않고 급유, 기체 정비, 승무원 교체, 위급 환자 발생 등의 Ground Time 3시간 미만의 기술 착륙(Technical Landing) 시 운항 및 객실승무원은 경유지 공항에서 비인가자나 위험품의 기내 출입 또는 반입 방지를 위하여 보안 활동을 수행해야 한다. 경유지 공항 Ground Time 중에는 특별한 사유가 없는 한 항공기를 이탈할 수 없으며, 경유지 공항에서 승무원 교대 시에는 승무원과 지점 직원 간 및 교대 승무원 상호 간에 제반 사항을 인수인계하며, 다음과 같은 보안 사항을 수행한다.

■ 보안 사항 수행 점검

- 기내 보안장비의 이상 유무 확인
- 비인가자의 출입 또는 위험품의 기내 반입 금지
- 승객 탑승 전 기내 보안 점검

3) 객실승무원 개인 및 호텔 보안

(1) 개인 보안(Personal Security)

- 공공장소에 승무원의 가방을 방치하지 않는다.
- 승무원 가방을 잠시 방치했을 경우, 항공기 탑승 직전에 승무원 본인의 소유물이 아닌 다른 물품이 가방 내에 있는지 확인한다.
- 공공장소 또는 여러 사람 앞에서 공금 또는 개인 돈을 다루지 않는다.
- 승무원 신분증(ID Card)은 항공기 탑승 후에는 패용하지 않고 별도로 보관한다.
- 승무원 가방에 Name Tag를 부착하고 주소는 집 주소가 아닌 회사 주소를 기입한다.
- 회사의 지급품(유니폼 등) 및 비행 관련 자료의 관리 책임은 지급받은 각 개인에게 있고, 분실 또는 유출 시 악용될 소지가 있으므로 취급에 유의한다.
- 승무원 가방을 위탁 수하물로 처리하는 경우, 회사 지급품(유니폼 등)은 가급적 휴대용 가방에 넣어 보관한다.

(2) 호텔 보안(Hotel Security)

- 공항 지점과 비상연락망을 유지한다.
- 가능한 한 동료 승무원들과 격리된 Room을 배정받지 않는다.
- 가능한 한 1층에 있는 Room을 배정받지 않는다.
- 입실 전 비상구 위치를 확인한다.
- 입실 후 출입문을 잠그고 보조 잠금장치도 사용한다.

(3) 신분증 패용 구역(Security Identification Area)

공항 당국의 안내를 받지 않는 모든 사람에 대해, 반드시 신분증을 패용해야 하는 공항의 제한 구역을 의미하며, 신분증 패용 구역에서 신분증은 타인이 쉽게 인식할 수 있도록 상반신에 패용하며, 신분증 패용 구역에 설정된 제반 규정을 준수한다. 적법한 신분증을 패용하지 않은 인원을 발견하면 공항 경찰에게 통보해야 한다.

(4) 승객의 위탁 수하물 탁송 금지

승무원은 타인을 대신해서 우편물이나 물품을 운반할 수 없다. 또한 무인 위탁 수하물은 탁송을 금지한다. 탑승 수속을 하지 않은 승객의 위탁 수하물과 탑승 수속 후 실제 탑승하지 않은 승객의 위탁 수하물은 반드시 하기 조치 후 운항하며, 운송 직원은 탑승하지 않은 승객의 수하물을 하기해야 하고 이에 대한 정보를 기장에게 통보해야 한다.

예외적으로 탑재할 수 있는 경우(국가항공보안계획 8.4.11)

- 승객이 해당 편에 탑승하였으나 항공기 중량 제한 등 탑재 관리상의 이유로 하기된 위탁 수하물을 후속 편으로 송부할 경우
- 항공편 지연, 결항, 기타 공항 운영 요건 등 항공사 운영상의 이유로 승객과 위탁 수하물이 분리된 경우
- 사내 우편물, 급송 수하물 또는 항공사의 귀책으로 잘못 도착한 위탁 수하물이 적절한 보안검색을 완료했을 경우

2. 항공기 및 조종실 출입 보안

1) 항공기 출입 보안

(1) 항공기 출입 허용인

- 항공사의 신분증을 소지한 해당 비행기에서 근무하는 항공승무원과 객실승무원
- 항공사의 신분증을 소지한 편승 승무원(Extra Crew. 운항승무원과 객실승무원)
- 항공사의 신분증을 소지하고 업무상 항공기로 출입하는 항공사 직원, 또는 지상 조업

사업체 직원

- 해당 비행기 편 탑승권을 소지한 승객
- 불시에 평가를 수행하는 항공보안 감독관은 직원을 동행하지 않을 수도 있으나, 업무 수행을 위하여 항공안전 감독관, 항공보안 감독관 신분증 또는 항공 관계 기관 공무원증을 소지한 자가 해당 항공사 직원과 동행할 경우 출입을 허용한다.

(2) 항공안전 감독관의 항공기 출입 시 규정

- 국토교통부 항공정책실 항공안전 감독관(Aviation Safety Inspector) 또는 해당 국가안전 감독관은 항공법 및 국제민간협약에 따라 점검 업무를 수행할 수 있으며, 승무원은 이에 협조해야 한다.
- 승무원은 항공기 외부 또는 내부에서 점검 중인 국토교통부 항공정책실 항공안전 감독관 또는 해당 국가 안전 감독관을 만났을 때는 신분증을 확인하고 항공기를 점검하는 동안 최소 1명의 승무원 또는 직원이 같이 점검을 수행해야 한다.
- 해외 지점에서 해당 국가 안전 감독관이 공항지점의 당사 직원과 동행하지 않았을 경우 우선 신분증을 확인한 후 점검관에게 점검을 허락하고 즉시 공항 지점에 연락하여 안내를 받을 수 있도록 후속 조치해야 한다.
- 국토교통부 항공정책실 항공안전 감독관이 항공기가 계류장에 주기 시 조종실(Cockpit)을 출입할 때는 승무원은 감독관의 신분증을 확인해야 한다.
- 국토교통부 항공정책실 항공안전 감독관이 조종실 운항 중 검사(Cockpit Enroute Inspection)를 하기 위해서는 다음과 같은 절차를 따르는 것이 원칙이다.
  - 항공기 탑승 시 객실사무장에게 항공기 출입 요구서를 제시하고 조종실 운항 중 검사를 목적으로 탑승한 사실을 통보해야 한다. 만일 미통보한 경우 기장은 항공안전 감독관의 출입을 허락하지 않을 수 있다.
  - 국토교통부 항공정책실 항공안전 감독관이 조종실 출입 의사를 밝히는 경우 객실사무장은 항공정책실장이 발행한 항공안전 감독관 신분증과 항공기 출입 요구서를 확인한 후 기장에게 즉시 통보하면 조종실 출입 여부 및 출입 시기에 대한 최종 결정을 해당 편 기장이 하게 된다. 이와 같이 조종실 출입은 엄격히 제한되어 있다.
- 해당 국가 안전 감독관이 조종실 운항 중 검사를 하기 위해서는 해당 국가 안전 감독관 신분증 및 운항 승무부 발행 조종실 출입 인가(Cockpit Authentication) 서류가 필요하다.

[별지 제8호 서식: 항공기출입요구서]

국토교통부
Ministry of Land, Infrastructure and Transport Republic of Korea

항공기출입요구서
REQUEST FOR ACCESS TO AIRCRAFT

발급번호 제OP-　　　호

이 항공기출입요구서를 소지한 자는 항공안전법 제7조 및 제132조와 운항기술기준 8.1.8.1의 규정에 의하여 항공기의 조종실출입 공무수행자임을 증명합니다.

Pursuant to the Aviation Act and Flight Safety Regulations, aces to aircraft is requested for the person herein named

□ 항공기탑승 □ on a must fly / □ 관찰 · 점검좌석제공 □ space available basis from

검사관 성명 Inspector's Name		검사관 소속·직급 Inspector's Title		증명서 번호 Credential No.	
항공사명 Name of Operator					
검사일자 Date		시간 Time		비행편명 Flight No.	
점 검 노 선 The Route(s) To Be Flown					
From		To		검사관 서명 Inspector's Signature	
From		To			
목적 Purpose					
년　　월　　일 국토교통부장관 또는 지방항공청장(직인)					

출처: 국토교통부

[서식: 조종실 출입 인가]

COCKPIT AUTH

1. NAME : 홍길동
   - 소속: 운항훈련원
   - 사번: 1234567
2. CKPT AUTH NO : 2020-SEL00-08-31
3. FLT/DATE : KE1278/1226 ON 03SEP, GMP/CJU/GMP
4. REASON : 전문교관 관숙비행

OSI) PLZ ATTEN CREW BRIEFING

BRGDS

[서식: 항공보안 감독관 점검표]

항공보안감독관 점검표			
점검 분야	액체류 보안 통제	감독관	
점검일	. . .	수검기관명	
Y: Yes, N: No, R/C: Required Correction, N/A: Not Applicable			

1. 액체류 공급망	Y	N	N/A
가. 국가항공보안 당국 또는 공항운영자는 상용공급자를 지정하고 있는가?	☐	☐	☐
나. 상용공급자는 보안각서를 제출하여(공급망에 대한보안통제)책임을 지고 있는가?	☐	☐	☐
다. 상기 보안각서는 ICAO 지침의 상용공급자 보안각서의 모든 요소를 포함하고 있는가? • 보안책임자의 지정: • 공급망 관련자들에 대한 보안인지교육훈련 여부: • 이동지역으로의 액체류 및 STEB 공급과정에서 보안통제성 유지: • 액체류 및 STEB 공급품에 대한 항시 보호:	☐	☐	☐
바. 비상용공급자에 의한 취급에 대비하여 보안요원은 보호구역 시작점부터 액체류 물품 및 STEB에 대해 시각적으로 확인을 하고 있는가?	☐	☐	☐
아. 모든 액체류 물품 및 STEB는 보호구역으로 진입 후 불법방해 행위로부터 보호되고 있는가?	☐	☐	☐
자. 불법방해행위의 징후의 발견 시, 해당 공급품들이 보호구역으로 진입을 불허하는 절차가 있는가?	☐	☐	☐
차. 모든 STEB는 봉인이 되어 전달되며 현장판매점에서 불법방해행위로부터 보호되고 있는가?	☐	☐	☐

출처: 국토교통부

2) 조종실 출입 보안

(1) 조종실 출입 인가

표_조종실 출입 인가 서류

조종실 출입 인가 서류	발행권자
Cockpit Auth	항공사 운항 승무부 담당 임원
항공기 출입 요구서	항공정책실장 또는 지방항공청장

- 조종실 출입이 인가된 자는 해당 항공편에 탑승하도록 지정된 승무원(운항승무원, 객실승무원) 및 해당 항공편 운항 관련 운송 직원이다.
- 해당 항공편에 출입이 인가된 자 이외의 인원이 조종실을 출입하기 위해서는 회사 또는 항공정책실이 발행하는 조종실 출입 인가(Authentication Of Access To Cockpit) 서류를 소지해야 한다.
  - 편승한 운항승무원(Extra Crew)의 경우 기장이 안전 운항을 위하여 필요하거나 도움이 된다고 판단되는 경우에 한하여 조종실 출입 인가 서류 중 Cockpit Auth 없이도 조종실 출입을 허가할 수 있다.
  - 조종실 출입이 인가된 자는 조종실 승무원 좌석에 착석이 가능하다.
- 조종실 출입이 인가된 자를 제외하고는 누구도 조종실에 출입할 수 없다.
- 불필요한 자의 조종실 출입은 안전 운항에 막대한 지장을 주기 때문에 조종실을 통제 구역으로 설정하고, 조종실 출입문은 운항 중 항상 잠금 상태를 유지하게 되어 있다.

(2) 조종실 출입 절차(Procedure Of Access To Cockpit)

조종실에 들어갈 때

- 조종실에 들어가기 전 객실승무원은 인터폰을 통해 조종실 내 운항승무원의 허가를 받아야 한다. 만일 기장이 사전에 암호를 지정하여 객실승무원에게 전파했다면 이를 사용한다.

- 객실승무원은 조종실 출입문 근처에 있는 화장실에 승객이 사용하고 있는지 여부를 확인해야 하고 또한 조종실 출입문 근처 주방(Galley)에 승객 존재 여부를 확인해야 한다.
- 조종실 출입 상황을 감시할 객실승무원 1명을 조종실 출입문 입구에서 객실을 향하여 서 있도록 해야 한다.
- 객실승무원은 조종실 앞에 장착된 커튼을 닫아 조종실 출입이 승객에게 노출되지 않도록 주의한다.
- 운항승무원이 출입문을 개방하면 조종실에 들어가는 즉시 문을 닫는다.

조종실에서 나올 때

- 먼저 객실에 있는 다른 객실승무원에게 인터폰을 사용하여 경계 및 커튼을 닫도록 한다.
- 조종실 내에 있는 객실승무원은 출입문에 장착된 광폭렌즈를 통하여 외부 안전을 먼저 확인한 후 출입문을 개방한다.
- 조종실에서 나온 즉시 문을 닫는다.

■ 수동 개폐 시

> 조종실 출입문을 수동으로 개폐해야 하는 경우에는 최소 2명의 운항승무원이 조종실 내에 있어야 한다. 만일 조종실 내에 운항승무원 1명만 남게 된다면 기장은 객실승무원 1명이 조종실에 위치할 수 있도록 객실사무장에게 요청하게 된다. 그러나 객실승무원은 조종석에 앉아서는 안 되며, 1명의 운항승무원이 조종실을 떠나기 전 객실승무원에게 산소마스크, 비상장비 위치 및 강화 보안 비행기 도어 시스템(Enhanced Security Flight Deck Door System)의 개폐 방법에 대해 설명을 해야 한다.

(3) 비상 출입 절차

- 3회 이상의 정상 출입 절차(Normal Access Procedure)를 수행해도 조종실에서 반응이 없고 운항승무원이 조종할 수 없는 상태가 예상되면 비상 출입 절차(Emergency Access Procedure)를 적용한다. 이때, 정상 출입 절차와 동일하게 객실승무원 1명이 조종실

출입문 입구에 있어야 한다.

- Key Pad에 비상 출입 코드(Emergency Access Code)를 입력한다. 정확한 비상 출입 코드를 입력한 후 조종실의 반응이 없을 경우, 프로그램된 시간 60초가 경과하면 출입문은 자동으로 Unlock 상태가 된다. 이때 문을 개방한다.
- 출입문이 Unlock 되기 전, 벨(Bell) 또는 부저(Buzzer)가 지속적으로 울리며 Led Light가 점멸한다.
- 사전에 통보되지 않은 상태로 비상 출입 코드를 입력하고 조종실 출입이 시도된다면 운항승무원은 거부(Deny : Boeing 기종) 또는 잠김 상태(Lock : Airbus 기종)로 선택한다. Deny 또는 Lock으로 선택되면, 프로그램된 시간인 20분 동안에는 재차 비상 출입 코드를 입력하더라도 Keypad는 작동되지 않는다. 조종실 출입문은 위험 사항이 해소된 후 개방할 수 있다.

Keypad

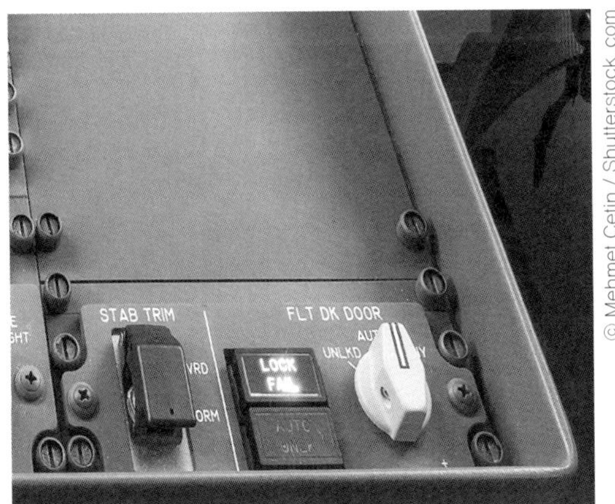

Enhanced Security Flight Deck Door System

Cockpit Door Locking System

A380-800 조종실

A380-800 조종실 Privacy Door 앞에는 카메라가 설치되어 있어 운항승무원은 Privacy Door 외부의 카메라를 통해 출입 여부를 확인한 후 Door Switch를 사용하여 Cockpit Door를 개방한다.

Privacy Area

Privacy Area는 Privacy Door와 Cockpit Door 사이의 공간으로 운항승무원용 Rest Compartment와 화장실이 설치되어 있는 구역이다.

New Story

항공보안평가

항공보안평가(Universal Security Audit Programme: USAP)는 국제민간항공기구(ICAO)에서 전 세계 항공보안의 증진을 위해 각 체약국을 대상으로 항공보안 분야 국제 기준인 국제민간항공협약 부속서 9(출입국 간소화)와 부속서 17(항공보안)의 이행 실태를 종합적으로 평가하는 제도이다. 이는 ICAO가 인증한 기관의 담당자가 정부, 공항 운영자, 항공사 등 관련 기관 및 업체를 방문하여 ICAO의 국제 기준 준수 여부를 확인하는 것이다.

출처: 국제항공법

PART 2

항공보안 관리

Aviation Security Management

CHAPTER 03

항공객실승무원의 권한과 역할

Authority & Roles of Cabin Crew

1. 항공객실승무원의 권한

국내에서는 항공 안전법 제1장 제2조 제17항에 "객실승무원이란 항공기에 탑승하여 비상시 승객을 탈출시키는 등 안전 업무를 수행하는 사람을 말한다."라고 규정하고 있다. 동 조항에서처럼 항공보안법에서는 객실승무원이 수행하는 비상시 승객을 탈출시키는 등 안전 업무 수행에만 국한하여 규정하고 있으므로, 일상 안전 업무나 불법 방해 행위 예방, 조치를 위한 보안 활동 등은 포함하고 있다고 말할 수 없다.

또한 항공보안법에서는 객실승무원의 항공보안에 관한 임무가 명확하게 규정되어 있지 않다. 항공보안법 제22조에 따라 기장이나 기장으로부터 권한을 위임받은 승무원으로 "기장 등"이라고 표현되어 있고 일반적인 객실승무원에 대한 항공보안에 관한 임무 규정은 정의되어 있지 않다.

실제 항공기 내에서 항공 범죄가 발생했을 때 객실승무원은 항공사의 자체적인 규정에 따라 그 상황을 분석하고 대응하도록 되어 있다. 그러나 사법기관의 도움을 받을 수 없는 공간적 특수성 때문에 객실승무원에게 합법적인 임무와 권한을 법적으로 규정해 놓지 않는다면 항공 범죄에 대한 적법한 절차에 따른 대응이 불가능할 것이다. 이는 범죄의 확대와 이차적인 피해를 불러올 뿐만 아니라 잘못된 과잉 진압으로 인한 인권 침해 등을 이유로 소송으로 이어질 수도 있는 문제점이 발생한다.

2. 항공객실승무원의 역할

2016년 대한항공에서 발생한 기업체 대표 아들의 기내 난동 사건 이후 국토교통부는 기내 현장에 난동이 발생했을 경우 승무원이 난동 현장을 직접 휴대폰 등으로 촬영하고 기내에 포승줄과 수갑을 배치하도록 의무화했다. 이전에는 기내 난동이 발생했을 경우 보안요원이 해당 영상을 촬영하게 되어 있었으나 제대로 이행되지 않았고, 영상 증거가 없어 승무원과 승객들의 진술에 의존해야 했기에 정확한 조사와 처벌을 기대할 수 없었다. 또한 국토교통부는 Tie-Wrap이 풀리는 경우가 적지 않아 수갑으로 대체하도록 했고 양 손목에 채워져 열쇠로 풀리는 일반형 플라스틱 제품을 사용하도록 의무화했다.

1) 항공기 보안검색

매 운항 시작 전 항공객실승무원은 객실사무장의 지시에 따라 담당 구역별로 보안검색을 시행해야 한다. 검색 시에는 '항공기 보안검색 Checklist'를 사용하여 육안으로 점검하며, 좌석 열 및 전/후 열의 Seat Pocket, Life Vest, Seat Cushion 하단을 추가로 점검을 한다. 운항이 끝난 후에도 Left Behind Item 및 잔류 승객 여부를 꼼꼼히 확인해야 하며, 항공기 내 비인가자의 출입을 통제해야 한다.

2) 항공기 보안 일반

항공객실승무원은 타인을 대신해 우편물이나 물품을 절대 운반해서는 안 된다. 또한 객실승무원은 항공기 주위 또는 기타 제한 구역에서 Pass 미소지자와 의심스러운 행위를 하는 사람 발견 시 신분증 제시를 요구하며, 비인가자의 항공기 출입을 제지해야 한다.

CHAPTER 04

항공기내보안요원

Security Staff on Board

1. 항공기내보안요원의 정의

'항공기내보안요원'이란 항공보안법 제2조 제7항에 따라 항공기 내의 불법 방해 행위를 방지하는 직무를 담당하는 사법경찰관리 또는 그 직무를 위하여 항공운송사업자가 지명하는 사람을 말한다. 항공보안법 제14조(승객의 안전 및 항공기의 보안) 제2항에 항공운송사업자는 승객이 탑승한 항공기를 운항하는 경우 항공기내보안요원을 탑승시켜야 한다고 명시되어 있다.

국내 항공기내보안요원 제도의 실시는 한국 정부가 미국 정부로부터 무비자 협정 국가로 지정받기 위해 시행되었으며, 현재 각 항공사에서는 일정한 교육을 받은 객실승무원의 명단을 국토교통부에 통보하여 국토교통부에서 임명된 객실승무원이 항공기내보안요원으로 활동하게 된다.

항공운송사업자는 항공객실승무원에게 항공기내보안요원으로서의 권한 및 책임, 자격기준, 교육 훈련, 무기 운영 등에 대한 역할을 수행할 수 있도록 운영 및 감독하고 있다. 이에 국가는 '항공운송사업자의 항공기내보안요원 운영지침'을 2008년 3월 12일 제정하여 2017년 3월 15일 일부 개정하였다.

항공보안요원 운영지침 제1조에서는 테러 등 불법행위로부터 승객의 안전 및 항공기의 보안을 위하여 탑승시키는 항공기내보안요원의 제도 및 운영에 관하여 필요한 최소한의 사항을 규정함을 목적으로 하고 있다. 항공보안요원 운영지침 제2조 제1항에서는 "무기란 분사기(Spray Gun) 및 전자충격기(Air Taser)를 말한다."라고 용어를 정의하고 있다.

2. 항공기내보안요원의 권한 및 책임

항공기의 안전을 해치고 인명 및 재산에 위해를 주며 항공기 내의 질서를 문란하게 하거나 규율에 위반하는 행위를 하려고 하는 자 및 항공기 내에서 발생되는 범죄에 관하여는 체포 등 그 행위를 저지하기 위한 필요한 조치를 할 수 있다. 객실 내 수상한 행동을 하거나 보안위반의 경우 항공기내보안요원이 운항승무원에게 긴밀히 알릴 수 있어야 한다. 항공기내보안요원은 항공기 내에서 발생한 불법행위를 행한 자 및 범죄자에 대하여 긴급 체포할 때에는 긴급체포서를 즉시 작성하고 필요한 조치를 취한다. 항공기내보안요원은 기밀을 엄수하여 피의자, 피해자 기타 관계인의 명예를 훼손하지 않도록 해야 한다.

1) 항공기내보안요원의 권한 및 책임

- 항공기내보안요원은 항공기 안으로 무기를 휴대하고 탑승할 수 있다.
- 항공기내보안요원은 부여된 임무를 수행해야 하고, 이 경우 항공기내보안요원을 포함한 일반 객실승무원은 '사법경찰관리의 직무를 수행할 자와 그 직무범위에 관한 법률' 제7조 제2항에 따른 사법경찰리의 직무도 수행해야 한다.
- 항공기내보안요원(일반 객실승무원 포함)은 객실 내 불법행위 및 항공안전을 해치는 범죄행위 등을 녹화할 수 있으며, 그 행위를 저지하기 위해 필요한 조치를 할 수 있다
- 항공기내보안요원은 항공기 내에서 불법행위가 발생한 경우 신속 대응을 위해 일반 객실승무원에게 임무를 부여하고, 항공기 내 주변 승객에게 협조 요청 등 필요한 조치를 요구할 수 있다.
- 항공기내보안요원은 항공기 내에서 불법행위가 발생한 경우 신속하게 대응하기 위하여 일반 객실승무원에게 임무를 부여해야 하며, 항공기 내 주변 승객에게 협조 요청 등 필요한 조치를 요구할 수 있다.
- 항공기내보안요원은 항공기 내에서 불법행위를 행한 자 및 항공안전을 해치는 범죄자를 현행범으로 체포(물리적으로 신체를 속박한 경우에 해당)한 때에는 현행 범인 체포서를 작성해야 한다. 이 경우 항공기내보안요원은 피의 사실의 요지, 체포의 이유와 변호인을 선임할 수 있음을 말하고 변명할 기회를 준 후 피체포자로부터 확인서를 받아야 한다.

- 항공운송사업자는 제5항의 규정에 따라 현행 범인 체포서 및 확인서를 작성할 경우에는 원본을 도착 공항 경찰관서에 피체포자와 함께 인계하고 그 사본을 사건이 종료된 날로부터 1년 이상 보존해야 한다.
- 항공기내보안요원은 기밀을 엄수하여 피의자·피해자 기타 관계인의 명예를 훼손하지 않도록 해야 한다.

■ **항공기내보안요원 임무**

항공운송사업자의 항공기내보안요원 운영 지침 제3조 제3항

1. 승객 탑승 전 항공기 객실 내 보안 점검 및 수색
2. 최초 출발 공항 또는 중간 경유지 공항에서 항공기에 탑승하는 승객 또는 재탑승하는 승객과 휴대 수하물에 대하여 의심스러운 경우 수색 및 점검
3. 운항 중 항공기 객실 내 보안 순찰
4. 운항 중 및 경유지에 있는 동안의 객실 내 보안 감독
5. 불법 점거 또는 파괴 행위 제지
6. 객실 내 폭발 의심 물체가 발견된 경우 최소 폭발물 위험 위치(Least Risk Bomb Location: LRBL) 사용 절차에 따른 수행
7. 불법행위 발생 시 녹화 실시 및 불법행위 승객 도착 공항 경찰관서에 인도
8. 기타 승객의 안전 및 항공기 보안에 필요한 사항

[서식: 현행범인 체포서]

<table>
<tr><td colspan="3">현행범인체포서</td></tr>
<tr><td rowspan="4">피
의
자</td><td>성 명</td><td>( )</td></tr>
<tr><td>생 년 월 일</td><td>. . . (세)</td></tr>
<tr><td>직 업</td><td></td></tr>
<tr><td>주 거</td><td></td></tr>
<tr><td colspan="2">변 호 인</td><td></td></tr>
<tr><td colspan="3">위의 피의자에 대한 ○○○○○○○ 피의사건에 관하여 「형사소송법」 제212조에 따라 동인을 아래와 같이 현행범인으로 체포함

. . .
항공운송사업자(항공)
항공기내보안요원 ㊞</td></tr>
<tr><td colspan="2">체 포 한 일 시</td><td>없음</td></tr>
<tr><td colspan="2">체 포 한 장 소</td><td></td></tr>
<tr><td colspan="2">범 죄 사 실 및
체 포 의 사 유</td><td></td></tr>
<tr><td colspan="2">체 포 자 의 관 직
및 성 명</td><td></td></tr>
<tr><td colspan="2">인 치 한 일 시</td><td></td></tr>
<tr><td colspan="2">인 치 한 장 소</td><td></td></tr>
<tr><td colspan="2">구 금 한 일 시</td><td></td></tr>
<tr><td colspan="2">구 금 한 장 소</td><td></td></tr>
</table>

210mm×297mm(백상지 80g/㎡)

[서식: 확인서]

확 인 서

성 명 : ( )
생년월일 : . . . (세)
주 거 :

본인은 20 . . . : 경 에서 체포·긴급체포·현행범인체포·구속되면서 피의사실의 요지, 체포·긴급체포·현행범인체포·구속의 이유와 변호인을 선임할 수 있으며, 체포·구속적부심을 청구할 수 있음을 고지받고 변명의 기회가 주어졌음을 확인합니다.

20 . . .

위 확인인 ㊞

위 피의자를 체포·긴급체포·현행범인체포·구속하면서 위와 같이 고지하고 변명의 기회를 주었음(변명의 기회를 주었으나 정당한 이유 없이 기명날인 또는 서명을 거부함).

20 . . .

항공운송사업자(항공)

항공기내보안요원 ㊞

3. 항공기내보안요원의 교육 훈련 및 무기 운영

1) 항공기내보안요원의 교육 훈련

항공기내보안요원의 훈련 프로그램에는 불법행위 유형별 위협 수준에 따른 현실적 시나리오 및 훈련 기법을 적용하여 실시하게 된다.

- 항공기내 불법행위자에 대한 강력 대응, 경찰 인계 절차 및 구금 기법
- 비무장 공격 및 방어 기술
- 관찰 및 감시
- 탑재된 무기의 사용 방법 등 무기 훈련
- 불법행위 유형별 대응 절차 및 조치 사항
- 최소 폭발물 위험 위치(LRBL) 인지, 승무원의 임무와 책임, 항공기 성능 및 객실 장비 등 일반적 교육
- 테러 정세 및 국가대테러활동 체계
- 운항승무원과 항공기내보안요원 간 위협 수준에 따른 현실적 시나리오를 통한 객실 내 상황 또는 관련 정보의 신중한 전달 방법 또는 방식 등

(1) 항공기내보안요원의 자격 기준

항공기내보안요원의 자격 기준은 2년 이상의 선임객실승무원 또는 객실승무원 경력을 갖춘 자로서 정신적으로 안정되고 성숙된 자여야 하며, 연령 및 성별을 고려하여 항공운송사업자가 선별해야 한다.

(2) 교관의 자격 요건

항공기내보안요원으로 지명된 객실승무원 중에 관계 기관으로부터 테러 정세 및 국가 대테러활동 체계 등 필요한 교육을 최소 연 1회 이상 받은 자

(3) 교육 과정 운영

초기 교육·정기 교육으로 운영하며, 이론 교육 및 실습 훈련으로 구분하여 실시한다. 테러 정세 및 국제 위협 상황 등이 발생하는 경우 관계 기관과 협의하여 교육 과정을 추가로 운영한다.

- 초기 교육: 실습 훈련을 포함하여 최소 8시간 이상 운영한다.
- 정기 교육: 초기 교육을 받은 사람과 일반 객실승무원이 12개월마다 2시간 이상의 실습 훈련을 포함해 최소 3시간 이상 이수한다.
- 정기 교육은 교육을 받아야 할 날짜가 속한 달과 그 전후 1개월 이내에 실시한다.

2) 항공기내보안요원의 무기 운영

- 항공기내보안요원에게 무기를 지급 및 탑재하고 있다.
- 무기를 항공기내보안요원이 객실 내 위협 상황에 따라 정확하고 안전하게 즉시 사용할 수 있다.
- 현장 상황을 합리적으로 판단하여 무기·수갑·포승줄 등 중에서 가장 적합한 장비를 정확하고 안전하게 사용해야 하며, 불가피한 경우를 제외하고는 항공기내보안요원이 무기를 사용해야 한다.

4. 항공기내보안요원의 법적 지위

항공보안법상 항공기내보안요원을 사법경찰관리의 직무를 할 수 있는 자로서 정의하고 있음에도 불구하고 그 직무에 관한 규정은 행정 규칙인 항공운송사업자의 항공기내보안요원의 운영 지침에만 나와 있다. 행정 조직 내부에서의 원활하고 통일적인 직무 수행을 위한 지침으로 대외적인 구속력은 없고 그에 반할 시 위법성을 이유로 쟁송할 수 없으며 행정기관 내부에서만 효력이 있고 대외적 구속력은 없으며 단지 행정기관 내부에서 운영 지침의 성격을 가진다.

객실승무원이 항공보안 관련한 임무를 수행하기 위해서는 기장으로부터 권한을 위임받아야만 가능하다. 현재 불법 방해 행위가 일어나는 경우 조종 행위에 전념해야 하는 항공기 기장의 직무의 특성상 불법 방해 행위자들에게 대응하는 행위뿐만 아니라 구금할 수 있는 위임 권한을 항공기내보안요원이나 특정한 기준 조건을 충족하는 자들에게 독자적 판단권을 주는 방향으로 개선이 필요하다. 따라서 합리적인 예방 조치 및 항공기와 기내 인명과 재산을 안전하게 보호하기 위해서 즉각적으로 필요한 경우 객실승무원은 그러한 위임 없이도 항공보안에 관한 권한이 주어지는 것이 직무의 효율적 이행에 바람직하다. 이에 객실승무원의 항공보안 활동에 관한 구체적인 법적 권한과 직무 규정이 제정되어야 할 필요성을 가지고 있다.

■ 기장 등의 권한

항공보안법 제22조

① 기장이나 기장으로부터 권한을 위임받은 승무원(이하 "기장 등"이라 한다) 또는 승객의 항공기 탑승 관련 업무를 지원하는 항공운송사업자 소속 직원 중 기장의 지원요청을 받은 사람은 다음 각 호의 어느 하나에 해당하는 행위를 하려는 사람에 대하여 그 행위를 저지하기 위한 필요한 조치를 할 수 있다.

1. 항공기의 보안을 해치는 행위
2. 인명이나 재산에 위해를 주는 행위
3. 항공기 내의 질서를 어지럽히거나 규율을 위반하는 행위

② 항공기 내에 있는 사람은 제1항에 따른 조치에 관하여 기장 등의 요청이 있으면 협조하여야 한다.

③ 기장 등은 제1항 각 호의 행위를 한 사람을 체포한 경우에 항공기가 착륙하였을 때에는 체포된 사람이 그 상태로 계속 탑승하는 것에 동의하거나 체포된 사람을 항공기에서 내리게 할 수 없는 사유가 있는 경우를 제외하고는 체포한 상태로 이륙하여서는 아니 된다.

④ 기장으로부터 권한을 위임받은 승무원 또는 승객의 항공기 탑승 관련 업무를 지원하는 항공운송사업자 소속 직원 중 기장의 지원요청을 받은 사람이 제1항에 따른 조치를 할 때에는 기장의 지휘를 받아야 한다.

5. 항공객실승무원의 사법경찰관리 직무 수행

■ 사법경찰관리의 직무를 수행할 자와 그 직무 범위에 관한 법률

제7조(선장과 해원 등)

① 해선(海船)[연해항로(沿海航路) 이상의 항로를 항해구역으로 하는 총톤수 20톤 이상 또는 적석수(積石數) 2백 석 이상의 것] 안에서 발생하는 범죄에 관하여는 선장은 사법경찰관의 직무를, 사무장 또는 갑판부, 기관부, 사무부의 해원(海員) 중 선장의 지명을 받은 자는 사법경찰리의 직무를 수행한다.
② 항공기 안에서 발생하는 범죄에 관하여는 기장과 승무원이 제1항에 준하여 사법경찰관 및 사법경찰리의 직무를 수행한다.

사법경찰관리의 직무를 수행할 자와 그 직무 범위에 관한 법률 제7조에는 항공기 안에서 발생하는 범죄에 관하여 기장과 승무원의 사법경찰관 및 사법경찰리의 직무 수행에 관한 규정이 정의되어 있다. 이 법은 형사소송법 제197조에 따라 사법경찰리의 직무를 수행할 수 있다. 또한 그 직무에 관한 구체적인 적용 규칙은 특별사법경찰관리 집무 규칙을 따르도록 되어 있다. 형사소송법상의 사법경찰관리는 사법경찰관과 사법경찰관리를 총칭하는 개념으로 사용된다. 일반적으로 사법경찰관은 경무관, 총경, 경정, 경감, 경위 등을 말하고, 사법경찰관리는 경사 및 순경 등을 말하며, 그 밖에 법률로 사법경찰관리를 정할 수 있게 되어 있다. 또 삼림, 해사, 세무, 군 수사기관, 기타 특별한 사항에 관해 직무를 행할 특별사법경찰관리도 법률로써 정한다. 이들은 범죄 수사에서 검사의 보조기관으로 수사의 주재자인 검사의 지휘를 받아 수사를 하며, 범죄 수사에서 검사의 직무상 발한 명령에 복종해야 한다.

사법경찰관리의 직무를 수행할 자와 그 직무 범위에 관한 법률 제7조 제2항은 항공기 안에서 발생하는 범죄에 관하여는 '기장과 승무원은 제1항에 준하여 사법경찰관 및 사법경찰리의 직무를 수행한다.'고 규정하고 있다. 이 규정에 따르면 항공기 내의 범죄에 관하여 기장은 사법경찰관의 직무를 객실승무원 중 기장의 지명을 받은 자는 사법경찰리의 직무를 수행함을 알 수 있다. 일반적으로 사법경찰은 범죄자를 재판에 넘기기 위하여 범죄자를 추적, 체포하는 것을 목적으로 하는 반면, 행정경찰은 공공질서에 대한 혼란 억제와

예방조치를 취하는 것을 목적으로 한다. 그러나 동일한 기관 또는 공무원이 행정경찰 업무와 사법경찰 업무를 동시에 담당하는 경우가 있고 이 경우에 양자에 구분은 쉽지 않다.

객실승무원이 항공기 내에서 기내 난동 행위 또는 범죄행위에 대하여 대처하는 행위는 사법경찰관의 직무 또는 사법경찰적인 성질 및 행정경찰의 특수성을 모두 아우르는 직무의 특성을 보인다. 사법경찰리의 직무를 수행하는 자의 범죄 수사에 관한 직무상의 준칙을 명시하여 수사의 효율성을 높이고 인권 침해를 방지함을 목적으로 하는 특별사법경찰관리 직무규칙 제2조 제1항에 따르면, '사법경찰관의 직무를 행하는 자는 법에 의한 직무의 범위 안에서 범인과 범죄 사실을 수사하고 그에 관한 증거를 수집함을 그 직무로 한다.'고 규정하고 있다.

기내에서 발생하는 난동 행위 또는 불법 방해 행위에 대응하는 기내 객실승무원의 행위는 일종의 경찰 작용이라 할 수 있다. 경찰이라 함은 직접사회 공공의 안녕 질서를 유지하기 위하여 일반 통치권의 의거하여 개인에게 명령, 강제하는 작용을 말한다. 공공의 안녕이라 함은 개인의 생명, 건강, 자유 및 재산의 안전, 그리고 국가와 그 기관의 안전성을 말한다. 경찰은 행정경찰과 사법경찰로 규정되는데 행정경찰은 공공질서에 대한 모든 혼란의 억제와 예방 조치를 목적으로 하고 사전적 · 예방적 행정 작용임에 반하여 사법경찰은 범죄자를 재판에 넘기기 위하여 범죄자를 추적, 체포하는 것을 목적으로 사후적 · 제재적 사법 작용이다. 행정경찰 작용에 대해서는 행정법의 원리가 적용되고 행정소송이 되지만, 기내에서 범죄를 포함한 난동 행위에 대처하는 승무원의 행위에는 행정경찰과 사법경찰 양 기능이 다 포함되어 있다.

[별지 제4호 서식: 항공기내보안요원 지정신청서]

항공기내보안요원 지정신청서

신청자	항공운송사업자명	
	항공운송사업자 주소지	

위의 항공운송사업자는 소속 항공기내보안요원이 「항공보안법」 시행령 제19조의 규정에 따른 무기(□ 전자충격기 □ 분사기)를 항공기 안의 질서 및 규율을 해하는 행위 등 불법행위를 방지하기 위해 항공기 안에 가지고 들어가고자 아래와 같이 지정 신청합니다.

년 월 일

항공운송사업자(항공)
성명 ㊞

항공기내보안요원 임명자

성명(성별)	직급 및 승무원신분 식별번호	지정 신청 기간
		□ 하계 □ 동계

210mm×297mm(백상지 80g/㎡)

CHAPTER 05

항공기내 보안장비

Security Equipment on Board

1. 항공기내 보안장비

항공기내 보안장비는 항공기 안전 운항에 저해되는 불법 방해 행위 및 난동 행위 승객을 제압하고 대응하기 위하여 기내에 탑재되어 운영하는 장비와 시스템을 말한다. 항공기에는 전자충격기, 비상벨, 방폭 Mat, 방폭 Jacket, Tie-Wrap, 포승줄이 탑재되어 있다.

객실승무원은 비행 전에 할당된 근무 위치와 전 객실의 보안장비를 점검한다. 점검 방법은 장비가 정위치에 있는지 수량은 정확히 탑재되어 있는지 확인하고 훼손되어 있는지 상태를 확인한다.

■ 무기 등 위해물품 휴대 금지

제21조 제3항

제2항에 따라 항공기에 무기를 가지고 들어가려는 사람은 탑승 전에 이를 해당 항공기의 기장에게 보관하게 하고 목적지에 도착한 후 반환받아야 한다. 다만 제14조 제2항에 따라 항공기에 탑승한 항공기내보안요원은 그러하지 아니하다.

2. 보안장비 종류 및 사용법

1) 전자충격기

전자충격기는 다른 장비와는 달리 기내에 탑재되어 있는 것이 아니라 객실승무원이 휴대하고 탑승하도록 되어 있다. 또한 원칙적으로 무기류의 기내 반입이 허용되지 않으나 정부기관의 요인 경호, 범죄인 호송 등 해당 편에서 공적인 업무 수행 시에는 허용된다. 단, 총기류를 기내에 탑재할 경우 세관 직원, 항공사 운송 직원의 입회하에 공항 경찰이 실탄과 총기를 분리하여 별도의 용기에 담아 봉인한 후 항공사 운송 직원과 함께 해당 항공기의 기장에게 전달하여 조종실에 보관하도록 되어 있다.

(1) 전자충격기 제원 및 작동 원리

항공사에서 사용하고 있는 전자충격기는 2종류가 있는데, Advanced Taser M26과 Taser X26이다.

Advanced M26의 무게는 544g, 길이는 18cm, 높이 15cm, 폭은 4cm이며 최대사거리*는 약 6.4m, 적정 사거리는 2~3m이다. 충격기의 에너지원은 충전용 8개의 AA 배터리이다. Taser X26은 무게는 204g, 길이는 15cm, 높이는 8cm, 폭은 3cm이며 최대사거리는 약 6.4m, 적정 사거리는 2~3m이다. 충격기의 에너지원은 충전 불가한 배터리로 약 200회 격발 후 교체해야 한다.

작동 원리는 카트리지에는 2개의 탐침이 있고 탐침에 연결된 사람을 T-Waves를 통해 중추신경을 교란, 마비시켜 무력하게 만든다. T-Waves는 약 5,000volt, 26watt, 0.0164amp의 전류를 흘려보낸다. 전자충격기에서 사용하는 0.0164amp는 안전 기준보다 낮아 안전을 보장한다. 1회 전류 방출 시간은 5초이고 연속 발사가 가능하며, 탐침이 빠졌을 경우에는 스턴건(Stun Gun. 전기충격기)으로도 사용할 수가 있다.

* 최대사거리: 특정한 화기를 발사할 때 그 화기의 탄환이 닿을 수 있는 최대의 수평거리

표_Advanced Taser M26 & Taser X26

Advanced Taser M26	Taser X26
■ 제원(카트리지 불포함)	■ 제원(카트리지 불포함)
• 무게: 544g • 길이: 18cm • 높이: 15cm • 폭: 4cm • 최대사거리: 6.4m • 적정사거리: 2~3m	• 무게: 204g • 길이: 15cm • 높이: 8cm • 폭: 3cm • 최대사거리: 6.4m • 적정사거리: 2~3m
■ 에너지원	■ 작동 원리
• 충전용 AA 배터리 8개	• T-Waves • 3Inch(약 7cm)까지 T-Waves 전달 • 5,000volt, 26watt, 0.0164amp
	■ 효과
	• 1회 방출 시간: 5초(연속 발사 가능) • 스턴건으로도 사용 가능함

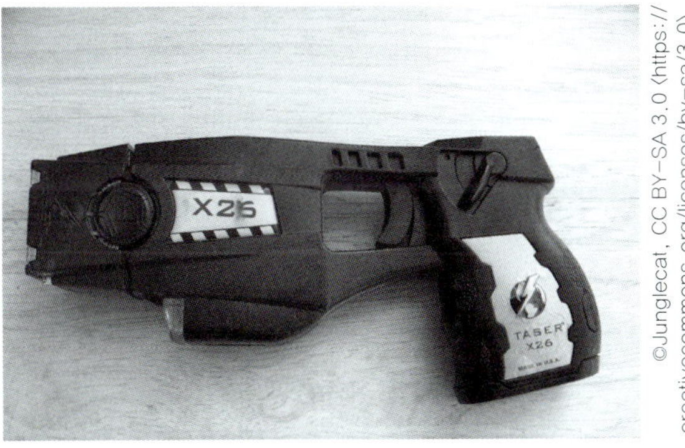

Advanced Taser M26

(2) 전자충격기 구성요소

안전장치는 사용하지 않을 때에는 항상 잠겨 있어야 하며, 사용할 경우에는 안전장치를 위쪽으로 올린다. 레이저 조준 장치는 빨간색의 레이저로 목표물을 조준할 수 있으며, 레이저가 나오지 않을 경우에는 전자충격기 상단에 위치한 조준 장치를 이용하면 된다.

배터리 지시등은 배터리가 충분히 충전되었거나 배터리가 정확하게 장착되었다면 깜빡

거리는 불빛을 볼 수가 있다. 배터리 지시등으로 격발 가능한 배터리 잔량을 알 수 있다.

조준 장치는 목표물을 조준하고, 데이터 포트는 기내에서 전자충격기를 사용했을 경우 사용한 날짜 및 시간을 확인할 수가 있다.

카트리지는 앞면이 노란색/검은색 줄무늬로 되어 있으며 내부에는 2개의 탐침과 와이어가 있다. 카트리지는 양쪽의 버튼을 살짝 눌러서 쉽게 장착하고 분리할 수 있다. 전자충격기 측면과 카트리지 상단의 노란색/검은색 줄무늬는 비살상용 무기를 의미한다.

방아쇠는 당기면 격발한다.

(3) 전자충격기 관리 및 운영

전자충격기는 원칙적으로 모든 국내선과 국제선에 탑재하도록 되어 있으나 일부 노선, 화물기, 그리고 Inbound 편에 객실승무원이 탑승하지 않는 경우에는 탑재하지 않는다. 무기 수령 후부터 무기 반납까지 운항 중 기내에서의 무기 관리 및 운영에 관한 최종 감독 및 책임은 객실사무장에게 있고, 사용 전에는 항공기 안전 보안의 최종 책임자인 기장에게 보고 및 허가를 받아 사용한다. 그리고 무기는 외부에 노출되지 않도록 관리해야 하며 항공기 내 무기함 이외의 가방이나 기타 휴대품 속에 넣어 운반할 수 없으며 반드시 지정된 장소에 보관되어야 한다. 특히 해외 공항에서는 지상에서의 임시 보관을 제외하고 여타 어떠한 경우라도 무기를 휴대하고 항공기를 이탈해서는 안 된다.

전자충격기는 사무장 또는 사무장이 지정한 2인 이상이 수령하도록 되어 있다. 인천/김포 출발 편이 아닌 경우, 항공기의 Ground Time이 5시간 미만인 경우에는 항공기 내 무기함에 보관하고, 항공기의 Ground Time이 5시간 이상이거나 Lay Over하는 항공기는 해당 공항의 보관 절차에 따른다.

지상에 있는 무기고에서 수령한 전자충격기는 반드시 무기 운반용 가방에 넣고 잠근 후 승무원 2인 이상과 동행하여 운반해야 하며, 무기를 운반하는 승무원은 운반 중 타 업무를 보거나 무기 운반용 가방을 방치해서는 안 된다.

항공기 내 무기를 보관할 때는 전자충격기와 카트리지를 분리해야 하며, 승무원이 해당 항공기를 이탈할 경우에는 반드시 무기함에 비치된 무기 대장에 인수 및 인계 기록을 해야 한다. 해당 항공기의 운항이 종료된 후에도 사무장 또는 사무장이 지정한 승무원은 무기함에서 전자충격기 및 카트리지를 회수하여 지상 무기고에 항공기 내 무기함 Key와 함께 반납하도록 되어 있다.

(4) 전자충격기 사용 조건 및 사용 표준 절차

승객 또는 승무원의 생명이 위험 상황에 임박했거나 항공기 비행 안전에 위태롭다고 판단되는 경우에 사용한다. 운항 중에 무기를 사용해야 하는 상황이 발생하면 사무장은 항공보안의 책임자인 기장과 협의한 후 객실승무원들에게 전자충격기, 포승줄, Tie-Wrap의 준비 및 사용 등의 역할 분담을 한다. 상황이 발생한 곳에서 가장 가까운 Galley에서 전자충격기 2정과 카트리지 4발을 준비하고 승객 중에서 협조자를 선정하여 협조자에게 전자충격기 사용 후 해당 승객을 제압할 때 승무원을 도와줄 것을 요청한다.

2명의 승무원이 각각 전자충격기를 들고 대상 승객의 전방과 후방에 위치하고 후방에는 포승줄 및 Tie-Wrap을 가진 승무원 2명과 협조자가 위치한다. 전방에 위치한 승무원은 아래 경고문으로 1회의 경고를 하고 정조준을 한다. 대상 승객이 공격적인 행위를 시도할 경우 후방에 위치한 승무원이 "테이저! 테이저!"라는 경고 신호와 함께 전자충격기를 발사한다. 명중하지 않을 경우에는 전방의 승무원이 재차 발사한다.

전자충격기로 대상 승객을 제압한 후 탐침을 제거하지 않고 제압된 승객을 항공기의 가장 최후방 좌석으로 이동시킨다. 제압된 승객을 포승줄로 좌석과 함께 포박하고 Seat Belt Extension으로 발을 묶고, 좌석 벨트를 착용시키고 난 뒤 탐침을 제거한다. 탐침 제거 시 탐침 주위의 피부를 살짝 누르고 탐침을 꽉 쥔 다음 일직선으로 빠르게 뽑아낸다. 승무원은 2인 1조가 되어 1명은 제압된 승객의 가장 가까운 승무원 좌석이나 Galley 또는 옆에서서 감시하고 나머지 1명은 가장 가까운 Galley 내에서 전자충격기 1정과 카트리지 2개를 비치하여 지속적으로 감시한다.

제압된 승객의 이석은 원칙적으로 금지하나 기장과 의논하여 착륙 30분 이상 남았을 경우에는 화장실 사용을 허락할 수 있다. 제압된 승객에게는 생수를 제외한 일체의 음식 및 음료수 제공을 금한다.

상황이 정리된 후 사무장은 기장에게 상황을 보고하고 전자충격기 사용 보고서를 작성하여 안전보안실에 제출해야 한다. 보고서 작성은 기내 상황 발생 시부터 종료 시까지 시간대별 조치 사항을 기록하고 증인의 이름과 연락처 및 증거물을 확보하고 증거 자료는 모두 안전보안실로 제출한다. 최대한 많은 증거 자료(동영상 등)를 확보하는 것이 좋다.

자세한 테이저건 사용방법은 QR코드로 소개된 동영상을 참고하여 살펴본다.

■ 경고문

> "난동 행위를 멈추지 않으면, 전자충격기를 사용하겠습니다. 자리에서 엎드리고 손을 뒤로 하십시오! 테이저! 테이저!"
> "I will shoot you, if you do not immediately stop these acts of unlawful interference. Throw yourself down on your knees with your hands behind your back. Taser! Taser!"

2) 방폭 Jacket & 방폭 Mat

방폭 Jacket은 총기류 발사로부터 가슴과 등을 보호하며, 폭발물을 해체할 때나 운반할 때에도 착용한다.

방폭 Mat는 폭발의 확산을 막기 위한 방어용 담요이며 기내의 특정 위치에 탑재된다.

기내에서 폭발물을 발견했을 때 폭발물 처리 시 항공기내보안요원이 방폭 Jacket을 착용하고 방폭 Mat로 폭발물을 완전히 덮어씌워 폭발물에 대한 피해를 최소화하는 장비이다.

표_기종별 방폭 Jacket과 방폭 Mat 위치

기종	방폭 Jacket 위치 & 방폭 Mat 위치
B777-200	2H Seat 하단
B777-300	2H Seat 하단
A330-200	1H Seat 하단
A330-300	2H Seat 하단
A330-300(333Y)	10H Seat 하단
A300-600	10H Seat 하단 또는 32H Seat 하단
B737-800/900	8D, 8E Seat 하단

3) Tie-Wrap, 포승줄, 수갑

Tie-Wrap과 포승줄은 항공기 내 방폭 Mat 보관용 Cover 내에 탑재되어 있으며, 사용하기 전에는 기장의 허가를 받아야 한다. Tie-Wrap은 10개, 포승줄은 1조가 탑재된다. 불법 방해 행위 및 난동 행위 승객을 제압하여 작은 사이즈의 Tie-Wrap으로 손을 뒤로 하여 조이고, 큰 Tie-Wrap으로 몸을 묶는다. 포승줄은 난동 승객의 팔을 2~3회 두르고 좌석과 함께 묶는다. 비행 전에는 항상 기내 보안장비 이상 유무를 확인해야 한다.

2016년, 대한항공에서 발생한 기업체 대표 아들의 기내 난동 사건 이후 국토교통부는 기내에 난동 현장이 발생했을 경우 승무원이 난동 현장을 직접 휴대폰 등으로 촬영하고 기내에 포승줄과 수갑을 배치하도록 의무화했다. 이전에는 기내 난동이 발생했을 경우 보안요원이 해당 영상을 촬영하게 되어 있었으나 제대로 이행되지 않았고, 영상 증거가 없어 승무원과 승객들의 진술에 의존해야 했기에 정확한 조사와 처벌을 기대할 수 없었다. 또한 국토교통부는 Tie-Wrap이 풀리는 경우가 적지 않아 수갑으로 대체하도록 했고 양 손목에 채워져 열쇠로 풀리는 일반형 플라스틱 제품 사용을 적극적으로 권장하고 있다.

포승줄은 난동 승객 제압 시에 사용되는 포박용 줄이다.

수갑

포승줄

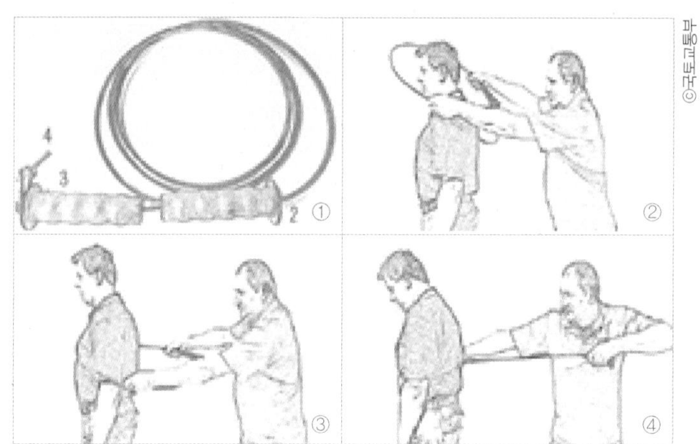

©국토교통부

올가미형 포승줄

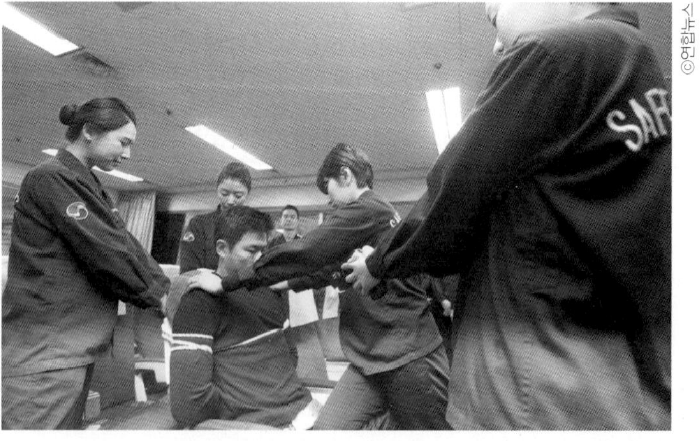

©연합뉴스

표_보안장비 탑재 수량 및 위치

보안장비	탑재 수량	탑재 위치	기종
포승줄	1개	방폭 Mat 보관용 Cover 내	전 기종
Tie-Wrap	10개	방폭 Mat 보관용 Cover 내	전 기종
올가미형 포승줄	1개	무기함	신형 기종
수갑	1개	무기함	신형 기종

4) 비상벨

항공기 납치, 테러와 관련된 비상시에 기장과 승무원 간의 비상 연락 장치로 벨을 누르는 횟수로 의사전달을 하는 장치이다. 예를 들면, 길게 한 번 짧게 두 번 등으로 사전 브리핑 시 운항승무원과 객실승무원 간에 수신호를 정하여 의사전달을 하게 된다. 비상벨은 승무원 좌석 주변과 Galley 내에 설치되어 있다.

표_비상벨 위치

기종	위치
B777-200	L1, R4, ALL Galley
B777-300	L1, R3, R5, ALL Galley
A330-200, 300	L1, R4, ALL Galley
A330-300(333Y)	L1, R3, R4, ALL Galley
A300-600	L1, R4, ALL Galley
B737-800/900	L1, R2, Fwd/Aft Galley

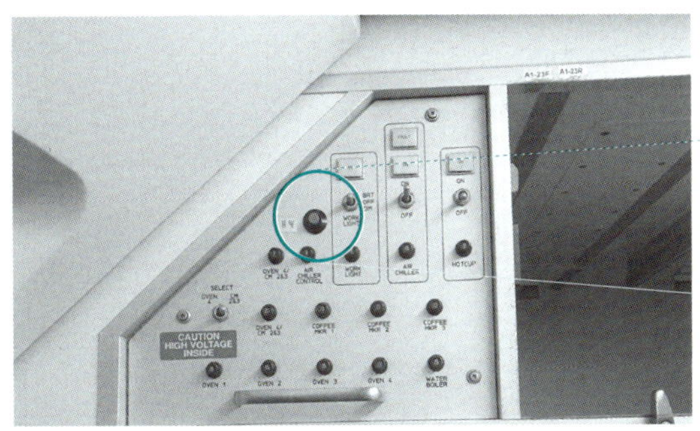

비상벨 위치

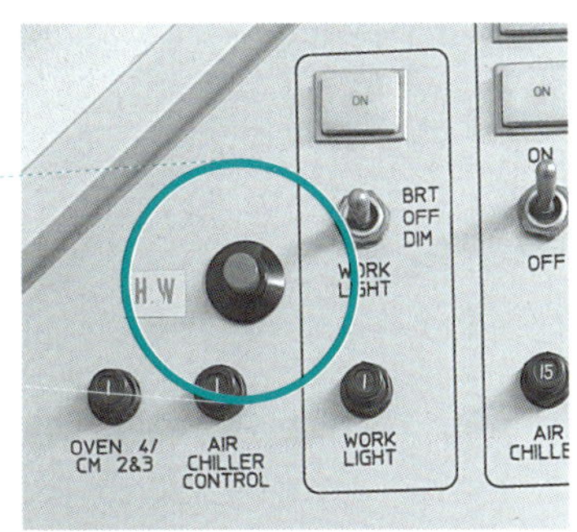

비상벨

항공보안 법규
Aviation Security Regulations

CHAPTER 06

항공법
Aviation Act

1. 항공법의 변천사

1) 세계 최초의 비행 규제 및 항공조약

조제프 미셸 몽골피에(Joseph Michel Montgolfier)와 자크 에티엔 몽골피에(Jacques Etienne Montgolfier) 형제는 종이와 헝겊으로 주머니를 만들고 그 주머니 안의 공기를 짚으로 데워 하늘로 띄워 올렸다. 몽골피에 형제는 공기를 데우면 가벼워져 위쪽으로 올라간다는 원리를 이용해 1783년 11월 20일, 프랑스에서 최초로 사람을 태운 열기구를 하늘에 날려 보냈다. 그러나 국가 지도자와 행정 관리들은 자국 영토 상에서 이러한 비행에 대한 규제 필요성을 느끼게 되었다. 그래서 1784년 4월 23일, 파리 경찰은 특별 허가 없이 상공을 나는 것을 금지하는 규정을 제정하여 공포했다. 이것은 최초의 비행 규제로 발화물질을 부착하고 날리는 것을 범죄로 규정하고 비행 풍선과 기타 비행 기구도 허가 없이는 날려 보낼 수 없게 한 것이다.

1785년, 피에르 블랑샤르(Pierre Blanchard)와 존 제프리즈(John Jeffries)는 몽골피에의 열기구를 타고 영·불 해협을 횡단했다. 이는 최초의 국제 비행이 되었고, 영국은 위협감을 느끼게 되어 자국 함대를 통해 적극적으로 방어에 신경을 쓰게 되었다. 그 이후 독일의 기구(Balloon)가 프랑스 영토 공중을 비행하는 일이 종종 일어나자 프랑스 정부는 두 국가의 안전을 위해 1910년 파리 회의를 소집하여 이 문제를 다루었다. 그리고 1919년, 세계 최초로 파리와 런던 간 정기 항공 운항이 시작되면서 항공 관련 다자조약(세 개 이상의 국제법 주체 간에 국제 법률관계를 설정하기 위한 명시적 합의)인 파리협약이 채택되었다.

2) 세계 최초 항공법에 관한 국제회의

1889년, 프랑스 정부는 최초로 항공법에 관한 국제회의를 개최하였고, 영국이 그해에 항공으로 인한 근린폐해(다른 사람들이 인접한 토지의 사용을 방해하거나 거주자에게 피해를 주는 일)에 관한 소송사건을 다루기도 했다.

1899년 5월 18일부터 7월 29일에 걸쳐 네덜란드 헤이그에서 유럽 제국(터키 포함), 청국, 일본, 멕시코, 페르시아, 샴, 미국 등 26개국이 참가하여 국제평화회의를 개최하여, 경기구(輕氣球)에서의 '폭발물 투하 금지선언'을 채택하였다.

2. 항공법의 정의와 개념

1) 항공법의 정의

항공법(Aeronautical Law)은 항공 활동으로 인해 발생하는 제도 및 법적 관계를 관리하거나 수정함으로써 국내와 국제적 특성의 공법(Public Law)과 사법(Private Law)의 일련의 원칙과 규범이다(Federico N. Videla Escalada, Aeronautical Law, 1979).

항공법이란 항공기 및 운항과 관련된 법률 분야에서 공법상의 법률관계를 정한 법규의 총체를 말하는 것으로, 항공운송업자의 감독에 관한 각종의 행정적 규제에 따른 행정법, 타국의 영공을 통과함에 따라 발생하는 공역 주권 문제 등을 규율하는 국제법, 항공기 운항 등의 안전 및 보안을 위하여 체결된 형사법적 성격을 가진 협약들이 이에 속한다.

항공법은 독자적인 자율성을 갖는 법으로, 영공주권, 영공주권의 제한(항공협정), 항공기의 운항, 체약국의 권리와 의무, 국제표준 및 권고 방식, 국제민간항공기구의 설립 등 특수한 법의 영역이다.

항공법이 국가 내에서만 적용되는 것은 국내 항공법이고, 국가 간에 적용되는 것은 국제항공법이다. 국제항공법은 항공공법과 항공사법을 총칭한다.

2) 항공법의 개념

항공기의 발달은 먼 타국까지 신속한 이동이 요구되면서 항공 수요가 점점 늘어나며 발전하게 되었다. 국제 비행은 국가 간의 경계를 넘어가지 않을 수 없다. 따라서 항공법은 항공기의 발달에 따라 새로운 법의 영역을 형성하게 되었다. 그래서 항공법은 국제성과 통일성을 띠지 않을 수 없다. 또한 항공법은 항공의 안전 확보와 항공운송업의 질서 있는 발달을 위해 강제적인 통제가 필요하므로 강제성을 띠고 있기도 하다.

그리고 항공법을 크게 두 가지로 형식적 의의의 항공법과 실질적 의의의 항공법으로 나눌 수 있다. 형식적 의의의 개념은 '항공법'이라는 명칭으로 제정·공포되어 시행 중인 법령으로 성문화된 법률이며, 실질적 의의의 개념은 항공 활동에 의하여 발생하는 국내·국제적인 법적 관계를 규율하기 위한 법규의 총체라고 할 수 있다.

3. 항공공법과 항공사법

1) 항공공법

국가가 주체로 되어 행하는 대부분의 사항은 공법의 범주에 들어간다. 항공공법은 영공에서의 비행 허가, 국제 노선의 개설, 항공안전을 위한 국가 간의 제반 협력, 항공기 등록 또는 저당권의 상호 인정, 항공기 및 공항 등 항공시설에 대한 범죄인의 처벌 및 인도에 관한 사항 등 광범위하다. 또한 항공기 및 항공 운항과 관련된 법률로서 항공사업법, 항공안전법, 공항시설법, 항공보안법, 항공기저당법 등이 속한다.

국제적으로 적용되는 항공공법은 1944년에 만들어진 국제민간항공협약(시카고협약)이다. 국제민간항공협약은 전 세계 항공 서비스 안전에 관한 균일한 규칙을 만들어 내는 데 일조하였으며, 국제민간항공기구(ICAO) 설립의 근본이 되는 중요한 협약이다.

또한 다른 국제적으로 적용되는 항공 공법은 항공기 운항 등의 안전 및 보안을 위하여 체결된 형사법적 성격을 가진 협약들이다.

표_항공 범죄에 관한 국제협약에 관한 주요 내용

명칭	주요 내용
항공기 내에서 범한 범죄 및 기타 행위에 관한 협약(동경협약)	• 항공기 내에서 발생하는 '불법 방해 행위'에 관하여 언급함 • 비행 중(In Flight)인 항공기 내에서 기장의 권한을 언급함
항공기 불법 납치 억제를 위한 협약(헤이그협약)	• 공중 납치(Hijacking)에 관하여 언급함 • 헤이그협약은 항공기 내의 범죄의 범위를 '비행 중'보다 넓게 설정하여, 항공기가 불시착하는 경우 권한이 있는 당국이 책임을 인수할 때까지로 범위를 확대함
민간항공의 안전에 대한 불법적 행위의 억제를 위한 협약(몬트리올협약)	• 서비스 중(In Service)이라는 개념을 추가하여 항공보안의 범위를 확대하여, 비행 전의 준비가 개시된 때로부터 착륙 후 24시간 이내를 서비스 중이라고 언급함
국제 민간 항행 관련 불법행위 억제 협약(베이징협약)	• 항공기를 이용하여 공격하는 범죄에 대하여 언급함(9 · 11 테러로 인하여) • 공범의 개념을 확대하여 항공보안을 위협하는 자들에 대한 처벌의 범위를 확대함 • 화생방과 관련된 무기 및 원료를 운송만해도 처벌할 수 있는 근거를 확립함

항공보안과 관련된 대표적인 협약들이다. 이 중에서 베이징협약은 아직 가입한 국가가 많지 않으며, 우리나라 역시 아직 미가입 국가 중 하나이다.

2) 항공사법

국가는 공법의 주체가 될 뿐만 아니라 사법(개인 간의 권리 · 의무 관계를 규율하는 법)을 국제적으로 통일하는 조약 체결의 주체이기도 하다. 그래서 국제적으로 통용되는 국제항공사법은 1929년에 체결된 바르샤바협약과 1999년에 체결된 몬트리올협약이 있다. 해당 협약들의 내용은 항공기 및 항공 운항과 관련된 법률 분야 중 사법상의 법률관계를 정한 법규의 총체로서, 항공 여객, 여객의 짐, 화물 또는 항공기 관리에 관련한 사고가 발생하여 이에 대한 항공기 운항자 또는 소유자의 책임에 관한 내용을 다루고 있다. 대체로 항공기의 사법상의 지위, 항공 운송 계약, 항공기에 의한 지상 제3자의 손해, 항공기에 의한 구원 구조와 조난 항공기의 구원 구조, 공중 충돌, 항공 보험, 항공기 제조업자의 책임 등이다.

표_1929년 바르샤바협약과 1999년 몬트리올협약의 주요 내용

명칭	주요 내용
국제 항공 운송에 있어서의 일부 규칙의 통일에 관한 협약 (바르샤바협약)	• 항공 운송에 따른 승객에 대한 배상금 책임 한도를 125,000프랑(Franc)으로 책정함 • 항공 운송에 따른 승객이 보관하는 물품에 관하여서는 책임 한도를 5,000프랑으로 책정함 • 항공 운송에 따른 승객의 탁송 수하물 및 화물에 관하여 책임 한도를 1kg당 250프랑으로 책정함
국제 항공 운송에 관한 규칙의 통일에 관한 협약 (몬트리올협약)	• 2단계 책임 구조(Two-Tier Liability System)를 두어 항공운송사업자가 과실이 있다는 것이 증명되면 100,000SDR(Special Drawing Rights)을 상회하는 배상액을 지불함 • 과실이 없다는 것이 증명되면 책임 한도액은 100,000SDR로 책정함

현재 1929년 바르샤바협약은 국제 항공 산업 초창기에 만들어진 협약이므로 배상액이 현실적으로 너무 적다는 비판에 직면하였다. 따라서 1999년 몬트리올협약을 통해 배상액의 조정이 있었고, 항공운송사업자가 사고 발생에 있어서 적절한 조치를 하지 못했다는 것이 증명되면 무한책임을 질 것을 명시하였다. 몬트리올협약은 항공운송사업자에게 더 많은 책임과 주의를 요할 것을 명시했다고 보아도 무방하다.

CHAPTER 07

항공보안법

Aviation Security Act

1. 항공보안법의 개요

1) 항공보안법의 정의

항공보안법은 제1조에 "국제민간항공협약 등 국제협약에 따라 공항시설, 항행안전시설 및 항공기 내에서의 불법행위를 방지하고, 민간항공의 보안을 확보하기 위한 기준과 절차, 의무사항 등을 규정함을 목적으로 한다."라고 규정하고 있다.

2) 항공보안법의 법적 성격

항공보안법은 불법행위 방지와 민간항공의 보안 확보를 목적으로 제정 및 개정되어 시행 중인 국내법이다. 1974년 12월 26일 항공기운항안전법(법률 제2742호)으로 제정된 이래, 항공안전 및 보안에 관한 법률(법률 제6734호)로 2002년 8월 26일 전부 개정되었고, 이후 2013년 4월 5일 '항공보안법'(법률 제11753호)으로 명칭이 변경되었다. 2014년 1월 14일 항공보안법(법률 제12257호)이 일부 개정되어 8개 장으로 나누어진 전문 51개 조와 부칙으로 구성되어 있으며, 항공보안법 시행령(대통령령 제26604호)이 2015년 10월 29일에 일부 개정되었고 항공보안법 시행규칙(대통령령 제288호)은 2015년 9월 2일에 일부 개정되었다.

항공보안과 관련하여 통일적인 기준을 제공하는 규범은 국제민간항공기구(ICAO)에서 제정한 국제민간항공협약의 부속서(Annex) 17이다. 부속서 17에서 더 나아가 표준 및 권고 관행(Standards and Recommended Practices: SARPs)은 항공보안을 유지함에 있어서 국제적으로 공통된 기준을 제시하고 있다. 우리나라의 항공보안 관련 규정 역시 ICAO가 규정한 SARPs를 대부분 차용하고 있는 실정이다.

3) 항공보안법의 구성

항공보안법은 8개 장으로 전문 51개 조와 부칙으로 구성되어 있다.

제1장은 총칙으로, 제1조(목적), 제2조(정의), 제3조(국제협약의 준수), 제4조(국가의 책무), 제5조(공항운영자 협조 의무)로 이루어져 있다.

제2장은 항공보안협의회 등으로, 제7조(항공보안협의회), 제8조(지방항공보안협의회), 제9조(항공보안 기본계획, 제10조(국가항공보안계획 등의 수립)로 되어 있다.

제3장은 공항·항공기 등의 보안으로, 제11조(공항시설 등의 보안), 제12조(공항시설 보호구역의 지정), 제13조(보호구역에의 출입허가), 제14조(승객의 안전 및 항공기의 보안), 제15조(승객 등의 검색 등), 제16조(승객이 아닌 사람 등에 대한 검색), 제17조(통과 승객 또는 환승 승객에 대한 보안검색 등), 제17조의 2(상용화주), 제17조의 3(상용화주의 지정취소), 제18조(기내식 등의 통제), 제19조(보안검색 실패 등에 대한 대책), 제20조(비행 서류의 보안관리 절차 등)로 구성되어 있다.

제4장은 항공기 내의 보안으로, 제21조(무기 등 위해물품 휴대 금지), 제22조(기장 등의 권한), 제23조(승객의 협조의무), 제24조(수감 중인 사람 등의 호송), 제25조(범인의 인도·인수), 제26조(예비조사)로 구성되어 있다.

제5장은 항공보안장비 등으로, 제27조(항공보안장비), 제28조(교육훈련 등), 제29조(검색 기록의 유지)로 구성되어 있다.

제6장은 항공보안 위협에 대한 대응으로, 제30조(항공보안을 위협하는 정보의 제공), 제31조(국가항공보안 우발계획 등의 수립), 제32조(보안조치), 제33조(항공보안 감독), 제33조의 2(항공보안 자율신고)로 구성되어 있다.

제7장은 보칙으로, 제34조(재정 지원), 제35조(감독), 제37조(청문), 제38조(권한의 위임·위탁)로 구성되어 있다

제8장은 벌칙으로, 제39조(항공기 파손죄), 제40조(항공기 납치죄 등), 제41조(항공시

설 파손죄), 제42조(항공기 항로 변경죄), 제43조(직무집행방해죄), 제44조(항공기 위험물건 탑재죄), 제45조(공항운영 방해죄), 제46조(항공기 내 폭행죄 등), 제47조(항공기 점거 및 농성죄), 제48조(운항 방해정보 제공죄), 제49조(벌칙), 제50조(벌칙), 제50조의2(양벌규정), 제51조(과태료)로 구성되어 있다.

2. 항공보안법 일부 개정 이유 및 주요 내용

(출처: 법제처)

1) [시행 2021. 1. 1.] [법률 제17646호, 2020. 12. 15., 타법개정]

개정 이유

국가정보원은 국내외 정보보안 업무를 총괄하는 국가정보기관으로 성장하여 왔으나, 대공 수사과정에서의 인권 침해 등 권한 남용과 정치적 일탈 행위의 우려 또한 지속적으로 제기되어 왔다.

국가정보원이 다변화되고 있는 대외 위협으로부터 국가 안보를 수호하고, 국제적 경쟁력이 높은 순수정보기관으로 변모해야 한다는 요구에 따라, 정치적 중립을 기관의 운영 원칙으로 명확히 규정하는 등 정보기관의 국내 정치 개입을 차단하고, 직무 범위를 명확히 하며, 국회의 통제기능을 강화하는 등 정보기관 본연의 직무수행에 집중하도록 함으로써 국가정보기관으로서의 위상을 재정립하고 국민의 권익과 국가 안보를 증진하려는 것이다.

주요 내용

- 국가정보원은 운영에 있어 정치적 중립성을 유지하고, 이 법에서 정하는 정보의 수집 목적에 적합하게 정보를 수집하며, 수집된 정보를 직무 외의 용도로 사용하지 아니하도록 운영 원칙을 정한다(제3조).
- 국가정보원의 직무 범위를 국외 및 북한에 관한 정보, 방첩, 대테러, 국제범죄조직에 관한 정보, 사이버안보 및 위성자산 정보 등의 수집·작성·배포, 보안 업무, 직무수행 관련 대응조치, 사이버 공격 및 위협에 대한 예방 및 대응, 정보 및 보안 업무의 기획·조정 등으로 명확히 한다(제4조).

- 국가정보원장 등에 대하여 정당이나 정치단체에 가입하거나 정치활동에 관여하는 행위를 금지하고, 직원이 정치활동에 관여하는 행위의 집행을 지시받은 사실을 수사기관에 신고하는 경우 국가정보원장은 해당 내용을 지체 없이 국회 정보위원회에 보고하도록 한다(제11조).
- 불법 감청 및 불법 위치추적 등의 행위를 금지하고, 위반 시 처벌 근거를 마련한다(제14조 및 제23조).
- 국가정보원장은 국가 안전보장에 중대한 영향을 미치는 상황이 발생할 경우 지체 없이 대통령 및 국회 정보위원회에 보고하도록 하고, 국회 정보위원회가 재적 위원 3분의 2 이상의 찬성으로 특정 사안에 대하여 보고를 요구한 경우에는 해당 내용을 지체 없이 보고하도록 한다(제15조).

2) [시행 2020. 12. 10.] [법률 제17461호, 2020. 6. 9., 일부개정]

개정 이유

항공보안 강화 및 이용객 편의 제고를 위하여 공항운영자 및 항공운송사업자가 생체정보를 활용하여 본인 일치 여부를 확인할 수 있는 근거를 마련하고, 위해물품을 쉽게 확인하기 위한 위해물품 검색시스템 구축·운영 근거를 마련하는 한편, 항공기 내에서의 흡연은 예외 없이 금지되는 위법행위임을 분명히 하는 등 현행 제도의 운영상 나타난 일부 미비점을 개선·보완하려는 것이다.

주요 내용

- 공항운영자 및 항공운송사업자가 보호구역으로 진입하는 사람 또는 탑승권의 발권, 수하물의 위탁 또는 항공기에 탑승하는 승객에 대하여 본인 일치 여부를 확인하기 위하여 관계 행정기관이 보유하고 있는 생체정보를 이용할 수 있는 근거를 마련하고, 생체정보는 '개인정보 보호법'에 따라 처리하도록 하며, 본인 일치 여부가 확인된 사람의 생체정보는 파기하도록 한다(제14조의 2 신설).
- 국토교통부 장관이 위해물품의 세부종류, 공개방법 등과 관련한 사항을 정하고 정기적으로 검토하도록 하는 한편, 위해물품을 쉽게 확인하기 위한 위해물품 검색시스템의 구축·운영 근거를 마련한다(제21조 제2항 및 제7항 신설).

- 항공기 내에 있는 승객이 해서는 아니 되는 행위 중 흡연 관련 조문을 정비한다(제23조 제1항 제2호).

3) [시행 2018. 10. 25.] [법률 제14954호, 2017. 10. 24., 일부개정]

개정 이유 및 주요 내용

항공보안장비 성능 인증제를 도입하여 국가 인증을 의무화하고, 항공보안장비의 종류·운영·유지 관리 등에 관한 기준을 국토교통부 장관이 고시토록 하며, 항공보안장비 인증기관과 시험 기관을 분리 운영하되, 인증·시험 기관을 국토교통부 장관이 지도·감독할 수 있도록 하는 한편, 불법성에 상응하는 처벌이 되도록 법정형의 편차를 조정하기 위하여 항공기 운항과 관련된 항공시설을 파손하거나 조작을 방해함으로써 항공기의 안전 운항을 해친 사람에 대한 법정형을 10년 이하의 징역으로 하되, 사람을 사상에 이르게 한 사람은 사형, 무기징역 또는 7년 이상의 징역으로 하려는 것이다.

4) [시행 2018. 2. 10.] [법률 제14870호, 2017. 8. 9., 일부개정]

개정 이유 및 주요 내용

상용화주의 화물은 예외적인 경우를 제외하고는 이중 보안검색 없이 항공기에 탑재하도록 함으로써 상용화주의 보안검색 책임을 명확히 하고, 항공보안정보화체계 구축 · 운영의 법적 근거를 마련한다.

또한 항공기의 이륙 전에 승객의 협조의무를 영상물 상영 또는 방송 등을 통하여 안내하도록 하고, 위해 물품을 항공기에 휴대 또는 탑재하는 사람 등에 대한 형벌의 종류에 2년 이상 5년 이하의 징역형 외에 2천만 원 이상 5천만 원 이하의 벌금형을 추가함으로써 항공기 내에서의 불법행위를 방지하고 위반행위의 양태에 따른 적절한 처벌이 이루어질 수 있도록 하려는 것이다.

5) [시행 2018. 1. 1.] [법률 제14939호, 2017. 10. 24., 교통안전공단법, 타법개정]

개정 이유 및 주요 내용

교통안전공단의 명칭을 '한국교통안전공단'으로 변경하고, 공단의 사업에 교통 및 자동차 정보시스템 운영과 정보 제공에 관한 사업 등을 포함시키는 한편, 공단이 관리하는 시설을 이용하는 자에게 사용료를 징수할 수 있도록 함으로써 공단의 법적 지위를 명확히 하고 공단 운영의 효율성을 제고하려는 것이다.

6) [시행 2017. 3. 30.] [법률 제14116호, 2016. 3. 29., 타법개정]

제정 이유 및 주요 내용

1961년 제정된 항공법은 항공사업, 항공안전, 공항시설 등 항공 관련 분야를 망라하고 있어 국제기준 변화에 신속히 대응하는 데 미흡한 측면이 있고, 여러 차례의 개정으로 법체계가 복잡하여 국민이 이해하기 어려우므로, 항공 관련 법규의 체계와 내용을 알기 쉽도록 하기 위하여 '항공법'을 '항공사업법', '항공안전법' 및 '공항시설법'으로 분법하여 국제기준 변화에 탄력적으로 대응하고, 국민이 이해하기 쉽도록 하는 한편, 항공안전법에서는 항공기의 등록·안전성 인증, 항공기운항규칙 등 항공안전에 관한 사항을 규정하고, 국제민간항공기구(ICAO)의 국제기준 개정에 따른 안전기준을 반영하며, 항공안전 관리시스템의 도입 대상을 확대하는 등 현행 제도의 운영상 나타난 일부 미비점을 개선·보완하려는 것이다.

7) [시행 2017. 3. 30.] [법률 제14115호, 2016. 3. 29., 타법개정]

제정 이유 및 주요 내용

1961년 제정된 항공법은 항공사업, 항공안전, 공항시설 등 항공 관련 분야를 망라하고 있어 국제기준 변화에 신속히 대응하는 데 미흡한 측면이 있고, 여러 차례의 개정으로 법체계가 복잡하여 국민이 이해하기 어려우므로, 항공 관련 법규의 체계와 내용을 알기 쉽도록 하기 위하여 '항공법'을 '항공사업법', '항공안전법' 및 '공항시설법'으로 분법하여 국제기준 변화에 탄력적으로 대응하고, 국민이 이해하기 쉽도록 하는 한편, '항공사업법'에서는 항공운송사업 등 항공사업에 관한 분야와 '항공운송사업 진흥법'을 통합하고, 경량 항공기 서비스업을 도입하며, 각 항공사업별로 과징금의 상한을 합리적으로 조정하고, 항공 요금을 유류 할증료 등을 포함한 총액 요금으로 표시하도록 하는 등 현행 제도의 운영상 나타난 일부 미비점을 개선·보완하려는 것이다.

8) [시행 2017. 3. 30.] [법률 제14113호, 2016. 3. 29., 공항시설법, 타법개정]

제정 이유 및 주요 내용

1961년 제정된 항공법은 항공사업, 항공안전, 공항시설 등 항공 관련 분야를 망라하고 있어 국제기준 변화에 신속히 대응하는 데 미흡한 측면이 있고, 여러 차례의 개정으로 법체계가 복잡하여 국민이 이해하기 어려우므로, 항공 관련 법규의 체계와 내용을 알기 쉽도록 하기 위하여 '항공법'을 '항공사업법', '항공안전법' 및 '공항시설법'으로 분법하여 국제기준 변화에 탄력적으로 대응하고, 국민이 이해하기 쉽도록 하는 한편, '공항시설법'에서는 공항 개발, 항행안전시설 설치 등 공항시설에 관한 분야와 '수도권신공항건설 촉진법'을 통합하고, 개발사업 시행자에 대한 재정 지원 및 토지 수용 근거를 마련하며, 비행장 개발 예정 지역 내의 행위 제한 근거를 마련하고, 개발사업 실시 계획 승인 시 관계 행정기관의 장과의 협의 기간을 단축하는 등 현행 제도의 운영상 나타난 일부 미비점을 개선·보완하려는 것이다.

9) [시행 2017. 3. 21.] [법률 제14724호, 2017. 3. 21., 일부개정]

개정 이유

기내폭행이나 기장 등의 업무를 방해하는 등 항공기에 위협을 가하는 행위에 대한 처벌을 강화하고, 항공기 탑승객 및 물품 등에 대한 보안검색 업무를 강화하여 항공기의 안전 운항 및 승객들의 안전을 제고하려는 것이다.

주요 내용

- 승객의 협조의무에 항공기 내 폭행금지를 추가하고 이를 위반한 경우 5년 이하의 징역에 처하고, 항공기의 보안이나 운항을 저해하는 폭행 등의 경우에는 10년 이하의 징역

에 처하도록 한다(제23조 및 제46조).

- 기장 등의 업무를 위계(危計) 등으로 방해한 경우에는 10년 이하의 징역 또는 1억 원 이하의 벌금형으로, 조종실 출입을 기도하거나 기장 등의 지시에 따르지 아니하는 경우에는 3년 이하의 징역 또는 3천만 원 이하의 벌금형으로 상향 조정한다(제49조).
- 보안검색요원의 업무를 방해하는 경우 등에는 5년 이하의 징역 또는 5천만 원 이하의 벌금형으로, 운항 중인 항공기 내에서 소란행위를 하거나 술 또는 약물을 복용하고 다른 사람에게 위해를 주는 경우에는 3년 이하의 징역 또는 3천만 원 이하의 징역으로 상향 조정하는 등 전반적인 벌칙을 강화한다(제50조).

10) [시행 2016. 1. 19.] [법률 제13811호, 2016. 1. 19., 일부개정]

개정 이유

항공기 내 각종 불법행위 방지를 위하여 사전에 안내방송을 하는 등 노력해 왔으나 항공안전을 저해하는 기내 소란행위가 근절되지 않아 이에 대한 대책 마련이 요구되고 있다.

이에 따라 운항 중인 항공기 내에서의 소란행위에 대하여 처벌을 강화하고, 기장 등의 업무를 위계 또는 위력으로써 방해하는 행위에 대하여 처벌하는 조항을 신설하는 한편, 승객의 협조의무 위반에 대한 처벌의 전제요건이던 기장의 사전경고 관련 내용을 삭제하여 승객의 협조의무 위반에 대한 처벌의 실효성을 확보하고자 하는 것이다.

주요 내용

- 기장 등은 항공기 내에서 이 법에 따른 죄를 범한 범인을 해당 공항을 관할하는 국가경찰관서에 통보한 후 인도하여야 하고, 이를 위반하는 경우 1천만 원 이하의 과태료를 부과한다(제25조 제1항 및 제51조 제1항 제12호).
- 기장 등의 업무를 위계 또는 위력으로 방해한 사람은 벌칙을 상향하여 5년 이하의 징역 또는 5천만 원 이하의 벌금에 처하도록 한다(제49조 제2항 신설).
- 운항 중인 항공기 내에서 폭언 등 소란행위, 술을 마시거나 약물을 복용하고 다른 사람에게 위해를 주는 행위를 한 사람은 1천만 원 이하의 벌금에 처한다(제50조 제1항 제3호 신설).
- 운항 중인 항공기 내에서 흡연, 다른 사람에게 성적 수치심을 일으키는 행위, 전자기

기를 사용하는 행위를 한 사람은 500만 원 이하의 벌금에 처한다(제50조 제2항 제3호).

- 계류 중인 항공기 내에서 제23조 제1항 제1호부터 제5호까지에 따른 위반행위를 한 사람은 200만 원 이하의 벌금에 처한다(제50조 제3항).

11) [시행 2014. 4. 6.] [법률 제12257호, 2014. 1. 14., 일부개정]

개정 이유 및 주요 내용

항공운송사업자가 항공기에 탑승하는 승객의 성명, 국적 및 여권번호 등 운송정보를 공항운영자에게 제공하여 본인 여부를 확인할 수 있도록 함으로써 공항 및 항공기의 보안을 강화하려는 것이다.

12) [시행 2014. 4. 6.] [법률 제11932호, 2013. 7. 16., 일부개정]

개정 이유 및 주요 내용

기장 등의 업무를 방해하는 행위에 대한 제재를 신설함으로써 항공안전을 확보하려는 것이다.

13) [시행 2014. 4. 6.] [법률 제11753호, 2013. 4. 5., 일부개정]

개정 이유

항공보안 업무에 관한 내용을 체계적으로 규율하기 위하여 이 법의 제명을 '항공보안법'으로 변경하고, 민간항공에 대한 불법 방해 행위에 신속하게 대응하기 위하여 국가 항공보안 우발계획의 수립근거를 마련하며, 민간항공보안 업무의 효율적 추진을 위하여 항공보안 자율신고 제도를 도입하고, 항공보안과 관련된 벌칙 및 과태료 규정을 합리적으로 정비하는 등 현행 제도의 운영상 나타난 일부 미비점을 개선·보완하려는 것이다.

주요 내용

- 법률의 제명 변경(안 제명): 항공안전 업무에 관한 사항은 '항공법'에 규정되어 있어 이 법에서 항공안전에 관한 사항을 별도로 규정할 실익이 없으므로, 이 법의 제명을 '항공

보안법'으로 변경하고 항공안전에 관한 사항을 전반적으로 정비한다.

- 국가항공보안 우발계획 등의 수립근거 마련(안 제31조 제1항 및 제2항): 국토교통부 장관은 국가항공보안 우발계획을 수립·시행하도록 하고, 공항운영자 등은 국가항공보안 우발계획에 따라 자체 우발계획을 수립·시행하도록 함으로써 민간항공의 불법방해 행위에 대하여 적정한 항공보안이 확보·유지될 수 있도록 한다.
- 항공보안 자율신고제도 도입(안 제33조의 2 신설): 민간항공의 보안을 해치거나 해칠 우려가 있는 사실에 대한 항공보안 자율신고를 도입하고, 이러한 신고내용의 처리기준, 자율신고자에 대한 불이익조치의 금지, 자율신고 처리업무의 위탁근거 등을 마련함으로써 항공보안에 대한 사회적 관심과 참여를 유도하도록 한다.
- 벌칙 및 과태료의 합리적 정비(안 제45조, 제47조, 제48조, 제50조 및 제51조, 안 제50조의 2 신설): 공항운영 방해죄 등에 대한 벌칙을 상향 조정하고, 자체 보안계획의 미승인 행위 등에 대한 벌칙을 하향 조정하며, 일부 벌칙에 대한 양벌규정을 별도로 신설하고, 국토교통부 장관의 보안조치 불이행 행위 등에 대한 벌칙을 과태료로 전환하며, 항공기에 보안요원을 탑승시키지 아니한 행위 등에 대한 과태료를 신설하는 등 벌칙 및 과태료 규정을 합리적으로 정비·개선한다.

3. 항공보안법 벌칙

제8장은 벌칙으로 제39조(항공기 파손죄), 제40조(항공기 납치죄 등), 제41조(항공시설 파손죄), 제42조(항공기 항로 변경죄), 제43조(직무집행방해죄), 제44조(항공기 위험물건 탑재죄), 제45조(공항운영 방해죄), 제46조(항공기 안전운항 저해 폭행죄 등), 제47조(항공기 점거 및 농성죄), 제48조(운항 방해정보 제공죄), 제49조(벌칙), 제50조(벌칙), 제50조의 2(양벌규정), 제51조(과태료)로 구성되어 있다.

1) 제8장 벌칙

(1) 항공기 파손죄(제8장 제39조)

① 운항 중인 항공기의 안전을 해칠 정도로 항공기를 파손한 사람('항공안전법' 제138조 제1항에 해당하는 사람은 제외한다)은 사형, 무기징역 또는 5년 이상의 징역에 처한다. 〈개정 2016. 3. 29.〉

② 계류 중인 항공기의 안전을 해칠 정도로 항공기를 파손한 사람은 7년 이하의 징역에 처한다.

[전문개정 2010. 3. 22.]

형법

국가와 범죄자 사이의 배분적 정의(인간적 가치의 차별성에 바탕을 둔 평등의 의미)를 규율하는 형법은 대표적인 공법이다. 범죄와 형벌의 실체를 규정하여 형법에 저촉되는 행위를 한 자를 처벌하는 것이 형법의 목적이라고 할 수 있다.

형법은 국민에게 일정한 행위를 금지하고 있으므로 이로써 행위의 기준으로 삼도록 한다는 측면에서 행위규범이며, 법관의 판단 기준으로 삼게 한다는 측면에서 재판규범이다. 형법은 생명, 신체, 재산, 명예, 공공의 안전, 국가 등의 법익을 보호한다.

- 형법 제366조(재물손괴 등): 타인의 재물, 문서 또는 전자기록 등 특수매체기록을 손괴 또는 은닉 기타 방법으로 기 효용을 해한 자는 3년 이하의 징역 또는 700만 원 이하의 벌금에 처한다. 〈개정 1995. 12. 29.〉 재물손괴죄는 타인의 재물을 손괴, 은닉, 기타의 방법으로 그 효용을 해하는 경우에 성립하는 것으로서, 여기에서 말하는 효용을 해한다고 함은 그 물건의 본래의 사용목적에 공할 수 없게 하는 상태로 만드는 것은 물론 일시 그것을 이용할 수 없는 상태로 만드는 것도 역시 효용을 해하는 것에 해당한다.
- 형법 제368조(중손괴): ① 전 2조의 죄를 범하여 사람의 생명 또는 신체에 대하여 위험을 발생하게 한 때에는 1년 이상 10년 이하의 징역에 처한다. ② 제366조 또는 제367조의 죄를 범하여 사람을 상해에 이르게 한 때에는 1년 이상의 유기징역에 처한다. 사망에 이르게 한 때에는 3년 이상의 유기징역에 처한다. 〈개정 1995. 12. 29.〉

항공보안법 제39조에의 적용

형법 제366조(재물손괴 등)에 의해 항공기의 안전을 해칠 정도의 항공기 파손 행위는 정상적인 비행을 할 수 없는 상태로 효용을 해하는 것에 해당한다. 또한 형법 제368조(중손괴)에 의해 항공기의 안전을 해칠 정도의 항공기 파손 행위로 사람의 생명 또는 신체에 대하여 위험을 발생하게 한 것에 해당하고, 항공기 사고는 대형 사고로 이어질 수 있기에 더 중하게 처벌한다.

(2) 항공기 납치죄(제8장 제40조)

① 폭행, 협박 또는 그 밖의 방법으로 항공기를 강탈하거나 그 운항을 강제한 사람은 무기 또는 7년 이상의 징역에 처한다.
② 제1항의 죄를 범하여 사람을 사상(死傷)에 이르게 한 사람은 사형 또는 무기징역에 처한다.
③ 제1항의 미수범은 처벌한다.
④ 제1항 또는 제2항의 죄를 범할 목적으로 예비 또는 음모한 사람은 5년 이하의 징역에 처한다. 다만, 그 목적한 죄를 실행에 옮기기 전에 자수한 사람에 대하여는 그 형을 감경하거나 면제할 수 있다.

[전문개정 2010. 3. 22.]

공중 납치

운항 중인 항공기를 불법 납치하는 행위로 미국의 금주법(禁酒法) 시대(1919~1933년)에 화물차에 실린 불법제조 주류를 강탈하는 약탈자들이 숨어서 기다렸다가 운반차를 탈취하면서 '하이 잭(Hi Jack)'이라고 소리쳤던 데서 유래한 말이다. 항공기 납치사건(Skyjacking)이 압도적으로 많이 발생하면서 항공기 납치를 뜻하는 말로 쓰이게 되었다.

참고: 항공우주공학 용어사전

항공보안법 제40조에의 적용

- 형법 제260조(폭행, 존속폭행): 사람의 신체에 대하여 폭행을 가한 자는 2년 이하의 징역, 500만 원 이하의 벌금, 구류 또는 과료에 처한다. 〈개정 1995. 12. 29.〉 유형력

(육체적·정신적 물리력의 행사)을 행사함에 의하여 신체의 완전성을 침해하는 행위, 일체의 물리력을 행사하지 않고도 신체에 불법적인 영향력을 초래한 경우 폭행으로 간주한다. 예를 들면, 얼굴에 물을 뿌리는 행위나 밀치고 세게 잡아당기는 행위 그리고 고성으로 폭언을 하는 행위 등도 폭행에 속한다. 따라서 폭행, 협박 또는 그 밖의 방법으로 비행 중인 항공기를 강탈하여 목적지와 다른 장소로 강제로 이동시키는 것으로 형법 제260조(폭행)에 적용된다.

- 협박죄(형법 제283조): 사람을 협박한 자를 3년 이하의 징역, 500만 원 이하의 벌금, 구류 또는 과료에 처하는 죄이다.
- 강탈이란 남의 물건이나 권리를 억지로 빼앗는 행위이다. 항공기 강탈이란 비행 중에 운항을 강제로 지시하거나 항공기에 위험을 줄 수 있는 조작을 억지로 하게 하는 등의 행위이다.

(3) 항공시설 파손죄(제8장 제41조)

① 항공기 운항과 관련된 항공시설을 파손하거나 조작을 방해함으로써 항공기의 안전운항을 해친 사람(항공안전법 제140조에 해당하는 사람은 제외한다)은 10년 이하의 징역에 처한다. 〈개정 2016. 3. 29., 2017. 10. 24.〉

② 제1항의 죄를 범하여 사람을 사상에 이르게 한 사람은 사형, 무기징역 또는 7년 이상의 징역에 처한다. 〈신설 2017. 10. 24.〉

[전문개정 2010. 3. 22.]

형법 제366조(재물손괴 등)에 의하면, 타인의 재물, 문서 또는 전자기록 등 특수매체기록을 손괴 또는 은닉 기타 방법으로 기 효용을 해한 자는 3년 이하의 징역 또는 700만 원 이하의 벌금에 처한다.

(4) 항공기 항로 변경죄(제8장 제42조)

위계 또는 위력으로써 운항 중인 항공기의 항로를 변경하게 하여 정상 운항을 방해한 사람은 1년 이상 10년 이하의 징역에 처한다.

[전문개정 2010. 3. 22.]

형법

- 형법 제314조(업무방해): ① 제313조의 방법 또는 위력으로써 사람의 업무를 방해한 자는 5년 이하의 징역 또는 1천500만 원 이하의 벌금에 처한다. ② 컴퓨터 등 정보처리장치 또는 전자기록 등 특수매체기록을 손괴하거나 정보처리장치에 허위의 정보 또는 부정한 명령을 입력하거나 기타 방법으로 정보처리에 장애를 발생하게 하여 사람의 업무를 방해한 자도 제1항의 형과 같다.
- 제261조(특수폭행): 단체 또는 다중의 위력을 보이거나 위험한 물건을 휴대하여 제260조 제1항(폭행) 또는 제2항(존속폭행)의 죄를 범한 때에는 5년 이하의 징역 또는 1천만 원 이하의 벌금에 처한다.

위계 및 위력

위계(危計)란 속임수나 상대방에게 오인, 착각, 부지를 일으키고 상대방의 그러한 심적 상태를 이용하여 불법한 목적을 달성하는 것이다. 위력은 사람의 의사를 제압할 수 있는 유형적·무형적 힘을 말한다. 폭행·협박을 사용한 경우는 물론, 사회적·경제적 지위를 이용하여 의사를 제압할 수 있다. 형법상 업무방해죄(형법 제314조), 특수폭행죄(형법 제261조) 등에 있어서 범행의 수단으로 되어 있다.

항로이탈

항로란 항공기가 안전하게 운항하기에 적합하도록 지정한 공중의 항공로이다. 전 세계의 모든 항공기는 정해진 항로를 따라 비행하게 되어 있다. 항공 노선은 사업 형태에 따라 정기 항로와 부정기 항로로 나누어지며, 수송 객체에 의해서는 여객 수송 항로와 우편물을 포함한 화물 수송 항로로 나눌 수 있다. 그리고 수송 지역에 의한 구분으로는 국내선과 국제선으로 나누어져 있기에 이를 어기고 항로를 이탈하거나 변경하는 것은 매우 위험한 행위이다. 따라서 정상 운항을 방해하여 항로를 변경하는 행위는 1년 이상 10년 이하의 징역에 처한다.

(5) 직무집행방해죄(제8장 제43조)

폭행·협박 또는 위계로써 기장 등의 정당한 직무 집행을 방해하여 항공기와 승객의 안전을 해친 사람은 10년 이하의 징역에 처한다.

[전문개정 2010. 3. 22.]

업무방해죄

업무방해죄란 허위 사실을 유포하거나 위계 또는 위력으로써 사람의 업무를 방해하는 범죄를 말한다. 업무방해죄는 추상적 위험범이므로 업무방해의 결과가 실제로 발생함을 요하는 것은 아니고 업무가 방해될 우려가 있는 상태가 발생하면 족하다. 거짓 사실을 퍼뜨리거나 속임수나 힘으로 다른 사람의 업무를 방해하거나, 업무에 관계되는 기록을 없애거나 바꾸는 행위로 다른 사람의 업무를 방해하는 것으로, 이 죄에서 방해의 대상이 되는 업무는 공무(공무의 경우 공무집행방해죄)가 아니며 대가나 형태의 있고 없음 등과는 상관없는 매우 넓은 범위의 일이다.

형법 제314조(업무방해)

① 제313조의 방법 또는 위력으로써 사람의 업무를 방해한 자는 5년 이하의 징역 또는 1천500만 원 이하의 벌금에 처한다.
② 컴퓨터 등 정보처리장치 또는 전자기록 등 특수매체기록을 손괴하거나 정보처리장치에 허위의 정보 또는 부정한 명령을 입력하거나 기타 방법으로 정보처리에 장애를 발생하게 하여 사람의 업무를 방해한 자도 제1항의 형과 같다.

(6) 항공기 위험물건 탑재죄(제8장 제44조)

제21조를 위반하여 휴대 또는 탑재가 금지된 물건을 항공기에 휴대 또는 탑재하거나 다른 사람으로 하여금 휴대 또는 탑재하게 한 사람은 2년 이상 5년 이하의 징역 또는 2천만 원 이상 5천만 원 이하의 벌금에 처한다. 〈개정 2017. 8. 9.〉

[전문개정 2010. 3. 22.]

무기 등 위해물품 휴대 금지(항공보안법 제21조)

① 누구든지 항공기에 무기[탄저균(炭疽菌), 천연두균 등의 생화학무기를 포함한다], 도검류(刀劍類), 폭발물, 독극물 또는 연소성이 높은 물건 등 국토교통부 장관이 정하여 고시하는 위해물품을 가지고 들어가서는 아니 된다. 〈개정 2013. 3. 23.〉

② 제1항에도 불구하고 경호업무, 범죄인 호송업무 등 대통령령으로 정하는 특정한 직무를 수행하기 위하여 대통령령으로 정하는 무기의 경우에는 국토교통부 장관의 허가를 받아 항공기에 가지고 들어갈 수 있다. 〈개정 2013. 3. 23.〉

③ 제2항에 따라 항공기에 무기를 가지고 들어가려는 사람은 탑승 전에 이를 해당 항공기의 기장에게 보관하게 하고 목적지에 도착한 후 반환받아야 한다. 다만, 제14조 제2항에 따라 항공기 내에 탑승한 항공기내보안요원은 그러하지 아니하다.

④ 항공기 내에 제2항에 따른 무기를 반입하고 입국하려는 항공보안에 관한 업무를 수행하는 외국인 또는 외국국적 항공운송사업자는 항공기 출발 전에 국토교통부 장관으로부터 미리 허가를 받아야 한다. 〈개정 2013. 3. 23., 2013. 4. 5.〉

⑤ 제2항 및 제4항에 따른 항공기 내 무기 반입 허가절차 등에 관하여 필요한 사항은 국토교통부령으로 정한다. 〈개정 2013. 3. 23.〉

[전문개정 2010. 3. 22.]

(7) 공항운영 방해죄(제8장 제45조)

거짓된 사실의 유포, 폭행, 협박 및 위계로써 공항운영을 방해한 사람은 5년 이하의 징역 또는 5천만 원 이하의 벌금에 처한다. 〈개정 2013. 4. 5.〉

[전문개정 2010. 3. 22.]

국내 공항·비행기 테러 허위신고

공항에 대한 테러 협박 전화 · 문자 등 허위신고가 발생해 막대한 인력과 예산이 낭비되고 있다. 2015년부터 2019년 10월 말까지 허위신고는 총 20건 발생했다. 김포공항이 7건으로 가장 많았고, 제주공항과 청주공항이 각각 세 건으로 뒤를 이었다. 협박 유형은 항공기 폭파, 공항 폭발물 설치, 항공기 방화 등이다.

테러 신고가 접수되면 확인 전까지 공항 전 지역에 경비가 강화되고 수색에 막대한 인력이 투입된다. 허위신고로 밝혀질 경우 인력과 자원, 시간 낭비를 초래할 수밖에 없다. 4년간 허위신고로 인해 동원된 인력만 970명, 낭비된 시간도 2,205시간에 달했다.

이러한 허위신고도 항공보안법 제45조 공항운영 방해죄에 따라 5년 이하의 징역 또는 5,000만 원 이하의 벌금에 처해진다. 그러나 대부분 경찰에 의한 허위신고자 검거 후 경범죄처벌법 등 가벼운 처벌이 부과되는 등 제재 효과가 미흡한 실정이다.

(8) 항공기 내 폭행죄 등(제8장 제46조)

① 제23조 제2항을 위반하여 항공기의 보안이나 운항을 저해하는 폭행·협박·위계행위 또는 출입문·탈출구·기기의 조작을 한 사람은 10년 이하의 징역에 처한다.
② 제23조 제2항을 위반하여 항공기 내에서 다른 사람을 폭행한 사람은 5년 이하의 징역에 처한다.

[전문개정 2017. 3. 21.]

폭행죄

폭행죄는 사람의 신체에 대하여 폭행을 가하는 범죄이다. 항공보안법 제23조 제2항에 따라 승객은 항공기 내에서 다른 사람을 폭행하거나 항공기의 보안이나 운항을 저해하는 폭행·협박·위계행위 또는 출입문·탈출구·기기의 조작을 하여서는 아니 된다. 〈개정 2017. 3. 21.〉

형법

특수폭행죄 261조는 단체 또는 다중(多衆)의 위력을 보이거나 위험한 물건을 휴대하여 ① 사람에 대한 것이든 물건에 대한 것이든, 모든 종류의 유형력(有形力)의 행사를 말한다. 소요죄(형법 제115조)와 다중불해산죄(제116조)에서 말하는 폭행이 이에 해당한다. ② 사람에 대한 직간접적인 유형력의 행사를 말한다. 공무집행방해죄(제136조)에서 말하는 폭행이 이에 해당한다. ①과 ②의 죄를 범하는 죄이다. 5년 이하의 징역 또는 1천만 원 이하의 벌금에 처한다. 상습범은 가중 처벌하고(제264조), 10년 이하의 자격정지를 동시에 처벌할 수 있다(제265조).

(9) 항공기 점거 및 농성죄(제8장 제47조)

제23조 제3항을 위반하여 항공기를 점거하거나 항공기 내에서 농성한 사람은 3년 이하의 징역 또는 3천만 원 이하의 벌금에 처한다. 〈개정 2013. 4. 5.〉

[전문개정 2010. 3. 22.]

점거와 농성

점거는 어떤 장소를 차지하여 자리를 점령하는 것이고, 농성은 목적을 이루기 위하여 공공연하게 한자리를 떠나지 않고 집회를 하며 위력을 나타내는 것을 말한다.

(10) 운항 방해정보 제공죄(제8장 제48조)

항공 운항을 방해할 목적으로 거짓된 정보를 제공한 사람은 3년 이하의 징역 또는 3천만 원 이하의 벌금에 처한다. 〈개정 2013. 4. 5.〉

[전문개정 2010. 3. 22.]

(11) 벌칙(제8장 제49조)

① 제23조 제1항 제7호를 위반하여 기장 등의 업무를 위계 또는 위력으로써 방해한 사람은 10년 이하의 징역 또는 1억 원 이하의 벌금에 처한다. 〈신설 2016. 1. 19., 2017. 3. 21.〉

② 다음 각 호의 어느 하나에 해당하는 사람은 3년 이하의 징역 또는 3천만 원 이하의 벌금에 처한다. 〈개정 2017. 3. 21.〉

1. 제23조 제1항 제6호를 위반하여 조종실 출입을 기도한 사람
2. 제23조 제4항을 위반하여 기장 등의 지시에 따르지 아니한 사람

[전문개정 2010. 3. 22.]

(12) 벌칙(제8장 제50조)

① 제23조 제8항을 위반하여 공항에서 보안검색 업무를 수행 중인 항공보안검색요원 또는 보호구역에의 출입을 통제하는 사람에 대하여 업무를 방해하는 행위 또는 폭행 등 신체에 위해를 주는 행위를 한 사람은 5년 이하의 징역 또는 5천만 원 이하의 벌금에 처한다.

② 운항 중인 항공기 내에서 다음 각 호의 어느 하나에 해당하는 사람은 3년 이하의 징역 또는 3천만 원 이하의 벌금에 처한다.

1. 제23조 제1항 제1호를 위반하여 폭언, 고성방가 등 소란행위를 한 사람
2. 제23조 제1항 제3호를 위반하여 술을 마시거나 약물을 복용하고 다른 사람에게 위해를 주는 행위를 한 사람

③ 다음 각 호의 어느 하나에 해당하는 자는 5천만 원 이하의 벌금에 처한다.

1. 제10조 제2항을 위반하여 자체 보안계획을 수립하지 아니한 자
2. 제15조를 위반하여 보안검색 업무를 하지 아니하거나 소홀히 한 사람
3. 제31조 제2항을 위반하여 자체 우발계획을 수립하지 아니한 자

④ 다음 각 호의 어느 하나에 해당하는 자는 3천만 원 이하의 벌금에 처한다.

1. 제10조 제2항을 위반하여 자체 보안계획의 승인을 받지 아니한 자
2. 제16조 또는 제17조를 위반하여 보안검색 업무를 하지 아니하거나 소홀히 한 사람
3. 제31조 제3항을 위반하여 자체 우발계획의 승인을 받지 아니한 자

⑤ 계류 중인 항공기 내에서 다음 각 호의 어느 하나에 해당하는 사람은 2천만 원 이하의 벌금에 처한다.

1. 제23조 제1항 제1호를 위반하여 폭언, 고성방가 등 소란행위를 한 사람
2. 제23조 제1항 제3호를 위반하여 술을 마시거나 약물을 복용하고 다른 사람에게 위해를 주는 행위를 한 사람

⑥ 운항 중인 항공기 내에서 다음 각 호의 어느 하나에 해당하는 사람은 1천만 원 이하의 벌금에 처한다.

1. 제23조 제1항 제2호를 위반하여 흡연을 한 사람
2. 제23조 제1항 제4호를 위반하여 다른 사람에게 성적(性的) 수치심을 일으키는 행위를 한 사람
3. 제23조 제1항 제5호를 위반하여 전자기기를 사용한 사람

⑦ 계류 중인 항공기 내에서 다음 각 호의 어느 하나에 해당하는 사람은 5백만 원 이하의 벌금에 처한다.

1. 제23조 제1항 제2호를 위반하여 흡연을 한 사람
2. 제23조 제1항 제4호를 위반하여 다른 사람에게 성적(性的) 수치심을 일으키는 행위를 한 사람
3. 제23조 제1항 제5호를 위반하여 전자기기를 사용한 사람

⑧ 제13조 제1항을 위반하여 공항운영자의 허가를 받지 아니하고 보호구역에 출입한 사람은 100만 원 이하의 벌금에 처한다.

[전문개정 2017. 3. 21.]

표_항공기내 불법 방해 행위에 대한 한국과 태국 형량 비교

범죄 내용	한국 형량	태국 형량
항공기 파손	사형 또는 무기징역 또는 5년 이상 징역 [항공기 파손죄(제8장 제39조)]	사형 또는 무기징역
항공기 납치	무기징역 또는 7년 이상 징역 사형 또는 무기징역(사상 시) [항공기 납치죄(제8장 제40조)]	사형 또는 무기징역
항공시설 파손	10년 이하의 징역 사형, 무기징역 또는 7년 이상의 징역(사상 시) [항공시설 파손죄(제8장 제41조)]	1년 이상 15년 이하 징역 그리고 2천 바트(약 7만 6천 원) 이상 3만 바트(약 114만 6천 원) 이하 벌금
위험 물건 탑재	2년 이상 5년 이하 징역 항공기 위험물건 탑재죄(제8장 제44조)	사형 또는 무기징역 또는 5년 이상 20년 이하 징역
기내 폭행, 협박	5년 이하 징역 10년 이하 징역(항공보안운항 저해 시 제46조(항공기 내 폭행죄 등)	1년 이상 10년 이하 징역 그리고 2천 바트(약 7만 6천 원) 이상 2만 바트(약 77만 7천 원) 이하 벌금
운항 방해 정보제공	3년 이하 징역 또는 3천만 원 이하 벌금 제48조(운항 방해정보 제공죄)	5년 이상 20년 이하 징역

CHAPTER 08

항공 범죄에 관한 국제협약

International Convention on Offences on Board

1. 항공기 내에서 행한 범죄 및 기타 행위에 관한 협약 (동경협약)

1) 동경협약 개요

비행 중에 항공기에서 불법행위가 발생하면 '항공기 내에서 발생한 범죄 및 기타 행위에 관한 협약(Convention on Offences and Other Acts Committed on Board Aircraft)'인 '동경협약'을 따라야 한다.

동경협약은 1963년 9월 14일에 도쿄에서 채택된, 항공기 내에서 범한 범죄 및 기타 행위에 관한 최초의 협약이다. 항공기 운항 중 항공기 안전을 위태롭게 하는 행위와 형사법을 위반하는 범죄를 규정하고, 범인을 인도하며, 항공기 기장에게 특정한 권한을 부여하고, 체약국에 범인의 처벌을 부과하는 내용의 조약이다. 항공기 등록국은 국가 외에 모든 지역에서 범해지는 항공기 내 범죄행위에 대하여 재판관할권을 행사할 수 있다. 우리나라는 1971년에 가입하여 1972년 5월 20일에 발효하였다.

동경협약의 정식 협약 명칭은 '항공기 내에서 행한 범죄 및 기타 행위에 관한 협약'이다.

동경협약의 당사국은 144개국이며, 항공기 범죄의 국제적 규율을 위한 최초의 협약으로 26개의 조로 이루어져 있으며, 항공기 내의 범죄 또는 항공기로의 안전을 위해 행위에 관한 재판관할권을 원칙적으로 항공기의 등록 국가에 부여한다고(기국주의)(제3조, 제4조) 명시하고 있다. 이것은 형사재판권의 불화를 없애려는 것으로, 항공기가 한국 국적이면 한국 관할, 태국 국적이면 태국 관할이 되는 것이다. 승객의 국적은 관계가 없다. 대한항공으로 LA로 향하던 비행기에서 불법행위를 하여 LA에 도착했지만 미국에서 처벌받지 않고 한국으로 돌아가 처벌을 받게 된다.

또한 동경협약은 비행 중 범죄 · 행위에 대해서는 기장에게 억제권을 부여하여, 항공기의 공중 납치에 대해서 체약국에게 회복의무를 부과하였다. '기내 경찰' 역할은 기장과 항공기내보안요원이 맡는다. '기장 또는 기장으로부터 권한을 받은 승무원은 불법행위가 발생할 경우 감금조치 등을 취할 수 있다'고 규정되어 있다. 기내에 탑재되어 있는 수갑이나 포승줄, 테이저건을 사용할 수 있다. 기장이 목적지 공항에 범죄 사실을 신고하면, 공항에서는 경찰이 미리 대기한다. 도착 이후 항공기 국적에 따라 분국으로 송환하는 동의 절차가 이어진다. 항공기 내에는 CCTV가 없기 때문에 수사는 대부분 기장, 항공기내보안요원 그리고 승객들의 진술을 바탕으로 진행된다.

동경협약은 제1장 협약의 범위 제1조, 제2조, 제2장 재판관할권 제3조, 제4조, 제3장 항공기 기장의 권한 제5조, 제6조, 제7조, 제8조, 제9조, 제10조, 제4장 항공기의 불법점유 제11조, 제5장 체약국의 권한과 의무 제12조, 제13조, 제14조, 제15조, 제6장 기타 규정 제16조, 제17조, 제18조, 제7장 최종 조항, 제19조부터 제26조로 구성되어 있다.

■ **동경협약의 필요 계기가 된 사건**

1948년 8월 2일, 푸에르토리코(Puerto Rico)의 산후안(San Juan)에서 뉴욕으로 가는 미국 항공기에 술에 취해 탑승한 남성 승객이 기장과 여성 승무원을 물리적으로 공격하여 기소된 사건이 발생했다. 사건의 전말은 두 남성이 탑승 전 친지들과 환송 파티를 하면서 이미 럼주를 마셨고, 비행기에도 럼주 몇 병을 가지고 탑승하였다. 비행 중 한 시간 반 동안 계속해서 마시다가 럼주 한 병의 행방을 가지고 서로 다투게 되었다. 여성 승무원의 제지에도 불구하고 싸움이 커지자 승객들이 이를 구경하기 위해 60인승 항공기 뒤쪽으로 몰려가게 되었다. 이로 인해 항공기의 무게중심을 잃게 되어 비상사태가 되었다. 기장은 신속히 비상 상황에 대처한 후 객실로 나와 두 승객을 진정시키는 과정에서 한 남성이 기장과 여성 승무원을 공격하여 여성 승무원이 바닥에 쓰러졌고, 이를 본 승객들의 도움으로 그 남성을 제압하였다. 이후 이 남성은 기소되었다. 그러나 그 당시 항공기 공해상에서 발생된 범죄에 적용할 규정이 없었기에 그 남성은 석방되었다. 이에 대해 미국 내에서의 비난이 커지면서 미국은 공해 상공을 비행하는 미국 항공기에서 발생한 범죄도 처리하는 내용을 개정하게 되었다.

출처: 국제항공법, 박원화, 2014

2) 동경협약 본문

(1) 제1장 협약의 범위

제1조

1. 본 협약은 다음 사항에 대하여 적용된다.
   (a) 형사법에 위반하는 범죄
   (b) 범죄의 구성여부를 불문하고 항공기와 기내의 인명 및 재산의 안전을 위태롭게 할 수 있거나 하는 행위 또는 기내의 질서 및 규율을 위협하는 행위
2. 제3장에 규정된 바를 제외하고는 본 협약은 체약국에 등록된 항공기가 비행 중이거나 공해 수면상에 있거나 또는 어느 국가의 영토에도 속하지 않는 지역의 표면에 있을 때에 동 항공기에 탑승한 자가 범한 범죄 또는 행위에 관하여 적용된다.
3. 본 협약의 적용상 항공기는 이륙의 목적을 위하여 시동이 된 순간부터 착륙 활주가 끝난 순간까지를 비행중인 것으로 간주한다.
4. 본 협약은 군용, 세관용, 경찰용 업무에 사용되는 항공기에는 적용되지 아니한다.

제2조

제4조의 규정에도 불구하고, 또한 항공기와 기내의 인명 및 재산의 안전이 요청하는 경우를 제외하고는 본 협약의 어떠한 규정도 형사법에 위반하는 정치적 성격의 범죄나 또는 인종 및 종교적 차별에 기인하는 범죄에 관하여 어떠한 조치를 허용하거나 요구하는 것으로 해석되지 아니한다.

(2) 제2장 재판관할권

제3조

1. 항공기의 등록국은 동 항공기 내에서 범하여진 범죄나 행위에 대한 재판관할권을 행사할 권한을 가진다.
2. 각 체약국은 자국에 등록된 항공기 내에서 범하여진 범죄에 대하여 등록국으로서의 재판관할권을 확립하기 위하여 필요한 조치를 취하여야 한다.

3. 본 협약은 국내법에 따라 행사하는 어떠한 형사재판관할권도 배제하지 아니한다.

제4조

체약국으로서 등록국이 아닌 국가는 다음의 경우를 제외하고는 기내에서의 범죄에 관한 형사재판관할권의 행사를 위하여 비행중의 항공기에 간섭하지 아니하여야 한다.

(a) 범죄가 상기 국가의 영역에 영향을 미칠 경우

(b) 상기 국가의 국민이나 또는 영주자에 의하여 또는 이들에 대하여 범죄가 범하여진 경우

(c) 범죄가 상기 국가의 안전에 반하는 경우

(d) 상기 국가에서 효력을 발생하고 있는 비행 및 항공기의 조종에 관한 규칙이나 법규를 위반한 범죄가 범하여진 경우

(e) 상기 국가가 다변적인 국제협정하에 부담하고 있는 의무의 이행을 보장함에 있어서 재판관할권의 행사가 요구되는 경우

(3) 제3장 항공기 기장의 권한

제5조

1. 본 장의 규정들은 최종 이륙지점이나 차기 착륙예정지점이 등록국 이외의 국가에 위치하거나 또는 범인이 탑승한 채로 동 항공기가 등록국 이외 국가의 공역으로 계속적으로 비행하는 경우를 제외하고는 등록국의 공역이나 공해상공 또는 국가의 어느 국가의 영역에도 속하지 아니하는 지역 상공을 비행하는 중에 항공기에 탑승한 자가 범하려고 하는 범죄 및 행위에는 적용되지 아니한다.
2. 제1조 3항에 관계없이 본 장의 적용상 항공기는 승객의 탑승 이후 외부로 통하는 모든 문이 폐쇄된 순간부터 승객이 내리기 위하여 상기 문들이 개방되는 순간까지를 비행중인 것으로 간주한다. 불시착의 경우에는 본 장의 규정은 당해국의 관계당국이 항공기 및 기내의 탑승자와 재산에 대한 책임을 인수할 때까지 기내에서 범하여진 범죄와 행위에 관하여 계속 적용된다.

제6조

1. 항공기 기장은 항공기 내에서 어떤 자가 제1조 1항에 규정된 범죄나 행위를 범하였거나 범하려고 한다는 것을 믿을 만한 상당한 이유가 있는 경우에는 그 자에 대하여 다음을 위하여 요구되는 감금을 포함한 필요한 조치를 부과할 수 있다.
   (a) 항공기와 기내의 인명 및 재산의 안전의 보호
   (b) 기내의 질서와 규율의 유지
   (c) 본 장의 규정에 따라 상기 자를 관계당국에 인도하거나 또는 항공기에서 하기조치(Disembarkation)를 취할 수 있는 기장의 권한 확보
2. 항공기 기장은 자기가 감금할 권한이 있는 자를 감금하기 위하여 다른 승무원의 원조를 요구하거나 권한을 부여할 수 있으며, 승객의 원조를 요청하거나 권한을 부여할 수 있으나 이를 요구할 수는 없다. 승무원이나 승객도 누구를 막론하고 항공기와 기내의 인명 및 재산의 안전을 보호하기 위하여 합리적인 예방조치가 필요하다고 믿을 만한 상당한 이유가 있는 경우에는 기장의 권한부여가 없어도 즉각적으로 상기 조치를 취할 수 있다.

(4) 기장의 책임

항공기 기장은 항공기 내에서 발생한 범죄나 또는 동 범죄를 일으키려 하는 자에 대하여 필요한 예방조치를 취한 후 다음 착륙지에서 범인을 하강시키든지(제8조 1항), 착륙지 국가가 협약 당사국일 때에는 범인을 인도할 수 있다(제9조 1항). 협약 당사국은 항공기 납치 등을 행하거나 또는 기도하는 자의 신병을 인도받았을 경우 즉시 사건 조사를 하여야 하고 그 결과를 항공기 등록국과 사건 유발 혐의자의 국적국에 통보하여야 한다(제13조 4항, 5항).

2. 항공기의 불법납치 억제를 위한 협약(헤이그협약)

1) 헤이그협약 개요

헤이그협약은 1970년 12월 16일, 헤이그에서 맺은 '항공기의 불법납치 억제를 위한 협약'

으로, 항공기에서 불법적으로 또는 무력으로 항공기를 장악하거나 또는 이를 기도한다든지 또는 동 행위의 공범이 되는 것을 범죄로 규정하는 조약이다.

헤이그협약은 동경협약과 달리 '비행 중(In Flight)'에 대한 정의를 '탑승 후 항공기 출입문이 닫힌 순간부터 하기(Disembark)를 위하여 출입문이 열리는 때까지'로 보았다. 그리고 협약은 항공기의 이륙 지점이나 실제 착륙 지점이 항공기 등록국 밖에 있지 않는 한 적용되지 않는다.

주요 내용은 항공기 납치(하이재킹)를 응징하기 위하여 조약 서명 국가들의 엄한 형벌(처벌)에 관한 것이며, 범죄인 인도와 각 체약국이 승객 또는 승무원에 대하여 범죄 혐의자가 행한 폭력 행위에 대하여 재판관할권을 행사할 수 있으며, 각 체약국은 그 국내법에 의거 ICAO 이사회에 관련 사항을 가능한 한 조속히 보고해야 한다는 것이다.

2) 헤이그협약 본문

'항공기의 불법납치 억제를 위한 협약'

본 협약 당사국들은, 비행 중에 있는 항공기의 불법적인 납치 또는 점거행위가 인명 및 재산의 안전에 위해를 가하고 항공업무의 수행에 중대한 영향을 미치며 또한 민간항공의 안전에 대한 세계 인민의 신뢰를 저해하는 것임을 고려하고, 그와 같은 행위의 발생이 중대한 관심사임을 고려하고, 그와 같은 행위를 방지하기 위하여 범인들의 처벌에 관한 적절한 조치들을 규정하기 위한 긴박한 필요성이 있음을 고려하여, 다음과 같이 합의하였다.

제1조

비행중에 있는 항공기에 탑승한 여하한 자도

(a) 폭력 또는 그 위협에 의하여 또는 그밖의 어떠한 다른 형태의 협박에 의하여 불법적으로 항공기를 납치 또는 점거하거나 또는 그와 같은 행위를 하고자 시도하는 경우, 또는

(b) 그와 같은 행위를 하거나 하고자 시도하는 자의 공범자인 경우에는 죄(이하 "범죄"라 한다)를 범한 것으로 한다.

제2조

각 체약국은 범죄를 엄중한 형벌로 처벌할 수 있도록 할 의무를 진다.

제3조

1. 본 협약의 목적을 위하여 항공기는 탑승 후 모든 외부의 문이 닫힌 순간으로부터 하기를 위하여 그와 같은 문이 열려지는 순간까지의 어떠한 시간에도 비행중에 있는 것으로 본다. 강제착륙의 경우, 비행은 관계당국이 항공기와 기상의 인원 및 재산에 대한 책임을 인수할 때까지 계속하는 것으로 본다.
2. 본 협약은 군사, 세관 또는 경찰업무에 사용되는 항공기에는 적용하지 아니한다.
3. 본 협약은 기상에서 범죄가 행하여지고 있는 항공기의 이륙장소 또는 실제의 착륙장소가 그 항공기의 등록 국가의 영토 외에 위치한 경우에만 적용되며, 그 항공기가 국제 혹은 국내 항행에 종사하는지 여부는 가리지 아니한다.
4. 제5조에서 언급된 경우에 있어서 본 협약은 기상에서 범죄가 행하여지고 있는 항공기의 이륙장소 및 실제의 착륙장소가 동조에 언급된 국가 중의 하나에 해당하는 국가의 영토 내에 위치한 경우에는 적용하지 아니한다.
5. 본 조 3항 및 4항에 불구하고, 만약 범인 또는 범죄 혐의자가 그 항공기의 등록 국가 이외의 영토 내에서 발견된 경우에는 그 항공기의 이륙장소 또는 실제의 착륙장소 여하를 불문하고 제6조, 제7조, 제8조 및 제10조가 적용된다.

제4조

1. 각 체약국은 범죄 및 범죄와 관련하여 승객 또는 승무원에 대하여 범죄 혐의자가 행한 기타 폭력행위에 관하여 다음과 같은 경우에 있어서 관할권을 확립하기 위하여 필요한 제반 조치를 취하여야 한다.
   (a) 범죄가 당해국에 등록된 항공기 기상에서 행하여진 경우
   (b) 기상에서 범죄가 행하여진 항공기가 아직 기상에 있는 범죄 혐의자를 싣고 그 영토 내에 착륙한 경우
   (c) 범죄가 주된 사업장소 또는 그와 같은 사업장소를 가지지 않은 경우에는 주소를 그 국가에 가진 임차인에게 승무원 없이 임대된 항공기 기상에서 행하여진 경우
2. 각 체약국은 또한 범죄 혐의자가 그 영토 내에 존재하고 있으며, 제8조에 따라 본 조 1항에서 언급된 어떠한 국가에도 그를 인도하지 않는 경우에 있어서 범죄에 관한 관할권을 확립하기 위하여 필요한 제반조치를 취하여야 한다.
3. 본 협약은 국내법에 의거하여 행사되는 어떠한 형사 관할권도 배제하지 아니한다.

이하, 제5조, 제6조, 제7조, 제8조, 제9조, 제10조, 제11조, 제12조, 제13조, 제14조로 구성되어 있다.

3. 민간항공의 안전에 대한 불법적 행위의 억제를 위한 협약 (몬트리올협약)

1) 몬트리올협약 개요

몬트리올협약은 1971년 9월 23일, 몬트리올에서 체결되었으며, 정식 명칭은 '민간항공의 안전에 대한 불법적 행위의 억제를 위한 협약(Convention for the Suppression of Unlawful Acts Against the Safety of Civil Aviation)'이다. 동경협약은 비행 중인 항공기에서 일어나는 특정한 범죄에 대하여 규율하였고, 헤이그협약은 비행 중인 항공기 납치 범죄에 대하여 규율하였으나, 몬트리올협약은 운항 중에 있는 항공기 파손 등의 범죄와 항공기 탑승자에 대한 범죄 및 지상 항행시설의 파괴 등의 규율을 추가로 언급하고 있다. 즉 항공기 안전을 위태롭게 하여 항공기 탑승자에게 직접 영향을 주는 모든 행위에 대한 조약으로 불법적 행위를 응징하기 위하여 조약 서명 국가들의 엄중한 형벌(처벌)을 요구하고 있다.

몬트리올협약은 비행 중인 항공기 탑승자에게 폭력 행위를 행사하되 동 행위가 동 항공기 안전을 위태롭게 하는 경우, 운항 중인 항공기를 파괴하거나 동 항공기에 손상을 유발하여 비행을 불가능하게 하거나 또는 비행을 위태롭게 하는 경우, 운항 중인 항공기에 어떠한 물건이나 장치를 통하여 항공기의 안전과 운항을 저해할 경우, 항행시설을 손상하나 동 시설의 작동을 방해하여 비행 중인 항공기의 안전을 위태롭게 하는 경우, 거짓 정보를 전달하여 비행 중인 항공기의 안전을 저해하는 경우 엄중한 형벌(처벌)을 한다는 것이다.

상기 범죄행위를 기도하거나 공범으로 행동한 경우에도 범인으로 규정하였다(제1조 1항).

새로이 도입한 운항 중(In Service)의 개념은 항공기가 비행 준비를 하는 단계에서부터 이륙하여 착륙한 뒤 24시간까지를 말한다[제2조(나)].

2) 몬트리올협약 본문

'민간항공의 안전에 대한 불법적 행위의 억제를 위한 협약' 전문

본 협약 당사국들은, 민간항공의 안전에 대한 불법적 행위가 인명 및 재산의 안전에 위해를 가하고, 항공 업무의 수행에 중대한 영향을 미치며, 또한 민간항공의 안전에 대한 세계 인민의 신뢰를 저해하는 것임을 고려하고, 그러한 행위의 발생이 중대한 관심사임을 고려하고, 그러한 행위를 방지하기 위하여 범인들의 처벌에 관한 적절한 조치를 규정할 긴박한 필요성이 있음을 고려하여, 다음과 같이 합의하였다.

제1조

1. 여하한 자도 불법적으로 그리고 고의적으로,
   (가) 비행 중인 항공기에 탑승한 자에 대하여 폭력 행위를 행하고 그 행위가 그 항공기의 안전에 위해를 가할 가능성이 있는 경우, 또는
   (나) 운항 중인 항공기를 파괴하는 경우 또는 그러한 비행기를 훼손하여 비행을 불가능하게 하거나 또는 비행의 안전에 위해를 줄 가능성이 있는 경우, 또는
   (다) 여하한 방법에 의하여서라도, 운항 중인 항공기상에 그 항공기를 파괴할 가능성이 있거나 또는 그 항공기를 훼손하여 비행을 불가능하게 할 가능성이 있거나 또는 그 항공기를 훼손하여 비행의 안전에 위해를 줄 가능성이 있는 장치나 물질을 설치하거나 또는 설치되도록 하는 경우, 또는
   (라) 항공시설을 파괴 혹은 손상하거나 또는 그 운용을 방해하고 그러한 행위가 비행중인 항공기의 안전에 위해를 줄 가능성이 있는 경우, 또는
   (마) 그가 허위임을 아는 정보를 교신하여, 그에 의하여 비행중인 항공기의 안전에 위해를 주는 경우에는 범죄를 범한 것으로 한다.
2. 여하한 자도,
   (가) 본 조 1항에 규정된 범죄를 범하려고 시도한 경우, 또는
   (나) 그러한 범죄를 범하거나 또는 범하려고 시도하는 자의 공범자인 경우에도 또한 범죄를 범한 것으로 한다.

제2조

본 협약의 목적을 위하여,

(가) 항공기는 탑승 후 모든 외부의 문이 닫힌 순간으로부터 하기를 위하여 그러한 문이 열려지는 순간까지의 어떠한 시간에도 비행 중에 있는 것으로 본다. 강제착륙의 경우, 비행은 관계당국이 항공기와 기상의 인원 및 재산에 대한 책임을 인수할 때까지 계속하는 것으로 본다.

(나) 항공기는 일정 비행을 위하여 지상원 혹은 승무원에 의하여 항공기의 비행 전 준비가 시작된 때부터 착륙 후 24시간까지 운항 중에 있는 것으로 본다. 운항의 기간은, 어떠한 경우에도, 항공기가 본 조 1항에 규정된 비행 중에 있는 전 기간 동안 계속된다.

제3조

각 체약국은 제1조에 규정된 범죄를 엄중한 형벌로 처벌할 수 있도록 할 의무를 진다.

제4조

1. 본 협약은 군사, 세관 또는 경찰 업무에 사용되는 항공기에는 적용되지 아니한다.
2. 제1조 1항의 세항(가), (나), (다) 및(마)에 규정된 경우에 있어서, 본 협약은 항공기가 국제 또는 국내선에 종사하는지를 불문하고,
   (가) 항공기의 실제 또는 예정된 이륙 또는 착륙 장소가 그 항공기의 등록 국가의 영토 외에 위치한 경우, 또는
   (나) 범죄가 그 항공기 등록 국가 이외의 국가 영토 내에서 범하여진 경우에만 적용된다.
3. 본 조 2항에 불구하고 제1조 1항 세항(가), (나), (다) 및(마)에 규정된 경우에 있어서, 본 협약은 범인 및 범죄 혐의자가 항공기 등록 국가 이외의 국가 영토 내에서 발견된 경우에도 적용된다.
4. 제9조에 언급된 국가와 관련하여 또한 제1조 1항 세항(가), (나), (다) 및(마)에 언급된 경우에 있어서, 본 협약은 본 조 2항 세항(가)에 규정된 장소들이 제9조에 규정된 국가의 하나에 해당하는 국가의 영토 내에 위치한 경우에는, 그 국가 이외의 국가 영토 내에서 범죄가 범하여지거나 또는 범인이나 범죄 혐의자가 발견되지 아니하는 한, 적용되지 아니한다.
5. 제1조 1항 세항(라)에 언급된 경우에 있어서, 본 협약은 항공시설이 국제 항공에 사용되는 경우에만 적용된다.

6. 본 조 2, 3, 4 및 5항의 규정들은 제1조 2항에 언급된 경우에도 적용된다.

제5조

1. 각 체약국은 다음과 같은 경우에 있어서 범죄에 대한 관할권을 확립하기 위하여 필요한 제반 조치를 취하여야 한다.
   (가) 범죄가 그 국가의 영토 내에서 범하여진 경우.
   (나) 범죄가 그 국가에 등록된 항공기에 대하여 또는 기상에서 범하여진 경우.
   (다) 범죄가 기상에서 범하여지고 있는 항공기가 아직 기상에 있는 범죄 혐의자와 함께 그 영토 내에 착륙한 경우.
   (라) 범죄가 주된 사업장소 또는 그러한 사업장소를 가지지 않은 경우에는 영구 주소를 그 국가 내에 가진 임차인에게 승무원 없이 임대된 항공기에 대하여 또는 기상에서 범하여진 경우.
2. 각 체약국은 범죄 혐의자가 그 영토 내에 소재하고 있으며, 그를 제8조에 따라 본 조 1항에 언급된 어떠한 국가에도 인도하지 않는 경우에 있어서, 제1조 1항(가),(나) 및(다)에 언급된 범죄에 관하여 또한 제1조 2항에 언급된 범죄에 관하여, 동 조가 그러한 범죄에 효력을 미치는 한, 그 관할권을 확립하기 위하여 필요한 제반조치를 또한 취하여야 한다.
3. 본 협약은 국내법에 따라 행사되는 어떠한 형사 관할권도 배제하지 아니한다.

제6조

1. 사정이 그와 같이 허용한다고 인정한 경우, 범인 및 범죄 혐의자가 그 영토 내에 소재하고 있는 체약국은 그를 구치하거나 그의 신병확보를 위한 기타 조치를 취하여야 한다. 동구치 및 기타 조치는 그 국가의 국내법에 규정된 바에 따라야 하나, 형사 또는 인도 절차를 취함에 필요한 시간 동안만 계속될 수 있다.
2. 그러한 국가는 사실에 대한 예비 조사를 즉시 행하여야 한다.
3. 본 조 1항에 따라 구치 중에 있는 어떠한 자도 최근거리에 있는 그 본국의 적절한 대표와 즉시 연락을 취하는 데 도움을 받아야 한다.
4. 본 조에 의거하여 체약국이 어떠한 자를 구치하였을 때, 그 국가는 제5조 1항에 언급된 국가, 피구치자가 국적을 가진 국가 및 타당하다고 생각할 경우 기타 관계국가에 대

하여 그와 같은 자가 구치되어 있다는 사실과 그의 구치를 정당화하는 사정을 즉시 통고하여야 한다. 본 조 2항에 규정된 예비조사를 행한 국가는 전기 국가에 대하여 그 조사 결과를 즉시 보고하여야 하며, 그 관할권을 행사할 의도가 있는지의 여부를 명시하여야 한다.

第7조

그 영토 내에서 범죄 혐의자가 발견된 체약국은 만약 동인을 인도하지 않은 경우, 예외 없이 또한 그 영토 내에서 범죄가 범하여진 것인지 여부를 불문하고, 소추를 하기 위하여 권한 있는 당국에 동 사건을 회부하여야 한다. 그러한 당국은 그 국가의 법률상 중대한 성질의 일반 범죄의 경우에 있어서와 같은 방법으로 그 결정을 내려야 한다.

第8조

1. 범죄는 체약국 간에 현존하는 인도 조약상의 인도 범죄에 포함되는 것으로 간주된다. 체약국은 범죄를 그들 사이에 체결될 모든 인도 조약에 인도 범죄로 포함할 의무를 진다.
2. 인도에 관하여 조약의 존재를 조건으로 하는 체약국이 상호 인도조약을 체결하지 않은 타 체약국으로부터 인도 요청을 받은 경우에는, 그 선택에 따라 본 협약을 범죄에 관한 인도를 위한 법적인 근거로서 간주할 수 있다. 인도는 피요청국의 법률에 규정된 기타 제 조건에 따라야 한다
3. 인도에 관하여 조약의 존재를 조건으로 하지 않는 체약국들은 피요청국의 법률에 규정된 제 조건에 따를 것을 조건으로 범죄를 동 국가들 간의 인도범죄로 인정하여야 한다.
4. 각 범죄는, 체약국 간의 인도 목적을 위하여, 그것이 발생한 장소에서뿐만 아니라 제5조 1항(나),(다) 및(라)에 의거하여 그 관할권을 확립하도록 되어 있는 국가의 영토 내에서 범하여진 것처럼 취급된다.

第9조

공동 또는 국제 등록에 따라 항공기를 운영하는 공동 항공운수 운영기구 또는 국제운영기관을 설치한 체약국들은 적절한 방법에 따라 각 항공기에 대하여 관할권을 행사하고 본 협약의 목적을 위하여 등록 국가의 자격을 가지는 국가는 당해국 중에서 지명하여야 하며 또

한 국제민간항공기구에 그에 관한 통고를 하여야 하며, 동 기구는 본 협약의 전 체약국에 동 통고를 전달하여야 한다.

제10조

1. 체약국은, 국제법 및 국내법에 따라, 제1조에 언급된 범죄를 방지하기 위한 모든 실행 가능한 조치를 취하도록 노력하여야 한다.
2. 제1조에 언급된 범죄의 하나를 범함으로써, 비행이 지연되거나 또는 중단된 경우, 항공기, 승객 또는 승무원이 자국 내에 소재하고 있는 어떠한 체약국도 실행이 가능한 한 조속히 승객 및 승무원의 여행의 계속을 용이하게 하여야 하며, 항공기 및 그 화물을 정당한 점유권자에게 지체 없이 반환하여야 한다.

제11조

1. 체약국들은 범죄와 관련하여 제기된 형사 소송절차에 관하여 상호간 최대의 협조를 제공하여야 한다. 피요청국의 법률은 모든 경우에 있어서 적용된다.
2. 본 조 1항의 규정은 형사문제에 있어서 전반적 또는 부분적인 상호 협조를 규정하거나 또는 규정할 그 밖의 어떠한 양자 또는 다자조약상의 의무에 영향을 미치지 아니한다.

제12조

제1조에 언급된 범죄의 하나가 범하여질 것이라는 것을 믿게 할 만한 이유를 가지고 있는 어떠한 체약국도, 그 국내법에 따라 제5조 1항에 언급된 국가에 해당한다고 믿어지는 국가들에게 그 소유하고 있는 관계정보를 제공하여야 한다.

제13조

각 체약국은 그 국내법에 의거하여 국제민간항공기구 이사회에 그 국가가 소유하고 있는 다음에 관한 어떠한 관계 정보도 가능한 한 조속히 보고하여야 한다.

(가) 범죄의 상황

(나) 제10조 2항에 의거하여 취하여진 조치

(다) 범인 또는 범죄 혐의자에 대하여 취하여진 조치, 또한 특히 인도절차 기타 법적 절차의 결과

제14조

1. 협상을 통하여 해결될 수 없는 본 협약의 해석 또는 적용에 관한 2개국 또는 그 이상의 체약국들 간의 어떠한 분쟁도 그들 중 일국가의 요청에 의하여 중재에 회부된다. 중재 요청일로부터 6개월 이내에 체약국들이 중재구성에 합의하지 못할 경우에는, 그들 당사국 중의 어느 일국가가 국제사법재판소에 동 재판소 규정에 따라 분쟁을 부탁할 수 있다.
2. 각 체약국은 본 협약의 서명, 비준, 또는 가입 시에 자국이 전항 규정에 구속되지 아니한 것으로 본다는 것을 선언할 수 있다. 타방 체약국들은 그러한 유보를 행한 체약국에 관하여 전항 규정에 의한 구속을 받지 아니한다.
3. 전항 규정에 의거하여 유보를 행한 어떠한 체약국도 수탁정부에 대한 통고로써 동 유보를 언제든지 철회할 수 있다.

제15조

1. 본 협약은 1971년 9월 8일부터 23일까지 몬트리올에서 개최된 항공법에 관한 국제회의(이하 몬트리올 회의라 한다)에 참가한 국가들에 대하여 1971년 9월 23일 몬트리올에서 서명을 위하여 개방된다. 1971년 10월 10일 이후 본 협약은 모스크바, 런던 및 워싱턴에서 서명을 위하여 모든 국가에 개방된다. 본 조 3항에 따른 발효 이전에 본 협약에 서명하지 않은 어떠한 국가도 언제든지 본 협약에 가입할 수 있다.
2. 본 협약은 서명국에 의한 비준을 받아야 한다. 비준서 및 가입서는 이에 수탁정부로 지정된 소련, 영국 및 미국 정부에 기탁되어야 한다.
3. 본 협약은 몬트리올 회의에 참석한 본 협약의 10개 서명국에 의한 비준서 기탁일로부터 30일 후에 효력을 발생한다.
4. 기타 국가들에 대하여, 본 협약은 본 조 3항에 따른 본 협약의 발효일자 또는 당해국의 비준서 또는 가입서 기탁일자 후 30일 중에서 나중의 일자에 효력을 발생한다.
5. 수탁정부들은 모든 서명 및 가입국에 대하여 서명일자, 비준서 또는 가입서의 기탁일자, 본 협약의 발효일자 및 기타 통고를 즉시 통보하여야 한다.
6. 본 협약은 발효하는 즉시 국제연합 헌장 제102조에 따라, 또한 국제민간항공협약(시카고, 1944) 제83조에 따라 수탁정부들에 의하여 등록되어야 한다.

제16조

1. 어떠한 체약국도 수탁정부들에 대한 서면통고로써 본 협약을 폐기할 수 있다.
2. 폐기는 수탁정부들에 의하여 통고가 접수된 일자로부터 6개월 후에 효력을 발생한다.

이상의 증거로써 하기 전권대표들은, 그들 정부로부터 정당히 권한을 위임받아 본 협약에 서명하였다.

3) 민간항공의 안전에 대한 불법적 행위의 억제를 위한 협약을 보충하는, 국제 민간항공에 사용되는 공항에서의 불법적 폭력 행위의 억제를 위한 의정서(몬트리올협약에 관한 의정서)

몬트리올협약 의정서는 민간항공의 안전에 대한 불법적 행위의 억제를 위한 협약을 보충하는 국제 민간항공에 사용되는 것으로 공항에서의 불법적 폭력 행위의 억제를 위한 의정서이다.

1972년 5월, 이스라엘 텔아비브 로드(Lod) 국제공항 체크인(Check-In) 카운터에서 3명의 테러리스트가 26명을 사상하는 사건이 발생했다. 이로 인해 ICAO 특별총회는 시카고협약을 개정하여 협약 당사국이 민항기·공항·항행시설 등에 대하여 무력을 사용하지 말도록 하는 내용 등을 포함한 안을 시카고협약 제16장 2로 채택하고자 하였으나 2표 차이로 실패하였다. 그 이후 1973년 8월, 그리스의 아테네 국제공항 대합실에서 팔레스타인 게릴라가 무차별 총격과 폭탄을 투척한 사건이 발생하였고, 1985년에 프랑크푸르트, 비엔나, 로마, 나리타 등 4곳의 국제공항에서 테러 행위가 증가하게 되어, 결국 1988년 2월, 몬트리올협약의 보충 의정서를 채택하게 되었다. 동 의정서는 몬트리올협약상의 범죄가 국제공항에서의 폭력 행사 행위와 공항시설 파괴 행위를 포함하는 것으로 확대되었다. 즉, 공항 및 체크인 카운터에서 불법적이고 의도적으로 인명을 다치게 하거나 사망케 하는 폭력 행위와 공항시설 또는 운항 중에 있지 않은 항공기에 위해를 가하여 안전을 위협하는 파괴 행위 등의 불법 방해 행위에 대한 대응을 위한 것으로, 1988년 2월 24일 체결되었고 1990년 7월 27일에 발효되었다.

자세한 내용은 몬트리올협약(1971년)에 대한 보충판으로 어떠한 기구, 물품 또는 무기를 사용하여 불법적으로, 고의적으로 국제공항에 근무 중인 자에 대하여 폭력을 행하고 그 행위가 인명의 부상이나 사망의 결과를 가져오거나 그러한 가능성이 있는 경우의 행위와 국제공항 또는 국제공항에 주기해 있는 항공기에 대한 파괴 또는 공항 업무방해 행위(만약 그러한 행위가 해당 공항의 안전을 위협하거나 위협할 가능성이 있을 경우)에 해당된다.

4. 북경협약과 북경의정서

1) 북경협약 개요

북경협약은 국제 민간 항공기에 대한 관련 불법행위 억제를 위한 협약으로, 1971년 9월에 발효된 몬트리올협약과 1988년 2월에 발효된 몬트리올 의정서에서의 국제 민간항공의 공항 서비스를 침해하고, 국제 민간항공의 안전을 침해하는 불법행위를 억제하는 내용을 근간으로, 민간 항공기를 납치하여 무기로 사용하는 행위, 민간 항공기를 납치하여 무기 및 관련 물자를 불법 운송하는 행위를 신규 항공 범죄로 규정한 다자조약이다.

2010년 9월 10일, 베이징에서 체결되었고, 2017년 발효되었다.

주요 내용으로는 첫째, 민간 항공기를 무기로 사용하거나, 민간 항공기에 대한 공격 행위로 민간 항공기를 납치하여 다른 항공기 또는 지상의 표적을 공격하기 위한 무기로 사용하는 행위, 민간 항공기 내에서 무기를 사용하는 행위, 민간 항공기에 대해 무기 공격 행위를 신규 항공 범죄로 규정하였고, 해당 국가들이 이를 처벌할 의무를 부여했다. 둘째, 운송 범죄(Transport Offence) 조항을 추가하여 민간 항공기를 활용하여 생화학 무기 및 이와 관련된 물자를 불법 운송하는 행위를 신규 항공 범죄로 규정하였고, 상기와 마찬가지로 해당 국가들이 이를 처벌할 의무를 부여하였다. 셋째, 군사적 활동 적용을 배제하여 무력 충돌 시 군대의 활동에 대해서는 동 협약이 적용되지 않고, 국제인도법이 적용하도록 하였다. 다섯째, 국가 관할권의 확대로 범죄가 발생한 영토의 국가 또는 항공기의 등록 국가, 범인이 발견된 영토의 국가뿐만 아니라 범죄자 국적 국가, 피해자의 국적 국가 및 무국적자가 주소지를 둔 국가도 관할권 행사가 가능하게 함으로써 신종 항공 범죄에 대항할 수 있도록 하였으며, 항공기와 공항을 공격하려는 세력들에 대한 피난처가 제공되면 안 된다는 점도 명시되었다. 여섯째, 협약의 적용 범위를 '비행 중(In Flight)'에서

'서비스 중(In Service)'으로 확대하였다.

북경협약은 1970년 헤이그 협약(항공기의 불법납치 억제를 위한 협약)을 일부 개정한 것으로, '항공기의 불법납치 억제를 위한 협약 추가 의정서' 일명 '2010년 베이징 의정서'를 채택한 것이다.

2) 북경의정서 주요 개정 내용

북경의정서 주요 개정 내용은 다음과 같다. 첫째, 북경의정서 제2조에는 기존의 헤이그 협약(1970)에 나타나 있는 범죄의 범위를 구체화하여, 사람들을 조직하거나 지휘해서 항공기 또는 공항을 공격하는 행위와 공범으로 범죄 또는 불법행위에 가담하거나 의도를 가지고 범죄자 도피교사, 기소, 처벌을 피할 수 있도록 도와주는 행위, 범죄인에 대한 수사, 기소, 처벌을 회피하도록 조력하는 이 모든 것을 범죄로 규정하여 범죄행위를 확대하였다.

둘째, 북경의정서 제7조에는 헤이그협약 제4조 제1항의 관할권 행사(자국 등록 항공기상 범죄, 범죄인 탑승 항공기 착륙지, 항공기 임차 시 임차인의 상주국)에 자국 영토상 범죄, 자국민에 의한 범죄, 자국민 피해 범죄, 무국적자 범죄일 경우 등 무국적자 상주국, 범인이 발견되었으나 인도하지 않는 당사국을 추가하여 관할하도록 관할권을 추가하였다.

셋째, 북경의정서 제14조에 범죄 예방 차원에서 범죄 발생 예상 시 모든 적절한 조치를 취할 의무를 지닌다는 것이 추가되었다.

■ ICAO(국제민간항공기구)

ICAO(국제민간항공기구)는 UN 산하의 전문기구로 국제 항공 운송에 필요한 원칙과 기술 및 안전에 대해 연구하고 있으며 국제 항공 운항의 원칙과 기술을 체계화하며 안전하고 질서 있는 성장을 보장하기 위해 국제 항공 운송의 계획과 개발을 촉진한다. 본사는 캐나다 퀘벡주 몬트리올에 있다.

제2차 세계 대전 때에 민간 항공기의 발전에 따라서 1944년 국제민간항공조약(통칭 시카고 조약)에 근거해 1947년 4월 4일에 설립되었다. ICAO 이사회는 3년마다 열리는 총회에서 피선된 36개 이사국 대표로 구성되며 국제 민간항공에 적용되는 항공 운송 관련 각종 기준을 제정하고 개정하는 실질적 의사결정 기구로 항공분야 발달을 목적으로 한다.

총회, 이사회, 사무국과 보조기관이 되는 복수의 위원회로부터 구성된다. 위원회에서는 항공 운항, 기반 시설, 비행 점검, 불법 간섭 방지 및 국제 민간항공의 국경 횡단 절차 촉진에 관한 표준과 권고안을 채택한다. ICAO는 국제 민간항공에 관한 시카고협약에 서명하는 국가의 운송 안전 당국이 뒤따르는 항공 사고 조사를 위한 프로토콜을 정의하고 있다. ICAO는 시카고 조약을 비준하는 각국의 운수 안전 당국의 준거가 되는, 항공기 사고 조사에 관한 조약을 정하고 있다. 또한 각 공항의 안전을 위해 공항 규모를 기준으로 소방대의 기준을 규정, 제시하고 있다.

우리나라는 ICAO 총회에서 2019년 이사국(Part Ⅲ) 선거에서 177개 국가 중 총 164표를 얻어 최다 득표수로 이사국에 선임되었다. 한국은 1952년에 가입하여 2001년 109표, 2004년 125표, 2007년 124표, 2010년 141표, 2013년 156표, 2016년 146표, 2019년 164표를 얻어 7년 연임 이사국으로 선임되었으며, 한국이 세계항공의 주역으로서 활약하고 있음을 알 수 있다.

참고: 위키백과 및 국토교통부

■ IATA(국제항공운송협회)

IATA(International Air Transport Association: 국제항공운송협회)는 1945년 4월 19일 쿠바 수도 아바나에서 설립되었으며, 현재는 캐나다의 퀘벡주 몬트리올에 있는 국제적인 무역 기구이다. 이 기구를 통해 항공료를 합의한다. 수많은 저가 항공사들은 이 IATA의 정회원이 아니다.

운임 계산을 위해 IATA는 전 세계를 세 곳으로 구분해 놓고 있다.

- 남아메리카, 중앙아메리카, 북아메리카
- 유럽, 중동과 아프리카, IATA 유럽(지질학적으로 유럽과 모로코, 알제리, 튀니지를 포함함)
- 아시아, 오스트레일리아, 뉴질랜드, 태평양 섬

IATA에서는 세 문자의 IATA 공항 코드와 두 문자의 IATA 항공사 코드를 할당하고, 전 세계적으로 사용한다. ICAO도 공항과 항공사 코드를 할당한다. IATA가 하는 일 중에는 위험물 분류에 대한 규정 제한과 IATA 위험물 제한에 대한 매뉴얼을 출판하기도 한다.

출처: 위키백과

항공기내 보안 사건
Security Accident on Board

CHAPTER 09

항공기내 보안 사건 유형

Types of Security Accident

1. 항공기내 불법 방해 행위 및 대응 방안과 절차

1) 항공기내 불법 방해 행위의 정의

승객의 기내 업무 불법 방해 행위(Unlawful Interference)는 승무원의 정당한 직무 집행을 방해하거나 승무원과 탑승객의 안전한 운항이나 여행을 위협하는 일체의 행위를 말한다. 또한 항공안전 및 보안에 관한 법률(제23조 승객의 협조 의무)을 위반하는 모든 위법행위를 포함한다. 국제조약이나 항공업계에서는 항공기내 업무방해 행위, 혹은 승객의 무질서하고 혼란을 야기하는 행동(Unruly ON Behaviors)이라고 한다. 국제항공운송협회(IATA)에서의 항공기내 난동 행위의 정의는 항공기 탑승 행위의 규칙과 기내에서의 질서와 규율을 방해하고 안전을 위협하거나 승무원의 지시를 따르지 않는 승객을 의미한다.

불법 방해 행위는 항공기의 안전 운항을 저해할 우려가 있거나 운항을 불가능하게 하는 행위로서 지상에 있거나 운항 중인 항공기를 납치하거나 납치를 시도하는 행위, 항공기 또는 공항에서 사람을 인질로 삼는 행위, 항공기 또는 공항 및 항행 안전시설을 파괴하거나 손상시키는 행위, 항공기 또는 항행 안전시설 및 제12조에 따른 보호구역에 무단 침입하거나 운영을 방해하는 행위, 범죄의 목적으로 항공기 또는 보호구역 내로 제21조에 따른 무기 등 위해 물품을 반입하는 행위, 지상에 있거나 운항 중인 항공기의 안전을 위협하는 거짓 정보를 제공하는 행위 또는 공항 및 공항시설 내에 있는 승객, 승무원, 지상 근무자의 안전을 위협하는 거짓 정보를 제공하는 행위, 사람을 사상하거나 재산 또는 환경에 심각한 손상을 입힐 목적으로 항공기를 이용하는 행위로 규정하고 있다(항공보안법 제2조 제8항).

(1) 항공기내 불법 방해 행위

- 승무원 및 타 승객에 대한 폭행, 폭언, 협박, 위협 행위 등 일체의 소란 행위
- 음주 및 약물 중독 상태에서의 기내 소란 행위: 만취 행동 등
- 승무원의 경고를 무시한 기내 안전수칙 위반행위: 기내 흡연, 금지된 전자기기 사용 등
- 승객 간 또는 승무원에 대한 성추행/성희롱 행위
- 기장의 승낙 없이 조종실 출입을 기도하는 행위
- 항공기가 착륙한 후 항공기에서 내리지 않고 항공기를 점거하거나 항공기내에서 농성하는 행위
- 제반 비행 안전 저해 행위: 운항 중인 항공기의 Door Handle 조작, 화장실 내 연기 감지기(Smoke Detector)의 훼손 또는 조종실 문을 발로 차는 행위 등

(2) 승객의 규정 준수

모든 항공사 항공편에는 '항공안전 및 보안에 관한 법률'이 적용되며 탑승 승객은 '항공안전 및 보안에 관한 법률'의 제반 규정을 준수해야 한다.

■ 승객의 협조 의무

항공보안법 제23조

항공기내에 있는 승객은 항공기와 승객의 안전한 운항과 여행을 위하여 다음 각 호의 어느 하나에 해당하는 행위를 하여서는 아니 된다.

1. 폭언, 고성방가 등 소란 행위
2. 흡연(흡연 구역에서의 흡연은 제외한다)
3. 술을 마시거나 약물을 복용하고 다른 사람에게 위해를 주는 행위
4. 다른 사람에게 성적 수치심을 일으키는 행위
5. '항공안전법' 제73조를 위반하여 전자기기를 사용하는 행위
6. 기장의 승낙 없이 조종실 출입을 기도하는 행위
7. 기장 등의 업무를 위계 또는 위력으로써 방해하는 행위

2) 항공기내 불법 방해 행위의 유형

(1) 유형 I(잠재적인 불법행위 발생 가능, 공격적이나 설득이 가능함: Complied)

- 종류: 항공기 지연 운항, Overbooking, 좌석 불만, 기내 판매 불만, 운송 직원/타 승객과의 문제 등
- 성격: 최초 불만 제기 및 명확한 사유 인지가 가능하며, 고성과 분노 표출이 있을 수 있으며, 주로 항공사 조치에 대한 불만을 제기한다. 난동으로 연결되지 않도록 불만의 해결이 가능하며, 승객의 심리상태 이해 및 불만 원인 해결이 중요하다.

(2) 유형 II(경미한 불법행위, 공격적이며 대화가 어려움: Does Not Comply)

- 종류: 협박, 위계 및 승무원 업무방해, 전자기기 사용규정 위반, 음주 후 위해 행위, 승객 간 폭행, 제반 규정 위반행위 등
- 성격: 유형 I의 난동 행위가 지속되는 경우 또는 타 승객의 여행 및 승무원 업무를 방해하고 위협을 끼치는 경우에 해당하며, 승무원 개입 부재 시 난동 행위로 발전 가능성이 농후하다.

(3) 유형 III(중대한 불법행위, 범법적 성격이 농후함: Criminal Offense)

- 종류: 승객/승무원의 신체적 폭행 행위, 성적 수치심 유발 행위(성희롱 등), 기내 흡연(전자담배, 유사흡연 기구 포함), 심각한 위협 행위, 조종실 진입 기도 행위, 기내 출입문·탈출구 및 기기 조작 행위
- 성격: 유형 II의 난동 행위가 지속되는 경우 또는 안전 운항 및 승객/승무원의 안전을 심각하게 위협하는 경우에 해당하며, 범죄적 성격이 강하다.

표_항공기내 불법 방해 행위의 유형

유형	종류	성격
Ⅰ. Complied(잠재적인 불법행위 발생 가능, 공격적이나 설득이 가능함)	• 초과 예약(Overbooking) • 좌석 불만 • 항공기 지연 운항 • 기내 판매 불만 • 운송 직원 및 타 승객과의 문제	• 주로 항공사 조치에 대한 불만 제기 • 난동으로 이어지지 않도록 불만 해결 • 승객의 심리 상태 이해와 불만 원인에 대한 해결이 중요함 • 고성이나 분노 표출이 되지 않도록 불만에 대한 명백한 사유 파악
Ⅱ. Does Not Comply(경미한 불법행위, 공격적이며 대화가 어려움)	• 허용되지 않은 전자기기 사용 • 승무원 또는 승객 대상 폭언 등 소란 행위 • 음주 후 위해 행위 • 승객 간 폭행 • 협박, 위계 및 승무원 업무방해	• 유형 Ⅰ의 행위가 난동으로 지속되어 발전하는 경우 • 다른 승객의 안전한 여행에 방해 및 위협 • 승무원 업무에 방해 및 위협
Ⅲ. Criminal Offense(중대한 불법행위, 범법적 성격이 농후함)	• 기내 흡연(전자담배, 유사한 흡연 기구 포함) • 성적 수치심 유발 행위(성희롱, 성추행 등) • 폭행 행위 • 기내 날개 Door 및 출입문 조작, 그 외 항공기내 기기 조작 행위 • 조종실 진입 시도 행위	• 유형 Ⅱ의 난동 행위가 지속되는 경우 • 범죄적 성격이 강하게 나타남 • 안전 운항과 승객 및 승무원의 안전을 심각하게 위협하는 경우

3) 기내 불법 방해 행위 발생 시 승무원의 대응 방안과 절차

국토교통부는 불법 방해 행위 발생 시 구두 경고나 경고장 제시, 전자 충격기(Air Taser) 사용이나 구금 조치, 경찰 인계 등 기존의 절차에 추가하여 휴대폰 등을 활용하여 사진이나 행위의 녹취, 녹화 등의 증거 확보 절차를 추가하였다. 이와 같은 항공기내 불법 방해 행위 관련 녹화 실시 규정을 추가하는 데에는 다음과 같은 세 가지 이유가 있다. 첫째, 항공기내 불법 방해 행위 승객을 경찰에 인계하는 경우 행위자의 행위 부정 및 증거 부족 등의 사유로 훈방 조치가 빈번하였고, 둘째, 승무원 또는 주위 승객에 진술에 의한 불법행위 진위 여부 조사가 장시간 소요되어 행위자 처벌을 위한 주위 승객의 협조가 용이하지 않았다. 셋째, 불법행위를 녹화함으로써 불법행위 조기 중단을 유도하고, 필요시 증빙 자료로 활용하여 효과적인 법적 대응을 도모하기 위함이다.

(1) 납치범 대응 원칙

- 과격하거나 자극적인 언행은 삼간다.
- 단시간 내에 일을 처리하려고 서두르지 않는다.
- 납치범을 설득, 회유, 기만 등의 방법으로 범행을 지연시키거나 단념시킨다.
- 안전을 위태롭게 하지 않는 한 요구에 응하며 수용 불가 시에는 연료 부족, 기상, 기타 항공기의 제약 등을 이유로 충분히 설명한다.
- 납치범에게 동조하거나 납치범을 정신이상자 취급하지 않는다.
- 논쟁하거나 납치범을 무시하지 않는다.
- 공범이 있다는 가정하에 행동한다.
- 납치범이 조종실 진입을 시도한다면 적절한 방법을 사용하여 최대한 저지한다.
- 정상적인 객실 서비스를 진행하되 알코올성 음료는 서비스하지 않는다.
- 승객의 가시권에 위치하여 객실 분위기를 안정시키며 승객의 불필요한 영웅심을 예방한다.

(2) 대응 단계

대응 단계는 독립적으로 발행할 수 있으며, 업무방해 행위의 정도에 따라 단계적으로 적용하는 것도 가능하다.

1단계: 설득과 요청

- 유형 I에 해당하는 업무방해에 적용된다.
- 승무원은 합리적이며 이성적인 설득과 대화를 통해 승객의 업무방해 행위를 중지하도록 요청한다.
- 승객이 승무원의 요청에 따르는 경우, 더 이상의 대응 절차가 불필요하며 기장이나 관계 기관에 보고할 필요가 없다.
- 승객이 승무원의 설득 및 요청에 불응하는 경우, 다음의 2단계 대응 절차를 취한다.

2단계: 구두 경고 또는 경고장 제시

- 유형 I의 업무방해 지속(설득 및 요청 이후) 및 유형 Ⅱ에 해당하는 업무방해 행위에 적용된다.

- 승무원은 기장에게 보고하고 해당 승객에게는 구두 경고 또는 '경고장(Official Warning)' 제시를 통해 행위 중단을 유도하며, 상황에 따라서 선 조치 후 보고도 가능하다.
- 기장과 객실승무원은 상호 협조하여 상황을 진정시키도록 노력해야 한다.
- 기내 업무방해 행위 발생 보고서를 작성하여 기장의 서명을 받고, 승객의 난동 사실을 입증할 수 있는 목격자의 인적 사항 및 진술서를 확보한다.
- 구두 경고 또는 경고장 제시에도 불구하고 기내 업무방해가 지속되는 경우, 3단계 대응 절차를 취한다.

■ 경고장 내용

- 탑승객의 기내 업무방해 행위는 '항공안전 및 보안에 관한 법률 제23조'에서 명시한 위법행위이다.
- 난동 행위가 지속될 경우 도착지 공항을 관할하는 경찰관서(또는 해당 국가의 관련 당국)에 인계될 수 있으며, 처벌받을 수 있다.

3단계: 경찰 인계(필요시 강력 대응)

- 유형 Ⅱ의 업무방해가 지속되거나 유형 Ⅲ에 해당하는 업무방해에 적용된다. 유형 Ⅱ 불법행위를 행한 자가 1차 경고 후 불법행위를 중단한 경우에도 승무원의 판단에 따라 경찰 인계가 가능하다.
- 기장에게 진행 상황을 보고하고 도착지 공항 관할 경찰의 대기를 요청한다.
- 기내 업무방해 행위 발생 보고서 작성을 포함하여 가능한 한 각종 증거물을 수집하고 스마트폰 등을 이용하여 녹화 또는 녹음을 실시한다. 녹화를 우선으로 하되 급박한 사정으로 불가한 경우 녹음을 실시한다. 승객에게 "녹화(녹음)를 시작하도록 하겠습니다."라고 안내한 후 실시하며 녹화 또는 녹음이 불가한 경우는 제외할 수 있다.
- 2단계의 구두 경고 또는 경고장을 제시하였으나, 해당 승객이 이를 무시하고 난동 행위를 지속하여 승객과 승무원의 안전 운항에 직접적이고 심각한 영향을 미칠 것으로 판단되는 경우 사무장은 기장과 협의, 기내에 비치된 보안장비(Air Taser 포함)를 사용하여 구금 조치하고, 필요시에는 주변 승객과 격리시킨다. 특히 Air Taser 사용은 승객이나 승무원의 생명이 위험에 처했을 때 소정의 무기 교육을 이수한 승무원에 한해 사

용될 수 있다.

- 객실사무장 또는 항공기내보안요원은 '현행범인체포서'를 작성하고 체포 시 고지 사항(형사소송법 제72조: 구속과 이유의 고지로써 피고인에 대하여 범죄 사실의 요지, 구속의 이유와 변호인을 선임할 수 있음을 말하고 변명할 기회를 준 후가 아니면 구속할 수 없다. 다만, 피고인이 도망한 경우에는 그러하지 아니하다.)에 따라 불법행위를 행한 자에게 피의 사실의 요지, 체포의 이유와 변호인을 선임할 수 있음을 말하고 변명할 기회를 준 후 피체포자로부터 '확인서'를 징구한다.
- 객실승무원은 기장에게 진행 상황을 보고하고 통제 센터에 항공기 위치, 사건 발생 시간, 관련 승객 이름, 좌석 번호 등의 세부 사항을 알리고 도착지 공항 관할 경찰의 대기를 요청한다.
- 목적지 공항에 도착하면 경찰(또는 관련 공무원)에게 행위 승객을 인계하고, 경찰의 요청이 있을 시 동행하여 상세한 사건 개요를 서면으로 제출하고 제반 사항을 공항 지점장 또는 대리인에게 인계한다.
- 경유지 공항인 경우 기장과 협의하여 하기 조치 여부를 결정한다.

(3) 대응 절차

예방과 설득

- 음주 만취 및 정신 이상 승객 발견 시 사무장은 전 승무원에게 알린다.
- 음주 만취 승객에게는 알코올성 음료 서비스를 중지한다(승객 개인이 소지하고 있는 술도 음주하지 않도록 설득한다).
- 음주 만취 및 정신 이상 승객 동향을 사무장과 담당 승무원은 예의 주시한다.

경고 조치

- 기내 난동의 정도가 심하다고 판단될 때에는 해당 승객에게 구두 경고 조치를 취한다.
- 경고의 내용은 다음의 두 가지 내용을 포함해야 한다.
  - 승무원은 승객과 항공기의 안전을 위해 사법권을 행사할 수 있다.
  - 구두 경고에도 불구하고 난동 행위가 지속될 경우 도착지 공항 사법경찰에 인계될 것이며, 형사적 처벌 대상이 될 수 있다.

- 주변 승객의 불안감 해소를 위해 난동 승객을 빈 좌석으로 격리 조치한다.
- 사무장은 전담 승무원을 지정하여 승객들의 동향을 파악하도록 지시한다.
- 계속해서 난동 승객을 감시하고 난동 조짐을 억제 경고한다.

(4) 처리 절차

- 휴대폰 등을 활용하여 불법행위를 녹화(불가피한 제약이 있는 경우는 제외)한다.
- 폭행 행위, 조종실 진입 기도 행위, 출입문·탈출구·기기 등의 조작 행위와 기내 안전을 위협하는 협박·위계 행위, 승무원 업무방해 행위, 음주 후 위해 행위 등 불법행위를 범한 승객에 대해서는 신속히 제압 및 구금 조치(구금 이후에도 고성·폭언 등 위해 행위를 지속하는 경우 추가 조치 포함)한다.
- 성적 수치심 유발 행위, 흡연 행위, 단순 소란 행위, 기장 등의 정당한 직무상 지시를 따르지 않은 행위 등 불법행위를 중단할 것을 경고할 수 있으며, 경고 이후에도 불법행위를 지속하는 승객에 대해서는 항공기내보안요원의 판단에 따라 제압 및 구금 조치할 수 있다.
- 기장 또는 항공기내보안요원은 도착 공항 경찰관서에 사전 협조를 요청하여 불가피한 경우를 제외하고는 항공기 출입문 앞에서 불법행위 승객을 인계한다.
- 기장 또는 항공기내보안요원은 불법행위 승객을 도착 공항 경찰관서에 인계하는 경우 불법행위 녹화 자료와 피해·목격 경위 및 내용 등이 포함된 진술서를 작성하여 경찰관서에 제출한다. 또한, 참고인의 진술이 있는 경우에도 이와 같으며, 항공기내보안요원 또는 승무원은 도착 공항 경찰관이 피해·목격 내용에 대하여 추가 진술을 요구할 경우 경찰관서에 동행하여 조사에 협조해야 한다.
- 항공운송사업자는 불법행위 발생 현황 및 세부 내용 등 국토교통부에서 요청한 자료를 작성하여 국토교통부에 제출해야 한다(매 홀수 월 첫 번째 주 금요일까지 이전 월 마지막 날까지).

표_항공기내 불법행위 관련 서류

서류명	작성자	작성 목적
현행 범인 체포서	항공기내보안요원	• 기내 불법 행위자를 강력 대응(체포 구금) 시 작성 및 경찰에 제출함 • 체포 시 고지 사항
확인서	기내 불법행위자 또는 항공기내보안요원	• 기내 불법행위자를 강력대응(체포구금) 시 불법행위자에게 작성토록 함 • 불법행위자가 작성 거부 시 항공기내보안요원이 작성함
진술서	항공기내보안요원	• 기내 불법행위자를 국내 공항 경찰 인계 시 제출함
기내 업무방해 행위 발생 보고서	항공기내보안요원	• 기내 불법행위 발생 시 작성 • 기내 불법행위자를 해외 공항 경찰 인계 시 제출함
목격자 진술서	불법행위 목격 승객 또는 객실승무원	• 기내 불법행위 발생 시 작성 • 기내 불법행위자를 공항 경찰 인계 시 제출함

[서식: 기내 업무방해 행위 발생 보고서]

(앞면)

1. 기내 업무방해 승객 정보(Disruptive Passenger Information)

Name______ Seat No. ____ Class: FR ☐ PR ☐ EY ☐
Male ☐ Female ☐ Age______ Nationality_____
Occupation or Others ______

2. 업무방해 행위 유형(Specific Outcome) ※ 주요형태 중심으로 하나만 선택(Choose Only One)

폭언, 고성방가(Verbal Abuse & Noise) ☐ 주류(Alcohol) ☐
성적 수치심(Sexual Harassment/Assault) ☐ 흡연(Smoking) ☐
기타, 폭행 등(Others, Physical Assault etc) ☐

3. 발생 주요 원인(Specific Cause : If Known)

음주(Alcohol) ☐ 흡연(Smoking) ☐ 휴대 수화물(Carry-On Portable) ☐
좌석 배정(Seating) ☐ 약물중독(Drug Related) ☐ 탑승권 확인(Boarding Pass) ☐
전자기기(Electronic Device) ☐ 안전규정 관련(Safety Regulations) ☐
기타(Others) ______________________

4. 업무방해 행위 성향(Nature of Incident)

To Pax ☐ To Pax & Crew ☐ To Crew ☐ Use of Weapon ☐
Damage, Endangerment of Aircraft ☐ Others ___________

5. 조치 사항(Action Taken)

하기(Off-Load) ☐ 경고(Warning) ☐ 포박, 격리(Restrained Applied) ☐
경찰 요청/인계(Police Call) ☐ 비정상 착륙(Unscheduled Landing) ☐

6. 특기 사항(Special Information)

[서식: 기내 업무방해 행위 발생 보고서]

(뒷면)

시간(Time)	내용(Description of Incident) – 조치 승무원 이름 기입 필요

WITNESS NAME	SEAT NO	WITNESS NAME	SEAT NO
ADDRESS		ADDRESS	
PHONE		PHONE	

Police Officer in Charge(If Available)

NAME	Tel No.	Address

[서식: 진술서]

진 술 서 (간이공통)

성 명	( ) 이 명:		성별	
연 령	만 세	생년월일	. . .	
등 록 기 준 지				
주 거				
자 택 전 화		직 장 전 화		
직 업		직 장		

위의 사람은 항공보안법 위반( ) 사건의(피해자, 목격자, 참고인)으로서 다음과 같이 임의로 자필진술서를 작성 제출함

20 . . .

작성자 ㊞

210mm×297mm(백상지 80g/㎡)

[서식: 목격자 진술서]

WITNESS REPORT

Flight No. ________ Date(YYMMDD) ____/____/____ From/To ____/____

1. 목격자 승객 정보(Witness Information)

Name ________ Seat No. ________ Signature ________
E-mail ________ Cell Phone ________
Address ________

2. 발생 시점 및 장소(Time & Location of Incident)

Time Approx ________ : ________ Korean Standard Time
Location ☐ Aisle ☐ Seat ☐ Door Side ☐ Galley ☐ Lavatory ☐ Other ________

3. 업무방해 행위 유형(Specific Outcome)

☐ 고성/분노(Violent Yelling/Rage Expression)
☐ 욕설/폭언(Verbal Abuse/Violent Language)
☐ 성희롱(Sexual Harassment/Assault)
☐ 항공기 점거 농성(Aircraft Illegal Occupation)
☐ 항공기 파손(Damage to Aircraft)
☐ 제반 규정 위반 행위(Violation of General Regulations)
☐ 승객 간 싸움(A Fight with Other Passenger)
☐ 만취 난동(Alcohol-Related Disturbances)
☐ 기타(Others)
☐ 자해(Self Injury)
☐ 협박(Threatening)
☐ 폭행(Physical Assault)
☐ 흡연(Smoking)
☐ 무기 사용(Use of Weapon)
☐ Door 작동(Door Operation)

4. 발행 주요 원인(Specific Cause)

☐ 정신적 불안감(Sense of Uneasiness)
☐ 서비스 불만(Dissatisfaction with Service)
☐ 전자기기(Electronic Devices)
☐ 탑승권 확인(Boarding Pass)
☐ 항공기 파손(Demage Aircraft)
☐ 기타(Others)
☐ 음주(Alcohol)
☐ 좌석 배정(Seating)
☐ 약물중독(Drug Related)
☐ 알 수 없음(Unknown)
☐ 무기사용(Use of Weapon)

5. 목격 상세 내용(Additional Comments)

[서식: 항공기내보안요원 지정신청서]

<table>
<tr><th colspan="3">항공기내보안요원 지정신청서</th></tr>
<tr><td rowspan="2">신청자</td><td>항공운송사업자명</td><td></td></tr>
<tr><td>항공운송사업자 주소지</td><td></td></tr>
<tr><td colspan="3">위의 항공운송사업자는 소속 항공기내보안요원이 「항공보안법」 시행령 제19조의 규정에 따른 무기(□ 전자충격기 □ 분사기)를 항공기 안의 질서 및 규율을 해하는 행위 등 불법 행위를 방지하기 위해 항공기 안에 가지고 들어가고자 아래와 같이 지정 신청합니다.

년 월 일

항공운송사업자(항공)
성명 ㉲</td></tr>
</table>

<table>
<tr><th colspan="3">항공기내보안요원 임명자</th></tr>
<tr><td>성명(성별)</td><td>직급 및 승무원신분 식별번호</td><td>지정신청 기간</td></tr>
<tr><td></td><td></td><td>□ 하계 □ 동계</td></tr>
</table>

210mm×297mm(백상지 80g/㎡)

2. 항공기내 난동 행위

1) 항공기내 난동 행위의 개념

가장 보편적으로 사용되고 있는 항공기내 난동 행위의 뜻으로는 항공기 승객이 항공기 운항 시 지켜야 할 규칙을 지키지 않거나, 기장 및 객실승무원의 지시를 따르지 않고, 기장 및 객실승무원의 업무 수행을 방해하는 승객의 소란 및 난동을 말한다. 기내 난동 행위는 탑승객 전체의 안전에도 큰 위협이 될 수 있으며, 대형 사고로도 이어질 수 있다.

기내 난동 행위는 범죄로 볼 수 없는 단순한 소란이 있고, 경·중범죄까지 그 유형이 다양하다. 기내 난동 행위가 항공기 안전에 어떤 영향을 미치는지는 행위의 강도에 따라서도 결정된다. 음주로 인한 고성방가는 단순한 경범죄일 수 있지만, 이 행위가 심화되어 승무원에게 폭력을 가한다든지, 항공기의 구조물을 파괴한다면 항공기의 안전에 직접적인 위협을 가하는 행위라고 할 수 있다.

IATA에서의 항공기내 난동 행위의 정의는 항공기 탑승 행위의 규칙과 기내에서의 질서와 규율을 방해하고 안전을 위협하거나 승무원의 지시를 따르지 않는 승객을 의미한다.

■ 기내 난동 유형

- 불법적인 항공기의 납치, 점거 등의 행위 및 그 시도
- 상기 외의 행위 중, 항공기의 안전한 운항을 위협하는 행위
- 타인을 위해하거나 항공기내 질서와 기강을 위협하는 행위

2) 항공기내 난동 행위 유형

(1) 기내 난동 등에 대한 법적 제재

목적

항공기 운항 중 탑승객의 안전한 여행과 항공기 보호

근거

항공안전 및 보안에 관한 법률 제23조

유형

- 항공기 운항 중 탑승객의 금지 행위, 폭언, 고성방가 등 소란 행위와 흡연(흡연 구역 제외)
- 술을 마시거나 약물을 복용하고 타인에게 위해를 초래하는 행위
- 다른 사람에게 성적 수치심을 유발하는 행위
- 기장의 승낙 없이 조종실 출입을 기도하는 행위
- 항공기내에서 안전 운항을 저해하는 폭행·협박 또는 위계 행위
- 항공기가 착륙한 후 항공기에서 내리지 않고 점거하거나 농성하는 행위
- 항공기의 항행 및 통신장비에 대해 전자파 간섭 등의 영향을 주는 전자기기 사용
- 휴대 가능 전자기기: 휴대용 음성 녹음기, 보청기, 심장박동기, 전기면도기, 기타 항공운송사업자 또는 기장이 항공기 제작회사 권고 등에 따라 항공기에 전자파 영향이 없다고 인정한 휴대용 전자기기

법적 규제

- 협박 또는 기타의 방법으로 운항 중인 항공기를 강탈하거나 그 운항을 강제한 자(무기 또는 7년 이상 징역)
- 폭행, 협박 또는 위계로써 기장 등의 정당한 직무 집행을 방해하여 운항 중인 항공기와 승객의 안전을 해한 자(10년 이하 징역)
- 항공기에 탑재 금지된 물건을 탑재하거나 타인에게 휴대 또는 탑재토록 한 자(2년 이상 5년 이하의 징역)
- 항공 운항을 방해할 목적으로 거짓된 정보를 제공한 자(3년 이하의 징역 또는 2천만 원 이하 벌금)
- 무기(탄저균, 천연두균 등 생화학무기 등을 포함), 도검류, 폭발물, 연소성이 높은 물건 등을 휴대·탑승하거나 탑재할 수 없으며, 이에 대한 허위 정보를 제공한 자도 처벌을 받음

(2) 난동 행위의 유형

국적 항공사의 통계에 의거한 유형

- 폭언, 고성방가 등 소란행위: 객실승무원에 대한 폭언, 기내에서의 고성방가, 외설적인 노출, 방뇨 행위 등
- 음주나 약물(마약류) 복용으로 인해 승객 간의 싸움 등 타인에게 위해 행위 초래
- 승무원 또는 승객에 대한 성추행 및 성희롱 등의 성적 수치심 유발 행위
- 승무원 또는 승객에 대한 폭행, 협박 행위
- 항공기내 위험 물품 반입
- 금지된 전자기기 사용
- 흡연: 흡연으로 인한 화재경보기 작동 등
- 항공기 점거

IATA 통계에 의거한 유형

- 불법적인 마약류, 알코올의 복용이나 흡연(Illegal Consumption of Narcotics or Cigarettes)
- 안전 지시에 불복종(Refusal to Comply with Safety Instruction): 좌석 벨트 착용 지시 불복종 또는 기내 안전 방송 방해 행위 등
- 승무원이나 타 승객에 대한 구두 대응(Verbal Confrontation with Crew Members or Other Passengers)
- 승무원이나 타 승객에 대한 신체적 대응(Physical Confrontation with Crew Members or Other Passengers)
- 비협조적 승객(Uncooperative Passengers): 임무 중인 승무원을 고의로 방해하거나 항공기에서 하기하라는 지시를 따르지 않는 행위 등
- 승무원, 승객 및 항공기의 안전을 위협하는 행동(Making Threats That Could Affect The Safety of The Crews, Passenger and Aircraft): 다른 승객을 죽이거나 부상을 입히겠다는 협박, 폭파 협박, 조종실에 들어가려고 기도하는 행위 등
- 성추행 또는 성희롱(Sexual Abuse or Harassment)
- 항공기의 안전을 위태롭게 하거나 질서와 규율을 변경하는 기타 난폭행위(Other Types

of Riotous Behavior That Could Jeopardize The Safety or Alter Good Order and Discipline on Board The Aircraft): 비명을 지르거나 좌석을 발로 차는 행위 등

(3) 국적 항공사의 항공기내 난동 행위 현황

원인별

2011~2019년 국적 항공사의 경우는 화재로 이어질 수 있는 흡연 행위가 2,579건으로 가장 많은 비중을 차지하고 있고, 폭언 등 소란 행위가 303건, 음주 후 위해 행위가 76건, 폭행 및 협박 83건을 차지하고 있다.

2011년 흡연 행위 115건에서 2019년에는 351건으로 급증했고, 폭언 등 소란 행위는 2011년 22건에서 26건으로 크게 증가하지 않았으나, 흡연이나 음주, 소란, 성희롱 등 항공기내 불법행위는 2011년 7건에서 2019년 30건으로 증가했다. 2019년 10월 기준, 흡연 행위(351건), 폭언 등 소란 행위(26건), 성적 수치심 유발 행위(20건), 음주 후 위해 행위(10건), 폭행 및 협박(7건), 기타(7건)의 순으로 발생했다. 항공기내 불법행위가 적발되었음에도 불구하고 승무원이나 기장의 자체 판단에 따라 경찰대에 인계되지 않은 것도 있었다.

연도별

2011년 이래 꾸준히 증가하다가 2016년과 2017년 감소하는 추이를 보였으나 2018년에 다시 증가했으며 2019년에도 증가 추세를 보이고 있다. 2011년에 전체 152건이던 항공보안법상 항공기내 승객의 협조의무 위반 행위는 2012년 191건, 2014년 354건, 2016년 455건, 2018년 529, 2019년 10월 기준 421건으로 전체적인 경향은 증가로 점점 늘어나고 있다. 이와 같은 증가세는 국내 저비용 항공사의 국제선 취항 증가로 더욱 늘어난 것으로 보인다.

표_항공보안법상 항공기내 승객의 협조의무 위반 행위 현황

(단위: 건)

구분	폭언 등 소란 행위	흡연 행위	음주 후 위해 행위	성적 수치심 유발 행위	전자기기 사용	조종실 출입 기도	폭행 및 협박	기타	소계
	제1항 제1호	제1항 제2호	제1항 제3호	제1항 제4호	제1항 제5호	제1항 제6호	제2항	제3항 등	
2011년	22 (14%)	115 (76%)	5 (3%)	2 (1%)	0 (0%)	0 (0%)	6 (4%)	2 (1%)	152 (100%)
2012년	13 (7%)	154 (81%)	8 (4%)	5 (3%)	2 (1%)	0 (0%)	9 (5%)	0 (0%)	191 (100%)
2013년	27 (13%)	145 (71%)	7 (3%)	4 (2%)	1 (0%)	0 (0%)	12 (6%)	7 (3%)	203 (100%)
2014년	42 (12%)	278 (79%)	9 (3%)	8 (2%)	0 (0%)	0 (0%)	15 (4%)	2 (1%)	354 (100%)
2015년	42 (9%)	381 (83%)	9 (2%)	15 (3%)	0 (0%)	0 (0%)	6 (1%)	7 (2%)	460 (100%)
2016년	47 (10%)	364 (80%)	10 (2%)	17 (4%)	0 (0%)	0 (0%)	6 (1%)	11 (2%)	455 (100%)
2017년	37 (8%)	363 (83%)	9 (2%)	17 4%)	0 (0%)	0 (0%)	3 (1%)	9 (2%)	438 (100%)
2018년	47 (9%)	428 (81%)	9 (2%)	16 (3%)	0 (0%)	0 (0%)	19 (4%)	10 (2%)	529 (100%)
2018년 10월	34 (10%)	260 (80%)	3 (1%)	13 (4%)	0 (0%)	0 (0%)	12 (4%)	4 (1%)	326 (100%)
2019년 10월	26 (6%)	351 (83%)	10 (2%)	20 (5%)	0 (0%)	0 (0%)	7 (2%)	7 (2%)	421 (100%)

※주 1: 각 불법행위 아래 내용은 「항공보안법」 제23조의 각 항을 의미함

2: 기타는 출입문 등의 기기조작 행위, 항공기 농성 및 점거 등을 포함함

출처: 국토교통부 제출자료

항공여객수당 불법행위 발생 비율은 여객수 1백만 명당 2011년 2.39건에서 2018년 4.5건으로 7년간 약 1.88배 증가하였다.

표_불법행위 총발생건수 및 항공여객수당 불법행위 발생 비율

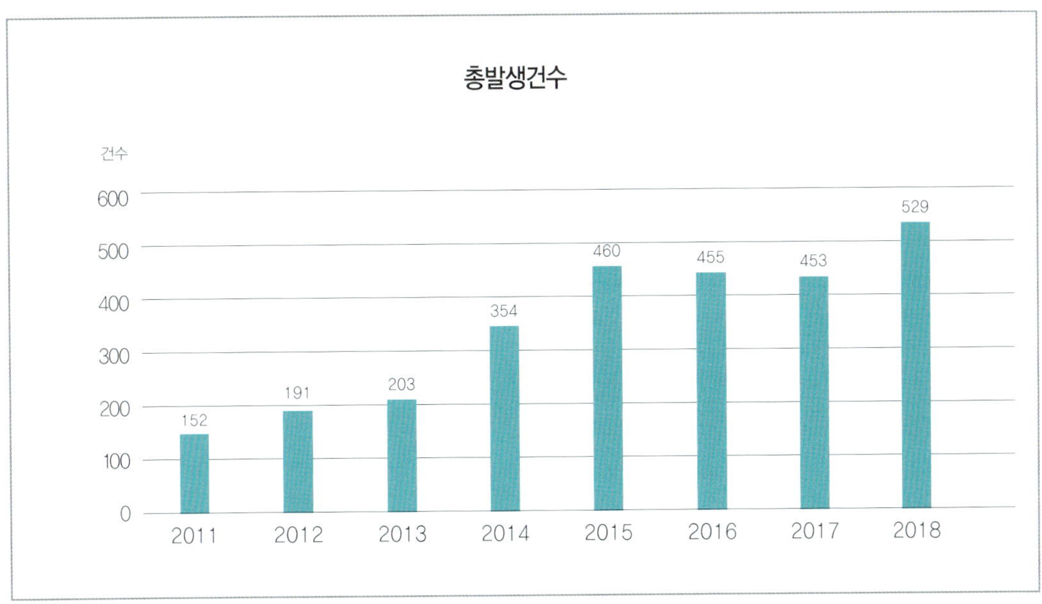

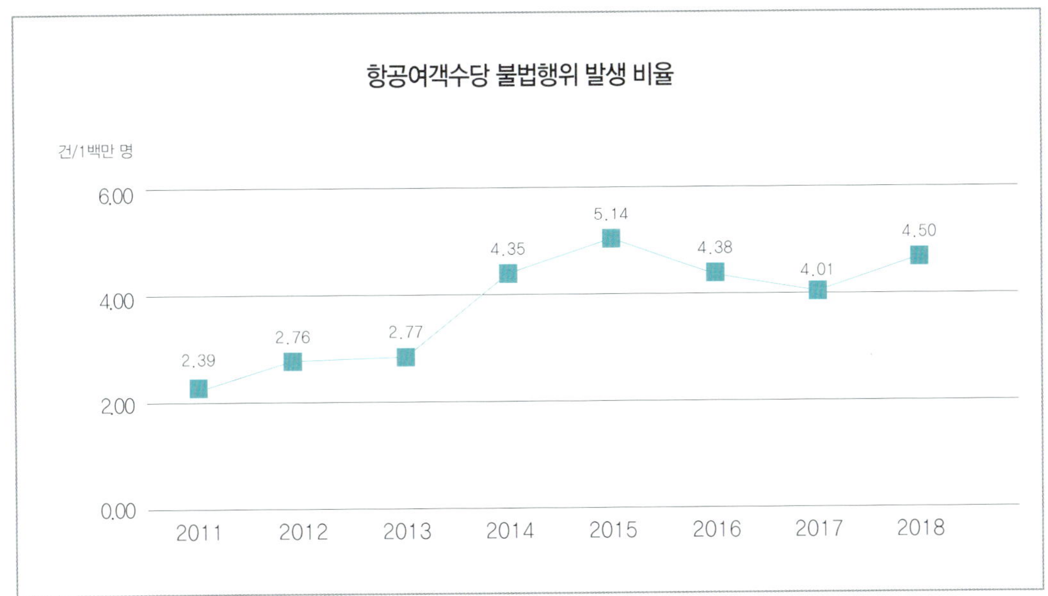

※주: 항공여객수당 불법행위 발생 비율 = 건/1백만 명
출처: 국토교통부 제출자료, 국토교통부「항공통계」

(4) IATA 통계상 항공기내 난동 행위 현황

원인별

IATA 자료에 의하면 2007년에서 2009년에는 주로 불법적인 마약류 복용이나 흡연이 가장 높은 비중을 차지하였고, 안전지시 불복종이 그다음 순위를 차지하였으나, 2015년 조사에 의하면 전 세계적으로 10,854여 건의 기내 난동 사건이 발생했는데 주로 알코올이 원인이었다.

표_IATA 분류 항공기내 불법행위 유형(2007. 1.~2009. 6.)

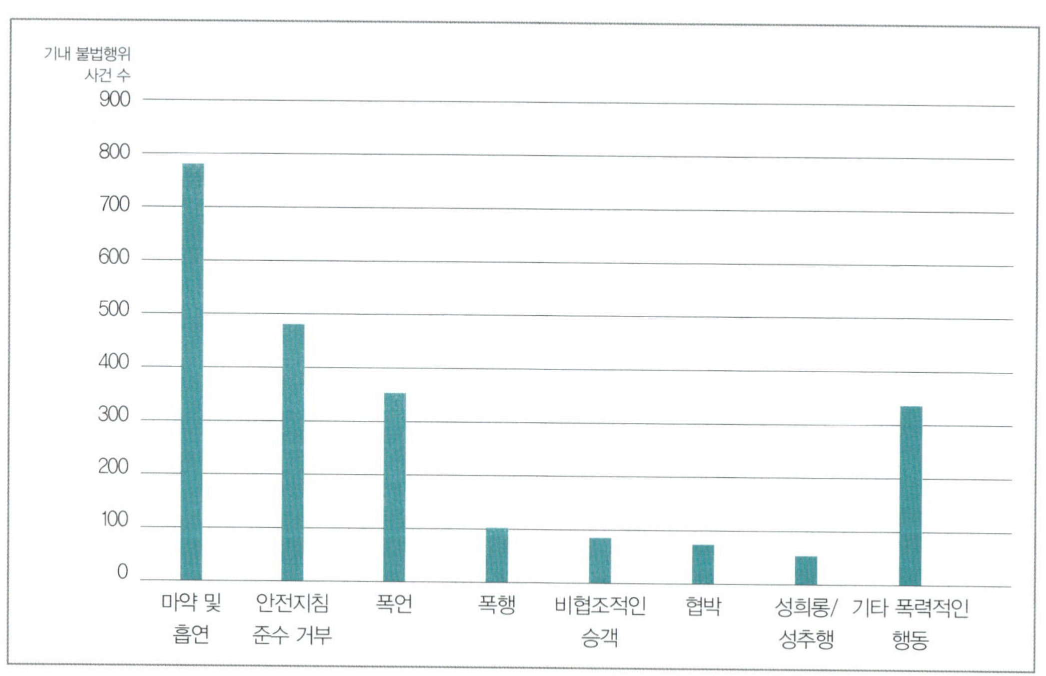

연도별

2007년에는 1,000비행편당 0.1건이었던 것이 2010년에는 0.7건으로 약 700% 증가한 것으로 나와 있으며, 2010년에는 4,000건 이상이 발생한 것으로 보고되었다. IATA 보고서에서는 전 세계 항공사를 대상으로 한 것으로 2007년과 2010년을 대비해 보면 급격하게 증가한 것으로 나타나고 있으며, 전체적인 흐름은 계속 증가하는 경향을 보이고 있다. 이러한 기내 난동 승객에 대한 문제가 심각해짐에 따라 영국의 국제보험업자협회는 기내 난동 승객 문제와 같은 기내에서 발생할 수 있는 모든 피해에 대해 보장받을 수 있는 보험을 만들었는데, 이는 사건이 발생했을 때 항공기를 옮겨 탈 수 있는 것과 승객 또는 승무원이 입은 부상과 경제적인 손실을 보상하는 것까지 포함하는 보험이다.

표_IATA 매년 항공기내 불법행위 사건 현황(2007~2010)

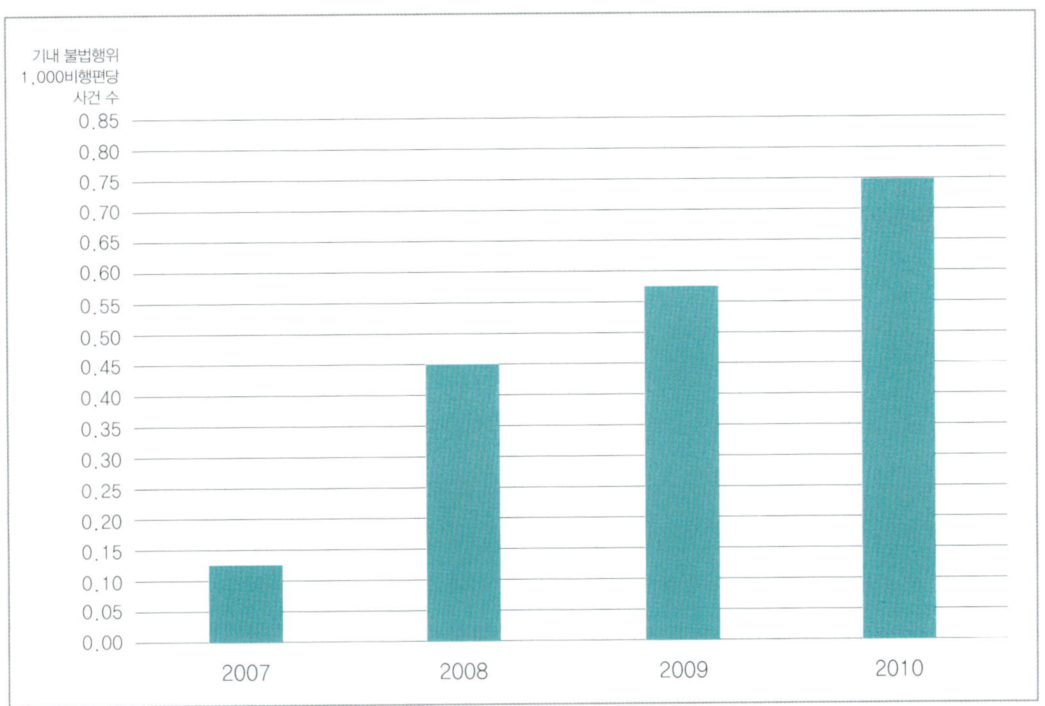

3) 항공기내 난동 행위의 영향

(1) 승객과 승무원들의 신체에 대한 위협

항공기내 난동 행위는 굉장히 위험하며 심지어는 가해자에게도 큰 피해를 입힐 수 있다. 무고한 승객들도 난동 행위를 말리는 데 협조하도록 요구받거나, 말리는 과정에서 싸움에 휘말릴 수 있다. 따라서 갑작스러운 한 사람의 기내 난동으로 인해 그 주변에 있던 승객들에게 신체적 피해를 입힐 수 있다. 이와 같이 기내 난동 사건으로 인해 죽음으로까지 치달았던 대표적인 사건으로는 조너선 버튼 사건이 있다. 주위 승객들의 불만을 처음 접하는 승무원들은 기내 난동을 부리는 승객에게 심하게 폭력을 당하기도 한다. 승무원들이

당하는 폭력의 범주는 언어적 폭력에서부터 신체적 모욕까지 다양하다. 종종 기내 난동 사건으로 인한 심각한 부상이나 두려움 때문에 항공사의 입장에서는 귀중한 승무원 인력을 손실하기도 한다. 조너선 버튼이 이성을 잃은 채 조종실에 난입하여 운항을 방해했을 때, 조종사들 또한 피해를 입었다. 만약 객실에서 발생한 기내 난동 사건이 승무원들의 통제 수준을 넘어섰을 때에는 조종사들도 조종실을 비우고, 사태를 진압하는 데 노력해야 한다. 이는 위험에 처한 조종사를 '조종'이라는 규정된 업무로부터 해방시킴으로써 항공기에 탑승한 모든 승객들이 위험에 빠질 수도 있는 가능성을 효과적으로 없앨 수 있기 때문이다.

(2) 항공기 안전 운항에 대한 위협

승객들을 겨냥한 잠재적인 신체적 위험성과 더불어 기내 난동 행위는 운항 중인 항공기의 안전에도 엄청난 위험을 제기할 수 있다. 조너선 버튼 사건과 같은 수많은 기내 난동 사건에서도 알 수 있듯이, 이러한 사건이 발생했을 때 조종사는 원래의 예정된 항로를 변경하여 현재 항공기의 위치에서 가장 가까운 공항에 착륙한 다음, 사건을 일으킨 승객을 기내에서 쫓아낼 수 있는 권한을 갖는다. 그러나 예정에도 없었고, 익숙하지 않은 공항에 갑자기 착륙하려고 시도하면서 항공기내의 모든 승객을 위험에 빠뜨리게 될 수도 있다. 조종사가 우회하려고 하는 공항에 착륙하는 것이 처음이거나 익숙하지 않을 수 있어서 항공기 안전이 크게 위협받을 수 있기 때문이다. 더불어 예정된 항로가 아니기 때문에 연료가 아직 많이 남아 있을 수 있기 때문에 기체가 착륙을 시도할 때 일반적인 착륙 때보다 더 무거울 수 있기 때문에 안전 운항에 위협적일 수 있다.

New Story

미국 유타(Utah)주 솔트레이크시티(Salt Lake City)로 향하는 비행기에서 2000년 당시 19세이었던 조너선 버튼은 조종실에 갑자기 난입하여 "내가 비행기를 조종할 거야!"라며 소리를 질렀다. 이 행동은 다른 승객들에 의해 저지되었지만, 그 바람에 항공기가 착륙하였을 때까지도 버튼은 의식불명 상태였고, 결국 사망하였다. 의료진들은 그의 사망 원인이 버튼을 저지했을 당시에 생긴 타박상과 흉부압박상이 그를 질식사시킨 주된 원인이라고 했지만, 검사는 버튼을 저지했던 승무원들과 승객들에 대해 이들의 행동은 합리적인 것이었으며 재판에 회부될 여지가 전혀 없다고 주장한 큰 사건이다.

3. 항공기 공중 납치, 폭파 및 생화학 테러에 대한 조치

테러란 폭력으로 타인을 위협하여 공포에 빠뜨리게 하는 행위이며, 정치적·종교적 목적을 위하여 조직적이고 집단적으로 행하는 폭력 행위를 테러리즘이라고 한다. 국제적으로 2001년 9월 11일에 발생했던 세계무역센터 공격(World Trade Center Attack: WTC Attack)은 항공기 4대를 이용한 대참사였다.

이전의 테러는 단순히 세상의 이목을 집중시켜 정치적 목적을 달성하고자 하는 데 반해 이 사건은 순교를 통하여 정치적 목적 또는 종교적 이념을 달성하는 것이 목적이었다. 이후 2003년 3월, 이라크전이 발발하고 나서 테러의 횟수가 급격하게 늘어났고, 사망자 수 및 부상자 수가 엄청나게 증가하고 있다. 이는 테러 공격 대상이 특정인 대통령, 국가원수, 정부청사, 고위 공무원 등 중요 표적(Hard Target)이 아니라 불특정 다수인 민간인, 선교사, 기자, 학교, 교회 등 취약 표적(Soft Target)을 대상으로 삼고 있다. 이러한 경향은 9 · 11 테러 이후 중요 표적에 대한 보안 강화로 방어 능력이 약한 민간인 시설 등 테러에 취약한 부분으로 방향을 선회하여 테러 성공률을 높이려는 방식으로 변화되고 있다.

테러 방법 또한 폭파, 무장공격, 암살, 인질 납치, 교통수단 납치, 시설물 점검, 방화 및 약탈 등이었는데 현대에는 사이버 테러, 생물 작용제 테러, 화학 작용제 테러, 방사능 테러, 항공기 납치 돌진 테러, 규제 반입 물질을 이용한 테러를 자행하고 있다. 또한 테러리스트들은 대량살상, 무차별 공격을 하고 있으며 항공기 테러는 그들이 선호하는 테러의 형태이기에 더욱 주의를 요하고 있다.

테러는 사전에 예방하는 것이 최선의 방법이다. 항공보안요원으로서의 사전 예방 행위는 사물의 실태를 객관적으로 주의 깊게 파악하여 살펴보고 단속을 위해 철저히 감시하는 것이다.

감시 대상 승객의 정보를 관계 기관이나 회사로부터 사전에 입수한 경우나 행동이 수상한 승객을 발견했을 때에는 수상한 승객의 좌석 및 휴대 수하물 보관 위치를 확인하고 동행이 있는지의 여부를 파악해야 한다. 그리고 이에 모든 정보를 운항승무원과 객실승무원 전원이 공유하고 대응 절차를 수립해야 한다.

감시 대상 승객이나 행동이 수상한 승객은 지속적으로 관찰 및 감시 업무를 수행하여 위협 및 난동 행위가 발생하지 않도록 사전에 관찰 및 감시 업무를 진행해야 한다. 만약 승객에 의한 위협이나 난동 행위가 발생했을 경우 신속히 다른 승무원이나 협조자와 함께 대상 승객을 제압하고 후속 조치를 취해야 한다. 또한 조종실 출입문과 조종실 앞 주방 및 화장실을 포함한 청정구역(Clear Zone)에는 허가한 자를 제외한 모든 승객에 대한 접근을 하지 못하도록 조치를 취해야 한다.

1) 항공기 폭파에 대한 조치

위탁 수하물에 특수 제작된 폭발물을 장착하는 경우가 많으며, 폭발물 제조에 사용되는 폭발물은 엑스레이 탐색이 어려운 플라스틱 폭탄 및 액체 폭탄이 사용되고 있다. 항공기 폭파 위협 정보 입수 시 기장은 종합통제부, 안전보안실, 공항 책임자 등과 필요한 조치를 협의하여야 한다. 일단 파괴 위협 정보가 근거가 있는 것으로 통보되면 다음의 절차를 수행한다.

(1) 폭파 위협: 지상

객실승무원의 조치

- 기장과 협의한다.
- 승객들이 항공기에서 신속히 하기하여 안전거리 밖(100m 이상)으로 대피하도록 안내한다.
- 휴대 수하물의 운반으로 인해 하기가 지연되지 않도록 지갑이나 기타 귀중품, Briefcase에 한하여 개인 보관을 유도한다.
- 기내 위해 물품 검색이 필요하다면 우선 폭발물 처리 전담반이 실시토록 하고 승무원은 기내 구조 설명 및 안내 등 검색에 필요한 제반 사항에 대하여 협조한다.
- 폭발물 처리 전담반이 휴대 수하물 및 화물을 항공기로부터 격리하여 검사 장소까지 옮기는 작업을 돕는다.
- 의심스러운 물건 발견 시, 폭발물 처리 전담반에게 정보를 제공한다.
- 의심스러운 물건을 제거한 이후에도 다른 물건이 기내에 남아 있을 수 있으므로 계속하여 객실을 검색한다.
- 검색이 완료되면 항공기 Door를 잠근다.
- 필요시 휴대 수하물 및 일반 화물을 소유자와 대조하는 업무에 협조한다.

■ **객실승무원 단독으로 기내 위해 물품을 검색해야 할 경우**

- 검색 조는 2인 1조로 편성한다.
- 검색은 좌측에서 우측으로, 전방에서 후방으로 진행하며 실시한다.
- 1명은 '항공기 보안 점검 Checklist' 검색 항목 'Alert 1'을 읽고, 1명은 육안으로 확인하고 개봉하여 촉수 검색을 실시한다.
- 검색 도중 수시로 눈을 감고 조용히 귀를 기울여 시계 소리 또는 기타 음향이 들리는지 여부를 확인한다.
- 검색이 끝났더라도(가능한 경우) 검색 조를 바꾸어 반복하여 실시한다.

운항승무원의 조치

- 객실사무장과 협의한다.
- 항공기를 격리 주기장으로 이동 조치하거나, 다른 항공기가 없는 곳에 항공기를 주기시킨다.
- 객실승무원이 수행하는 승객 대피 및 항공기 수색을 돕는다.
- 폭파 위협 정보를 해외 공항 주기 중에 접수했을 경우, 현지 기관의 지침에 따라 절차를 수행한다.

(2) 폭파 위협: 비행 중

객실승무원의 조치

- 기장은 위협을 분석하고 객실승무원은 승객들이 눈치채지 못하도록 기내 정밀 검색을 실시한다.
- 객실에서 의심스러운 물건을 발견하면 폭발물 피해 최소구역으로 옮기는 결정이 내려지기 전까지 해체를 시도하거나 건드리지 않는다.
- 발견 즉시 기장에게 보고하고 다른 승무원에게 전파한다.
- 보고 내용: 폭발물의 외형 및 크기, 종류 및 수량, 탑재 위치, 기타 정보
- 승객들을 의심스러운 물건으로부터 가급적 멀리 대피시킨다(최소 4열 이상).
- 좌석의 여유가 없는 경우에는 한 좌석에 두 사람씩 배정하여 폭발물로부터 대피시킨다.
- 발견된 물건 주변을 감시하여 무단 접촉을 방지하고, 기장의 지시를 기다린다.

■ **폭발물 처리 절차**

- 방폭 Jacket을 착용한다.
- 폭발물 하단에 이동 방지 장치가 있는지 Safety Information Card와 같은 얇은 책받침 등으로 확인하여 이동 방지 장치의 유무를 확인한다.
- 이동 방지 장치가 없어 이동이 가능할 경우, 기장의 지시에 따라 '최소 폭발물 위험 위치(Least Risk Bomb Location: LRBL)'로 옮긴다.
- 전기 차단기(Circuit Breaker)를 이용하여 폭발물 피해 최소 구역의 전원을 차단한다.
- 폭발물 피해 최소 구역에서 폭발물을 정해진 방법에 의해 처리한다.
- 폭발물을 처리한 이후에도 다른 의심 물건이 기내에 있을 수 있으므로 계속하여 객실을 검색한다.
- 착륙 후 즉시 승객을 하기시킨다.

■ **최소 폭발물 위험 위치(LRBL) 위치**

폭발물 피해 최소 구역은 항공기 R Side 최후방 Door

■ **방폭 장비 탑재 위치**

- 항공기 Class 중 위에서 두 번째에 해당하는 Class R Side 최후방 승객 좌석 하단 주변
- 기종별 예외가 있기 때문에 비행 전 사전 점검이 필요하다.

■ 최소 폭발물 위험 위치(LRBL) 준비 절차

- 해당 Door Mode를 Disarmed 상태로 바꾼다.
- 바닥에 단단한 기내 수하물 Bag을 깔고 Door의 중앙 부분까지 일정한 높이로 쌓아서 수평을 유지한다.
- 담요 또는 옷가지 등을 모아 발화성이 없는 액체로 적신다.
- 최소 25cm 이상 젖은 담요 또는 옷가지 등을 기내 수하물 위에 깐다.
- 방폭 Mat를 깔고서 2인 1조로 조심스럽게 폭발물을 중앙에 놓고 그 주변에 젖은 담요 또는 옷가지 등을 평편하게 놓는다.
- 폭발물이 Door의 Viewing Window 높이에 위치하도록 한다.
- 방폭 Mat의 터진 부분이 Viewing Window 쪽으로 가도록 접는다.
- 위쪽으로 다시 25cm 이상 젖은 담요 또는 옷가지를 쌓는다.
- 휴대 수하물, 옷가지 또는 좌석 쿠션 등을 이용해서 천정에 닿을 때까지 주변은 복도를 채울 때까지 쌓는다.
- 넥타이, 스타킹 등을 이용해서 주위를 견고하게 고정시킨다.

운항승무원의 조치

- 기장은 비상착륙 실시 여부를 결정해야 한다.
- 극도의 비상 상황일 경우 기장 또는 위임받은 승무원은 승객들의 무릎 위에 휴대 수하물을 올려 놓도록 한 후 점검을 실시할 수 있다.
- 탑승객의 휴대 수하물이 아닌 것이 있는지를 확인한다.
- 기장은 폭파 위협 정보 입수와 관련한 방송을 실시한다.
- 기장은 공항 경찰의 폭발물 전문가와 교신하여 도움을 구한다.
- 조종실에서는 폭발물 피해 최소구역의 전원을 차단한다.
- 운항승무원은 종합 통제 부과에 관해 협의하여 가능한 한 신속히 항공기를 착륙시킨다.

2) 항공기 공중 납치에 대한 조치

(1) 공중 납치

객실승무원의 조치

- 승객 및 승무원의 안전 확보를 최우선으로 한다.
- 기내 상황을 정상적인 방법으로 기장에게 보고할 수 없을 경우 비상벨을 사용한다.
- 승객을 안심시켜 동요를 방지하고, 납치범 대응 대책에 만전을 기하며 비상 착륙에 대비한다.

■ 인터폰으로 기장에게 보고가 가능할 시 보고 내용

- 범인 및 무기 관련(국적, 성별 및 범인 수, 무기 종류 및 수량)
- 범행 목적 및 내용(목적지 및 기타 요구 사항, 범행 방법 및 피해 상황)
- 승객 동향

납치범 대응 원칙

- 납치범에게 지나치거나 자극적인 언행을 삼간다.
- 단시간 내에 일을 처리하려고 서두르지 않는다.
- 승객과 승무원의 안전을 위태롭게 하지 않는 한 납치범의 요구에 응하며, 요구를 수용할 수 없는 경우에는 연료 부족, 기상, 기타 항공기의 각종 제약 등을 이유로 충분히 설명한다.
- 납치범을 설득, 회유, 기만 등의 방법으로 범행을 지연 또는 단념시킨다.
- 납치범에게 동조하거나, 납치범을 정신이상자 취급하지 않는다.
- 논쟁하거나 납치범을 무시하지 않는다.
- 공범이 있다는 가정하에 행동한다.
- 모든 납치범과의 물리적인 행위는 사전에 기장과 협의한다.
- 정상적으로 객실 서비스를 진행하되 알코올성 음료는 서비스하지 않는다.
- 납치범이 지속적으로 조종실 진입을 시도한다면 객실승무원은 적절한 방법을 사용하

여 최대한 저지한다.

- 납치범의 숫자, 사용 무기의 종류 등을 고려하여 신중하게 판단해야 하며, 책임감, 영웅심 및 공명심 등으로 함부로 결정하거나 실행해서는 안 된다.
- 객실승무원이 승객 시야에 있음으로써 객실 분위기를 안정시킬 수 있으며, 승객의 불필요한 영웅심을 예방할 수 있으므로 승객의 가시권 내에 있도록 한다.

운항승무원의 조치

- Fasten Seatbelt Sign을 On으로 둔다.
- 납치범에 대한 정보 및 상황을 지상에 전달한다.
- 객실 여압이 없는 고도로 항공기를 하강한다.
- 항공기나 조종실의 안전에 직접적인 위협이 발생하면 의도적인 항공기 요동(생존 전략)을 고려할 수 있다. 비행기가 흔들리면 객실승무원은 "충격 방지 자세", "Brace"라고 외친다.
- 가장 가까운 적절한 공항에 비상착륙을 시도한다.

(2) 공중 납치: 발생 후

- 객실승무원은 협상 진행 중, 납치범과 중재자 사이에 끼어들지 않는다.
- 조사를 위한 관련 정부요원과 협조한다.
- 기내의 모든 승객은 용의자임을 명심한다.
- 납치범 처리가 종료되더라도, 납치범이 설치한 폭발물이 항공기에 있을 수 있으므로 재출발 전에 항공기 전체에 대한 점검과 수색을 재실시한다.

3) 생화학 테러에 대한 조치

생화학 무기는 무색, 무취, 무미, 무연의 특징으로 탐지가 어렵다. 특히, 테러 의심물품인 백색 가루 및 백색 결정체에 대해서는 각별히 유의하여 점검해야 한다. 기내에서 생화학 무기로 의심이 가는 물건이 발견되면 다음과 같은 절차를 따른다.

(1) 지상에서 발견 시 절차

- 객실에서 생화학 무기로 의심이 가는 물건이 발견되면 객실승무원은 즉시 기장에게 보고한다.
- 승객 탑승 중일 경우, 기장과 협의하여 탑승을 중지한다.
- 항공기가 Taxiing 중일 경우, 항공기는 관제기관에서 지정하는 Spot으로 이동하게 된다.
- 승객들이 항공기에서 신속히 하기하여 대피하도록 안내한다.
- 휴대 수하물의 운반으로 인해 하기가 지연되지 않도록 하되 지갑이나 기타 귀중품, Briefcase에 한하여 개인 보관을 유도한다.
- 향후 절차는 관계 기관의 지시에 따른다.
- 필요시 모든 승객, 승무원, 조업원 등은 하기해야 하고 생화학 무기 처리 전담반이 도착하기를 기다린다.
- 객실승무원은 감염이 의심되는 승객을 격리시킨다.
- 생화학 무기로 의심이 가는 물건을 접촉한 경우에는 흐르는 물에 비누로 손을 깨끗이 씻고 생화학 무기 처리 전담반에게 도움을 청한다.
- 생화학 무기 처리 전담반의 도움 요청 시 승무원은 기내 구조 설명, 안내 등 점검에 필요한 제반 사항에 협조한다.

(2) 비행 중 발견 시 절차

- 객실에서 생화학 무기로 의심이 가는 물건이 발견되면 객실승무원은 즉시 기장에게 보고한다.
- 오염이 의심되는 구역에서 승객들을 가능한 한 멀리 대피시키고 감염이 의심되는 승객은 격리시킨다.
- 생화학 무기로 의심이 가는 물건을 접촉한 경우에는 흐르는 물에 비누로 손을 깨끗이 씻는다.
- 적당한 용기나 젖은 담요 등으로 내용물을 덮고, 덮은 것은 옮기지 않는다.
- 필요시 감염 예방 의료용품(Universal Precaution Kit: UPK) 내에 있는 멸균 비닐백(Biohazard Bag)과 고무장갑(Rubber Glove) 등을 사용한다.

- 객실사무장은 착륙 후 생화학 무기 처리 전담반에게 해당 상황에 대하여 자세히 설명하고 감염이 의심되는 승객을 인계한다.

■ **청정구역(Clear Zone)**

청정구역이란, 조종실 출입문과 조종실 출입문 바로 앞에 있는 Galley 및 화장실을 포함한 객실 지역을 의미한다.

■ **청정구역(Clear Zone) 조치 준수 사항**

- 기장 및 객실승무원은 화장실 이용 등 정당한 사유 없이 청정구역에 접근하는 승객을 제지한다.
- 객실 내 난동 등 불법행위가 예상되거나 발생된 경우, 청정구역 접근 불가 선포 및 제지하고 조종실 출입문은 완전 잠금 상태를 유지한다.
- 기장은 승객의 위협 수준이 생명 위협 또는 조종실 파괴 시도, 실제 파괴 행위로 진행이 예상될 때 기장이 지정한 객실승무원으로 하여금 청정 구역 발동을 선포하게 하고 모든 승객 착석시키고 조종실 출입문 앞을 Meal Cart로 봉쇄한다.

사례_1971년 대한항공기 납치 미수 사건

1971년 1월 15일, 속초발 서울행 대한항공 여객기가 강원도 고성군 초도리 해변에 불시착했다.

나이 스물세 살의 김상태라는 청년이 직접 만든 폭탄을 가방에 넣고 비행기에 탑승했다. 비행기가 홍천 상공을 지날 즈음 가방에서 폭탄을 꺼내 기수를 북으로 돌리라고 협박하며 가방에서 폭탄을 꺼내 던졌고 객실 바닥에 커다란 구멍이 뚫리며 조종실 문짝을 폭탄으로 날려버렸다. 기내는 아수라장이 되었다. 김상태는 조종실로 들어가 남은 폭탄으로 위협하고 월북을 요구해 기장은 북으로 비행할 수밖에 없었다. 그 사이 객실승무원은 김상태를 속이기 위한 거짓 기내 방송을 하고 객실을 돌아다니며 승객들에게 크게 통곡해달라고 요청했다. 또한 조종사도 범인의 눈을 속이고 근처 공항에 착륙하려 시도했지만 범인은 이를 눈치채고 폭탄을 터뜨리겠다고 아우성을 쳤다.

기장의 무전을 듣고 따라붙은 공군 전투기의 저지도 헛되이 비행기는 계속 북으로 향했고 몇 분 뒤면 휴전선을 넘을 상황에 이르렀다. 기장은 휴전선을 넘기 직전 모래사장에 비행기를 불시착시키기로 결심하고 불시착 시도 중 틈을 보아 범인을 사살하라는 명령을 보안요원에게 은밀히 내렸다. 비행기가 급강하하는 순간 총성이 울렸고, 보안요원의 사격은 정확했고 범인은 쓰러졌다.

그런데 이때 바닥에 쓰러지면서 폭탄이 조종실에 떨어지면서 안전핀이 풀려 버렸다. 그때 입사한 지 얼마 안 되었던 수습 부기장이 몸을 던져 폭탄을 품에 끌어안았고, 그는 팔다리가 떨어져 나가는 중상을 입었다. 기체에는 큰 타격이 없었고, 비행기는 휴전선 바로 앞 모래사장에 기적적으로 내려앉았다. 급히 헬기로 병원에 이송된 전명세 조종사(40세)는 의식이 혼미한 상황에서도 소리를 계속 질렀다고 한다. "승객이 위험하다. 폭탄! 폭탄!" 이 외침은 그의 유언이 되고 말았다.

CHAPTER 10

항공기내 보안 사건 사례

Cases of Security Accident

1. 항공기내 불법 방해 행위 국내 사례

(출처: 국토교통부, 2013. 4. 23.)

국토교통부는 항공기 안전 운항 및 승객의 편안한 여행을 위하여, 현행 항공안전 및 보안에 관한 법률 제23조에 다음과 같은 행위를 엄중하게 금지하고 있다.

- 기내 폭언·고성방가 등 소란 행위
- 기내 흡연
- 술을 마시거나 약물을 복용하고 타인에게 위해를 주는 행위
- 성적 수치심을 일으키는 행위
- 항공기 안전이나 운항을 저해하는 폭행·협박·위계 행위 등

아울러, 기내 난동 행위 재발 방지를 위하여 난동 행위의 경중 등에 따라 항공사에서 탑승을 거절할 수 있도록 하고 있다. 또한, 각 항공사에 항공기를 이용하는 승객 등에게 이러한 행위를 하는 경우 법령에 따라 처벌받을 수 있음을 사전에 적극 공지하고, 기내 난동 재발 방지를 위해 난동 승객에 대해서는 법적 조치 등을 통해 강력하게 대응토록 하였다. 그리고 승무원의 보호 및 안전 확보를 위해 '국가항공보안 교육훈련지침' 제22조에 정한 승무원 보안 교육(특히, 잠재 난동자 행동 형태 인지 및 난동 시 대응 방법)을 철저히 이행하고, 난동 행위 사례 분석 등을 통해 유형별 대응 방안을 마련하여 기내 매뉴얼 등

에 반영하여, 승무원이 해당 불법행위에 대하여 적극 대처할 수 있도록 하고 있다. 이전에는 항공사 이미지를 위해 기내에서 불법행위가 발생해도 구두 경고로 그치는 경우가 많았다. 그러나 2017년 3월, 기내 불법행위 처벌을 강화하는 항공보안법 개정안이 국회를 통과하면서 처벌 수위가 강화되었다. 만약 항공기내 불법 행위자를 경찰에 인계하지 않으면 항공사에 과태료를 부과하도록 되어 있다.

1) 폭행 사건

기내 바닥에 누워 잠을 자는 A 씨(50세)에게 승무원이 좌석에 앉을 것을 권유했으나, A 씨는 욕설을 하며 주먹으로 승무원의 얼굴을 때리고 손으로 가슴 부위를 치기까지 했다. 다른 승무원이 경찰을 부를 수 있다고 경고를 했지만, A 씨는 그 승무원에게도 위협적으로 대한 사건으로 항공안전 및 보안에 관한 법률 위반과 업무방해 혐의로 기소되어 징역 1년에 집행유예 3년이 선고되었다.

2) 승무원 및 승객들에 대한 성추행과 성희롱

싱가포르 국적의 한 승객이 승무원의 치마 속을 수차례 휴대폰으로 몰래 촬영하다 주변 승객들의 증언으로 경찰 조사를 받게 되었다. 하지만 처벌은 없이 싱가포르로 강제추방만 되었다.

또 다른 사례로 1917년 미국 애틀랜타에서 인천으로 향하던 대한항공 항공기에서 승무원에게 성적 모독을 주는 발언을 계속한 승객이 인천공항 도착 즉시 공항 경찰대에 인계되었다. 당시 여성 승무원이 승객의 셔츠가 젖은 것을 보고 물수건이 필요한지를 묻자 "셔츠 벗을까?"라며 성추행 발언을 시작으로, "옆에 앉아 함께 와인을 마시자.", "잘 때 네가 마사지를 해주면 잠이 잘 오겠다." 등 성추행 발언을 일삼았다. 이에 여성 승무원이 정식으로 경고하자 "너를 회사에서 잘라 버리겠다."라며 협박성 발언까지도 했다. 대한항공은 이 승객의 방콕행 연결 편 탑승 거절과 앞으로 대한항공 전 노선에 대한 탑승을 거부하였다. 또한 기내 불법행위가 승무원 안전은 물론 다른 승객의 안전까지 위협한다고 판단해 강력하게 대처하기로 하여 미국에서 형사소송을 진행하기로 결정했다.

표_기내 승무원 성추행 사례

항공사	운행 구간 (발생 일시)	국적	주요 내용	조치 현황
진에어	김포-제주 ('18. 8. 3.)	대한민국	기내 안전 지시를 하는 승무원의 이름을 확인하겠다며, 손으로 명찰이 부착된 가슴 부위를 찔러 성적 수치심을 유발 및 폭행함	공항 경찰대 인계
에어 부산	부산-후쿠오카 ('18. 4. 20.)	대한민국	승무원 다리 부위를 촬영함	공항 경찰대 인계
티웨이항공	오사카-부산 ('18. 4. 28.)	일본	기내 객실승무원 치마 속을 태블릿 PC를 이용하여 동영상을 촬영함	공항 경찰대 인계
제주항공	제주-김포 ('18. 5. 4.)	대한민국	휴대폰을 이용하여 승무원 사진을 촬영함	공항 경찰대 인계
제주항공	블라디보스톡-인천 ('18. 7. 25.)	대한민국	복도 좌석 승객이 면세품 판매를 위해 항공기 통로를 지나는 승무원 신체 일부 고의 접촉 등 성추행함	공항 경찰대 인계

출처: 국토교통부

■ 승객의 협조 의무

항공보안법 제23조

① 항공기내에 있는 승객은 항공기와 승객의 안전한 운항과 여행을 위하여 다음 각 호의 어느 하나에 해당하는 행위를 하여서는 아니 된다. 〈개정 2013. 7. 16., 2016. 3. 29., 2020. 6. 9〉

1. 폭언, 고성방가 등 소란행위
2. 흡연(흡연 구역에서의 흡연은 제외한다)
3. 술을 마시거나 약물을 복용하고 다른 사람에게 위해를 주는 행위
4. 다른 사람에게 성적(性的) 수치심을 일으키는 행위
5. 항공안전법 제73조를 위반하여 전자기기를 사용하는 행위

6. 기장의 승낙 없이 조종실 출입을 기도하는 행위
7. 기장 등의 업무를 위계 또는 위력으로써 방해하는 행위

② 승객은 항공기의 보안이나 운항을 저해하는 폭행·협박·위계행위(危計行爲)를 하거나 출입문·탈출구·기기의 조작을 하여서는 아니 된다. 〈개정 2017. 3. 21.〉

③ 승객은 항공기가 착륙한 후 항공기에서 내리지 아니하고 항공기를 점거하거나 항공기 내에서 농성하여서는 아니 된다.

④ 항공기내의 승객은 항공기의 보안이나 운항을 저해하는 행위를 금지하는 기장 등의 정당한 직무상 지시에 따라야 한다. 〈개정 2013. 4. 5.〉

⑤ 항공운송사업자는 금연 등 항공기와 승객의 안전한 운항과 여행을 위한 규제로 인하여 승객이 받는 불편을 줄일 수 있는 방안을 마련하여야 한다.

⑥ 기장 등은 승객이 항공기내에서 제1항 제1호부터 제5호까지의 어느 하나에 해당하는 행위를 하거나 할 우려가 있는 경우 이를 중지하게 하거나 하지 말 것을 경고하여 사전에 방지하도록 노력하여야 한다.

⑦ 항공운송사업자는 다음 각 호의 어느 하나에 해당하는 사람에 대하여 탑승을 거절할 수 있다. 〈개정 2013. 3. 23., 2013. 4. 5.〉

1. 제15조 또는 제17조에 따른 보안검색을 거부하는 사람
2. 음주로 인하여 소란행위를 하거나 할 우려가 있는 사람
3. 항공보안에 관한 업무를 담당하는 국내외 국가기관 또는 국제기구 등으로부터 항공기 안전운항을 해칠 우려가 있어 탑승을 거절할 것을 요청받거나 통보받은 사람
4. 그 밖에 항공기 안전운항을 해칠 우려가 있어 국토교통부령으로 정하는 사람

⑧ 누구든지 공항에서 보안검색 업무를 수행 중인 항공보안검색요원 또는 보호구역에의 출입을 통제하는 사람에 대하여 업무를 방해하는 행위 또는 폭행 등 신체에 위해를 주는 행위를 하여서는 아니 된다.

⑨ 항공운송업자는 항공기가 이륙하기 전에 승객에게 국토교통부장관이 정하는 바에 따라 승객의 협조의무를 영상물 상영 또는 방송 등을 통하여 안내하여야 한다. 〈신설 2017. 8. 9.〉

표_항공 승무원에 대한 항공기내 불법행위 발생 현황

연도	성추행	폭언	폭행(위해 행위 포함)	소계
2013	4	5	16	25
2014	4	19	10	33
2015	10	30	2	42
2016	5	30	15	50
2017	4	16	8	28
2018	14	30	17	61
합계	51	152	70	273

출처: 국토교통부

3) 흡연

1996년도에 국제민간항공기구(ICAO)에서 모든 국제선 내의 흡연을 금지하도록 결의문을 채택했다. 그 이후 항공사는 기내에서 흡연하는 사람에게는 법적 처벌을 내릴 만큼 강경한 대응을 하고 있다.

1973년, 브라질에서 프랑스로 가는 비행기 안에서 화재가 발생했다. 화장실에서 담배를 피우던 한 승객이 담배꽁초를 쓰레기통에 던져 화재가 발생한 것이다. 급히 비상착륙을 했으나 대부분의 승객들은 일산화탄소 중독으로 사망하고 말았다. 이 사건을 계기로 기내 흡연은 금지되었다. 탑승자 134명 중에 123명이 사망한 큰 사건이었다.

기내 불법행위 중 가장 빈도가 높게 일어나는 행위가 바로 흡연이며, 2018년 상반기 현황을 살펴보면, 246건의 불법행위 중 198건이 흡연 행위로 불법행위의 81%가 기내 흡연이다.

최근에는 액상형/궐련형 전자담배도 금지 사항이다. 전자담배는 불을 붙여 피우는 방식이 아니기에 더욱 안일하게 생각하여 불법행위를 저지르기 쉽다. 다른 대부분 나라와 마찬가지로 전자담배 역시 담배로 분류되기 때문에 항공기내에서의 충전, 사용(흡연)은 금지되어 있다. 2008년 법제처가 '전자담배도 담배'라는 유권해석을 내리면서 금연구역에서의 사용이 전면 금지되어 일반 담배 흡연 시와 동일하게 처벌을 받는다.

또한 알아 두어야 할 것은 전자담배는 휴대 수하물에 속한다. 전자담배는 배터리로 구동

되는 전자기기이기 때문에 화재 및 폭발 등의 위험 가능성 때문에 항공 위탁 수하물에는 넣을 수 없으며 승객 본인이 휴대하고 탑승해야 한다.

2019년 6월, 미국의 저가 항공사 스피릿 항공 기내에서 미국 남성이 전자담배를 피웠다. 이 남성은 좌석에서 흡연을 하였고, 기내 화장실에서도 흡연을 하여 연기 감지기(Smoke Detector: 기내 화재 방지를 위해 연기를 감지하여 경보 신호를 발신함으로써 화재 발생 사실을 조기에 감지하게 하는 장치)가 울렸다. 이 승객은 승무원의 지시도 따르지 않았기에, 스피릿 항공은 자사 항공사 이용 영구 금지 처분을 내렸다.

1917년도에 한국으로 오는 비행기 안에서 한국 레게 음악 밴드의 한 멤버가 미국에서 인천으로 오는 대한항공 기내에서 흡연을 했다. 역시 전자담배를 피우다가 적발되었다. 그는 경찰에 넘겨져 벌금 100만 원을 선고받았다. 항공보안법 개정 전의 일이었기 때문에 100만 원 벌금에 그쳤다. 2017년 3월 21일부터 항공보안법이 개정되었다. 현재는 운항 중 기내에서 흡연을 할 경우에 벌금 1천만 원을, 계류 중인 경우에는 최고 벌금 500만 원을 부과할 수 있다.

사례 1

2014년 6월, 뉴욕을 출발하여 인천국제공항을 향해 오던 국적 항공사 일등석에서 한 승객이 '씹는 담배'를 즐기고 있었다. 옆 좌석의 승객은 김 씨의 흡연 사실을 승무원에게 알렸고, 승무원은 기내에서 흡연이 금지되어 있음을 전했다. 하지만 김 씨는 담배를 씹었을 뿐 흡연이 아니라고 반박했고 '연기를 흡입하는 것'이 아닌 '씹는 담배'이기에 주변에 아무런 지장을 주지 않는다는 논리를 폈다. 승무원은 "우리나라 법리상(항공보안법 제23조) 기내 승객이 항공기와 승객의 안전한 운항과 여행을 위해 가져야 할 협조의 의무 중 하나가 금연"이라고 설명했다. 특히 우리나라 국적 항공사는 담배에 불을 붙여서 피는 흡연 외에 전자담배, 씹는 담배, 물 담배 등 다양한 형태의 담배도 기내 사용을 금지하고 있다. 이는 국내 담배사업법상 연초의 잎을 원료의 전부 또는 일부로 해서 피우거나 빨거나 씹거나 냄새 맡기에 적합한 상태로 제조한 것을 통칭하고 있는 것에 기인한다. 일부 외국계 항공사가 전자담배를 용인하는 것과 달리, 우리나라는 모든 형태의 흡연을 금지하고 있다. K 씨는 승무원의 멱살까지 잡으며 자신의 주장을 꺾지 않았다. 다른 승무원들도 K 씨를 진정시키기 위해 달려들면서 상황은 진정 국면을 맞았다. 승무원들은 법에 따라 이 같은 상황을 경찰에 알렸고 착륙 후 이 승객은 인천공항경찰대에 인계됐다.

출처: 아시아 경제

사례 2

2019년 8월, 인천 출발 베트남 호치민으로 향하던 대한항공 비행기(KE 685) 화장실에서 70대 한국인 승객이 몰래 담배를 피우다 적발되어, 이에 따라 승무원은 이 승객에게 기내 흡연 확인서를 받아 호치민 공항 당국에 제출했다. 공항 당국은 이 승객에게 벌금 400만 동(약 20만 원)을 부과했다.

출처: SBS 뉴스

■ 화장실 내 금연 표시

항공기 안이 금연 구역이 되었음에도 불구하고 항공기내 화장실에는 재떨이가 장착되어 있다. 사실은 이 금연 정책 이전에 기내 흡연으로 인한 위험성을 우려해 1985년 미국은 기내 화장실 재떨이 설치를 의무화했다. 미 항공법[FAE CFR Section 25.853(f),(g)]을 따라야 하기 때문이다. 1990년대 후반부터 대부분 항공사들이 기내 금연 정책으로 돌아섰지만 미 항공법은 여전히 과거의 조문을 그대로 유지하고 있다. 만일에 있을지도 모르는 흡연을 대비해서라도 필요하다는 것이 이유다.

4) 난동 행위(폭언 등 소란행위, 승무원 등을 향한 성적 수치심 유발 행위, 폭행 및 협박, 음주 후 위해 행위)

항공보안법 제46조(항공기 안전운항 저해 폭행죄 등) 제23조 제2항의 "승객은 항공기의 보안이나 운항을 저해하는 폭행·협박·위계 행위를 하거나 출입문·탈출구·기기의 조작을 하여서는 아니 된다."라는 조항을 위반한 사람은 5년 이하의 징역에 처한다.

운항 중인 항공기내에서의 소란 행위 또는 음주 후 위해 행위는 항공보안법 제23조 제1항에 따라 승객의 협조 의무 위반으로 동 법 제50조(벌칙)에 의하여 1천만 원 이하의 벌금에 처한다.

사례 1

2015년 1월, 샌프란시스코로 가는 대한항공 기내에서 한 승객이 술에 취해 고성을 지르고 여성 승무원의 허리를 끌어안는 등 소란을 피워 불구속 기소됐다. 이 남성은 난동을 부리고 여성 승무원을 강제 추행한 혐의로 벌금형을 선고받았다. 인천지법 형사4단독 판사는 11일에 열린 선고공판에서 항공보안법 위반 및 강제추행 혐의로 기소된 승객에 대해 벌금 400만 원을 선고했다. 또 40시간의 성폭력 프로그램 이수를 명령했다. 앞서 검찰이 징역 1년에 집행유예 2년과 벌금 500만 원을 구형한 것에 비하면 낮은 형량이다. 이는 재판부가 피고인이 비즈니스석으로 예약했지만 항공사 실수로 일반석으로 변경되어 불만을 갖게 되었고, 이 사실이 음주에 영향을 끼쳤으며, 승객들이 피고의 소란을 알지 못했을 정도로 행위가 중하지 않은 것으로 보인다면서 범죄 전력이 없고 강제추행 피해자가 처벌을 원하지 않은 점 등을 고려해 양형을 내렸다.

사례 2

2016년 한 승객은 자신이 짐이 많은데도 객실승무원이 탑승권을 확인하려 했다는 불만으로 다른 승객들이 모두 내린 후에도 기내에 남아 약 5분간 승무원에게 욕설을 했다. 비행기에서 내려 달라는 승무원들의 거듭된 요청에도 난동을 피운 이 승객은 항공기 점거 및 농성 행위로 징역 1년 2개월에 집행유예 2년을 선고받았다.

사례 3

2016년 12월, 베트남 하노이를 출발해 인천으로 향하는 대한항공 여객기(KE480) 내에서 술에 취해 약 2시간 동안 난동을 피우며 승객과 승무원을 다치게 한 A 씨에 대해 탑승 거부 조치를 내렸다. 인천지검 형사2부는 항공보안법상 항공기 안전운항 저해, 폭행·기장 등 업무방해, 상해, 재물손괴, 폭행 등 모두 5가지 혐의로 A 씨를 구속 기소했다. 그는 자신을 포승줄로 묶으려던 객실사무장 B 씨(37세 · 여) 등 여성 승무원 4명의 얼굴과 복부 등을 때리고, 출장차 여객기에 탑승해 있다가 함께 말리던 대한항공 소속 정비사에게 욕설과 함께 침을 뱉으며 정강이를 걷어찬 혐의도 받았다. 베트남 하노이공항 라운지에서 양주 8잔을 마시고 대한항공 여객기에 탑승한 뒤 기내 서비스로 위스키 2잔 반가량을 더 마시고 술에 취해 난동을 부린 것으로 조사됐다. 검찰은 이 사건 외에도 2016년 9월, 대한항공 여객기 내에서 일으킨 난동 사건도 서울중앙지검으로부터 이송받아 함께 기소했다. 인천에서 베트남으로 가는 대한항공 여객기 내에서 술에 취한 상태로 발 받침대와 쿠션 등 의자를 부수고 승무원들을 때렸다가 베트남 현지 경찰에 인계된 사건이었다. 부순 의자를 교체하는 데 800여만 원이 든 것으로 알려졌고, 베트남 법원에서 벌금 200달러(한화 24만 원가량)를 선고받았으며 별도로 국내에서도 피소되어 검찰 조사를 받았다.

사례 4

A 씨(25세 · 여)는 2017년 8월, 베트남으로 향하던 이스타항공 기내 화장실에서 술에 취한 채 담배를 피웠다. 이를 발견한 승무원 B 씨(23세 · 여)가 흡연을 제지하면서 증거 자료 확보를 위해 휴대폰으로 동영상을 촬영하자 격분한 A 씨는 발로 B 씨의 배를 걷어찼다. 항공보안법 위반 혐의로 재판에 넘겨진 A 씨는 징역 4개월에 집행유예 1년, 벌금 100만 원을 선고받았다.

사례 5

2018년 8월, 괌에서 인천으로 향하는 제주항공 기내 날개 쪽 비상구 옆 좌석에 앉은 20대 남성이 술에 취해 2시간 넘게 난동을 부렸다. 다른 승객들이 항의하자 영어로 욕설을 늘어놓더니 비상구 문까지 열려고 했다. 기압 차이 때문에 비상구 문이 열리지는 않았지만, 승객들은 불안에 떨어야 하는 사건이었다.

사례 6

미국 애틀랜타에서 인천으로 향하는 항공기에 탑승한 아일랜드인이 승무원에게 "옆에 나와 앉아 와인을 마시자.", "잘 때 옆에서 마사지를 해주면 잠이 잘 올 것 같다."는 등의 성희롱을 했다가 인천 국제공항에서 공항경찰대에 넘겨졌지만 당일 풀려났다.

사례 7

2016년 4월, 부산 김해공항에서 괌으로 가는 대한항공 여객기에서 행패를 부린 혐의로 기소된 한국인 승객 A 씨에게 징역 18개월 형과 벌금 1만 500달러와 당시 기내에 있던 다른 승객들에 대한 사과문 발송, 추방 명령을 내렸다. A 씨는 당시 기내에서 맥주를 마신 뒤 화장실에 숨어 담배를 피우다 승무원에게 발각되어 제지되자 폭언을 퍼붓고 사무장의 멱살을 잡는 등 난동을 부렸다. 이에 대해 법원은 A 씨에게 징역 29개월 형을 선고했다. 이후 A 씨가 항소했지만 항소심 재판부는 이를 받아들이지 않고 원심 재판부로 다시 돌려보냈다. 원심 재판부는 A 씨에 대한 재선고에서 당초 A 씨에게 선고한 징역 29개월 형을 유지하면서 그동안의 구류기간을 제외한 18개월간 연방 교도소에서 복역하라고 선고했다.

사례 8

2019년 2월, 라스베이거스행 제트블루 항공 여객기 안에서 승객 A 씨는 자신의 좌석이 어린아이 옆자리인 것에 큰소리로 불평하였고, 객실승무원의 허가도 없이 다른 자리로 옮기려고 했다. 또한 자신과 같은 줄에 앉아 있던 한 여성 승객에게 자리를 바꿔 달라고 요구했으나 거절당하자 손찌검을 했다. 문제의 승객이 기내에서 소란을 일으키고 있다는 것을 알아챈 승무원이 곧바로 지상 보안관에게 연락했고, 급히 출동한 보안관들은 A 씨에게 기내에서 내릴 것을 명령했다. A 씨는 비행기에서 내리긴 했지만, 다시 기내로 돌아가려고 하자 항공사 지상 직원들이 저지를 시도했고, A 씨는 직원들과 보안관들에게 침을 뱉고 옆에 있던 직원의 머리를 가격했다. 결국 A 씨는 폭행죄로 체포돼 수갑을 찼다. 하지만 이후에도 A 씨는 스스로 걷지 않으려고 해서 휠체어에 태워진 채 난동을 피우지 못하도록 다리가 묶여 경찰차까지 연행되어 유치장 신세를 지게 됐다.

이튿날 아침 브로워드카운티 법원에 출두한 A 씨는 전날 기내 난동 때와는 정반대의 태도로 시종일관 침묵을 고수했다. 결국 A 씨는 보석금 1,000달러(약 112만 원)를 내고 풀려났다.

사례 9

2019년 3월 오전 9시쯤, 술에 취한 40대 일본인 승객이 김포공항 출국장에서 비행기에 태워 주지 않는다며 대한항공 직원들에게 주먹을 휘두르고 발길질을 하는 등 행패를 부렸다. A 씨는 이날 김포에서 일본 하네다로 향하는 대한항공 KE707편 탑승 예정 승객으로,

A 씨에게 폭행을 당한 50대 직원은 얼굴에 타박상을 입었다고 한다. 항공사 측은 A 씨에게서 술 냄새가 많이 났기에 만취 상태에서 기내에서도 난동을 부릴 우려가 있어서 탑승을 거부했다. A 씨는 대한항공 직원들에게 붙잡힌 뒤 경찰에 인계되었다.

사례 10

2019년 7월, 한 승객(30)이 델타항공 579편 기내에서 "산후안(푸에르토리코 수도)은 내일 사라질 것"이라며 "나는 세계를 구하러 왔다. 테러를 종식시킬 것"이라고 고함을 치며 조종석으로 난입을 시도했다. 다행히 승객들의 도움을 받아 승무원들은 문제의 남성을 제지할 수 있었다. "나는 신이다."라며 난동을 부려 뉴욕으로 향하던 비행기가 푸에르토리코 산후안 공항으로 긴급 회항하는 소동이 일어났다. 푸에르토리코 경찰이 용의자를 체포하여 미연방수사국(FBI)에 넘겨졌고, 델타항공 승무원들의 빠른 대처와 고객의 도움으로 신속하게 제지할 수 있었다. 해당 여객기는 예정 시간보다 2시간 늦게 뉴욕 존 F. 케네디 국제공항에 도착할 수 있었다.

5) 기타 불법행위(기내 반입 금지 물품 소지, 위해 물품 소지 등)

항공보안법에 따르면 승객은 신체, 휴대물품 및 위탁 수하물에 대한 보안검색을 받아야 한다. 2001년 미국에서 발생한 9 · 11 테러 사건 이후, 국제사회는 항공기내에서의 불법행위를 방지하고 민간항공의 보안을 확보하기 위해 직·간접적으로 항공기의 안전 운항을 저해하거나 운행을 불가능하게 하는 불법 방해 행위(항공기 납치, 파괴, 테러 등)에 사용될 수 있으며, 위험 가능성이 있는 모든 물품에 대한 항공기내 반입을 엄격히 금지하고 공항 운영자는 항공기에 탑승하는 사람의 휴대물품 및 위탁 수하물에 대한 보안검색을 철저히 실시하고 있다. 해당 기내 불법행위의 처벌과 벌금 기준은 항공기에 의도적으로 무기, 도검류 등 위해 물품을 가지고 들어갈 경우, 항공보안법 제21조 제1항에 따라 무기 등 위해 물품 휴대금지 위반으로 항공보안법 제44조(항공기 위험물건 탑재죄)에 의거 2년 이상 5년 이하의 징역 또는 2천만 원 이상 5천만 원 이하의 벌금에 처해질 수 있다.

사례 1

2019년 3월, 중동 국가 바레인에서 모스크바로 운항하던 러시아 지방 항공사 소속 여객기에 폭탄이 설치되어 있다는 허위 신고로 여객기가 도중에 아제르바이잔 공항에 비상착륙했다. 승객 가운데 1명이 기내에 폭발장치가 설치되어 있다는 메모를 발견했다고 신고하여 기장이 승객들을 긴급 대피시키기로 결정하고 비상착륙했다. 여객기에는 승무원을 포함해 모두 225명이 타고 있었다. 착륙 후 전문가들이 여객기 기내를 수색했으나 의심스러운 물체는 발견되지 않았고, 폭발물 관련 메모를 발견했다고 기장에게 신고한 남성은 체포되어 조사를 받았다. 이날 소동은 전날 에티오피아에서 발생한 보잉 여객기 추락 사고로 157명 탑승자 전원이 사망한 참사 이후 발생해 항공 관계자들을 긴장시켰다.

표_2014~2018. 6. 항공기내 불법행위 발생 현황

종류 연도	폭언 등 소란 행위	음주에 의한 위해 초래 행위	성적 수치심 유발 행위	폭행 및 협박	흡연 행위	기타	소계
2014	42	9	8	15	278	2	354
2015	42	9	15	6	361	7	460
2016	47	10	17	6	364	11	455
2017	37	9	17	3	363	9	438
2018. 6.	23	2	10	10	198	3	246
합계	191(9.8%)	39(2.0%)	67(3.4%)	40(2.0%)	1,584(81%)	32(1.6&%)	1,953(100%)

출처: 국토교통부 자료 재구성

6) 항공사별 사례

2012년부터 2018년 8월까지 불법행위가 가장 많았던 항공사가 대한항공 1252건, 아시아나항공이 286건으로 이용자가 많은 만큼 건수도 많다. 뒤를 이어 진에어 131건, 제주항공 99건, 티웨이항공 84건, 이스타항공 68건, 에어부산 49건이 발생했다.

출처: 국토교통부

(1) 대한항공

사례 1

2006년 6월, 부산에서 제주로 신혼여행을 가는 여객기 안에서 만취해 승무원과 승객을 폭행하고 좌석 테이블을 파손하는 등 난동을 부린 30대 신랑이 이례적으로 구속됐다. 이 승객은 대한항공 탑승 기피 승객 리스트에 영구 탑승 거부자로 앞으로 대한항공 여객기를 탈 수 없게 되었다.
부산 강서경찰서는 기내 기물을 부수고 승무원과 승객을 폭행한 혐의(폭력 행위 등)로 구속했다. 과거에는 불구속 입건 혹은 훈방 조치하였는데, 이 사건은 국내에서 기내 난동에 대한 첫 구속처리 사례여서 주목된 사건이다.

출처: 세계일보

사례 2

2013년 4월, 미국 로스앤젤레스로 향하던 대한항공 A380의 비즈니스클래스에서 한 승객이 옆자리가 비어 있지 않다는 불평과 욕설을 시작했으나 비상 탈출구 자리로 이동시켜 준다고 하자 또 자기 자리에 앉겠다고 고집을 피웠다. 여기에 '선반에 옆 사람의 짐이 있다.'는 불만과 '아침 메뉴에 왜 죽이 없냐.', '이 메뉴는 누가 정하냐.'는 등 불평을 했다. 식사 당시엔 밥이 설익었다며 밥을 한 번 교체를 받았지만, 또다시 설익었다며 라면을 주문했다. 라면도 처음엔 '설익었다'는 이유로 퇴짜, 그리고 두 번째 라면은 짜다는 이유로 퇴짜, 스프가 반만 들어간 세 번째 라면도 먹는 둥 마는 둥 하며 식사 중 접시, 냅킨 등을 통로로 던졌다.

이후 답답하다며 '비행기 내부 공기를 2분에서 1분마다 순환하라.', '비행기 내부 온도를 24도에서 23도로 낮춰 달라.', 최대 밝은 상태임에도 '라운지의 등을 밝혀 달라.'는 등 무리한 요구를 하고 좌석 벨트 착용도 거부하였다.

면세품 사전 주문에서도 사전 주문을 할 수 있는 제한시간인 귀국 일정 72시간 이상에 해당하지 못하는 관계로 물건을 못 받을 수도 있다고 하자 화를 내며 삿대질을 했고, 두 번째 식사시간에 미리 주문한 식사가 나왔지만 트레이를 치우라고 하며, 라면을 주문하며, '무시하냐?'며 갖고 있던 책의 모서리로 승무원의 눈두덩이를 쳤다. 사무장이 보고를 받고 승객에게 상황을 묻자 '책으로 갖다 댔다', '책을 들고 있는데 승무원이 와서 부딪혔다.'

라며 변명을 했다.

사무장은 '항공기 기내 승무원 폭행' 건에 대해서 먼저 기장에게 상황을 보고하고, 미국 공항에 정식으로 경찰 출동을 요청했다. 이후 미국 공항 게이트에서 FBI에게 인계되었다. 미국은 일반적인 사건은 공항 보안요원이 담당하지만, 항공기내 폭행 사건에 대해서 FBI가 담당한다.

그 이후 이 승객은 보직에서 해임되었고, 2015년 7월 피의자는 본인의 회사와 대한항공에 각각 해고무효 소송 및 300만 원의 위자료 소송을 걸었으나 대법원까지 모두 패소했다.

사례 3

2016년 1월, 부산으로 향하는 항공기에서 탑승한 남성 승객이 답답하다는 이유로 허가 없이 항공기 출입문 밖 탑승구로 나갔다. 기내로 돌아가 달라는 승무원 지시를 무시하고 탑승 브리지에서 '더워서 그러는데 뭐가 잘못됐느냐'며 고성을 지르고 상의를 벗어 던졌다. 이에 안전 운항에 지장을 줄 것으로 판단한 기장이 이 승객에게 비행기에서 내려달라고 요구하자 '뭘 잘못 했느냐'고 하며 거부한 혐의로 기소되었다.

출발 예정인 항공기에 탑승한 뒤 무단으로 이탈해 승무원 지시를 어기고 난동을 부린 이 남성은 항공보안법 위반 혐의로 벌금 500만 원을 선고받았다.

사례 4

2016년 12월, 술에 만취한 한국인 남성이 승객의 안면을 치면서 난동 사건이 시작되었다. 이를 제지하는 승무원에게 욕설과 폭언을 하며, 제지하는 여성 승무원 복부를 발로 폭행을 했고, 함께 제지하는 대한항공 정비사의 얼굴에 침을 뱉으며 1시간 동안 난동 행위를 한 사건이다. 피의자는 현행범으로 체포된 후 풀려나 며칠 후 경찰에 소환조사를 받았으며, 집행유예 2년, 벌금 500만 원, 200시간의 사회봉사 활동을 선고받았다. 그리고 대한항공 측에서도 피의자에게 탑승 거부 조치를 내렸고 이는 대한항공 최초로 탑승 거부 조치를 받은 승객이 되었다.

사례 5

2017년 10월, 미 법원은 2016년 4월 부산 김해공항에서 괌으로 가는 대한항공 여객기에서 술에 취해 담배를 피우고 승무원에게 폭언을 퍼붓는 등 행패를 부린 혐의로 기소된 한국인 승객 A 씨에게 징역 1년 6개월 형을 선고하고 벌금 1만 500달러와 당시 기내에 있던 다른 승객들에 대한 사과문 발송, 추방 명령을 내렸다. A 씨는 당시 기내에서 맥주를 마신 뒤 화장실에 숨어 담배를 피우다 승무원에게 발각되어 제지당하자 폭언을 퍼붓고 사무장의 멱살을 잡는 등 난동을 부린 혐의로 미국 사법당국에 기소됐었다.

당초 미 법원은 2016년 12월, A 씨에게 징역 29개월 형을 선고한 바 있다. 그러나 A 씨는 가택연금 상태에서 항소했고, 항소심 재판부는 "원심이 연방 양형 지침을 기준으로 선고했어야 함에도 연방법을 기준으로 한 실수가 인정된다."라며 사건을 돌려보냈다. 현지 언론에 따르면 법원이 A 씨에게 연방 양형 지침을 기준으로 선고할 경우 최고 6개월 형이 선고될 수 있지만, 연방법을 따를 경우 최고 20년 형까지 선고될 수 있다고 했다.

원심 재판부는 A 씨에 대한 재선고에서 양형 지침을 기준으로 삼지 않겠다며 A 씨에게 선고한 징역 29개월 형을 유지했다. 이에 따라 A 씨는 그동안의 구류기간을 뺀 나머지 18개월 동안 연방 교도소에서 복역할 것을 선고받았다. A 씨 측 변호인은 A 씨가 한국에서 치과를 운영하며 노모와 장애를 가진 자매를 부양해왔으나, 지난 1년 동안 괌에서 가택연금 상태로 지내며 치과의사 직위를 유지하기 어려워졌다며 선처를 호소했다. 하지만 원심은 이를 받아들이지 않았다.

원심 재판부의 주심은 "선고는 공정하고 적절하며 합리적이었다고 본다. 이 범죄가 얼마나 심각한 것인지를 보여줄 것이다."라고 밝혔다.

사례 6

- 2016년 4월, 승객이 사무장 머리를 가격해 출혈을 입힌 사건이 발생했다.
- 2018년 2월, 착륙 준비를 위해 좌석 등받이를 세워 달라고 요청한 승무원의 손목을 3회, 복부를 1회 폭행한 사건이 발생했다.
- 2016년 12월, 베트남 하노이에서 인천으로 향하는 항공편에서 음주 난동을 부려 항공기 안전 운항을 위협한 혐의로 구속 기소된 승객은 벌금 및 집행유예 판결을 받았다.

■ **노플라이 제도**

대한항공이 2017년 6월 16일부터 기내에서 난동을 부린 승객의 탑승을 거절하는 '노플라이(No-Fly)' 제도를 도입했다. 승객의 기내 난동으로 함께 탑승한 승객과 승무원의 안전을 지키려는 조치로, 일본 항공, 네덜란드 항공, 델타항공 등이 시행하고 있다.

탑승 거부 대상은 ▲신체 접촉을 수반한 폭행, ▲성추행 등 성적 수치심이나 혐오감을 야기하는 행위, ▲욕설·폭언·손괴 등 지속적인 업무방해로 형사처벌 대상 행위를 한 승객 등이다.

국토교통부 주도로 개정된 국내항공 운송 약관은 항공사가 탑승 수속 시 위협적인 행동을 하는 승객의 탑승을 거절할 수 있고, 기내 난동을 벌이는 승객을 내리게 하고 고소할 수 있도록 했다. 대한항공은 탑승 거부 대상 행위를 한 승객에 대한 내부 심사를 거쳐 행위의 심각성에 따라 1~3등급으로 나눠 각각 3년·5년·영구 탑승 거절 조치를 할 계획이다. 대상 승객은 해당 기간 예약 · 탑승 등이 거절된다. 다만, 해당 승객의 마일리지는 가족에게 양도·합산할 수 있게 했고, 칼호텔이나 렌터카 상품 등으로 소진할 수 있도록 했다. 대한항공은 노플라이 시행으로 항공안전에 심각한 지장을 초래하는 승객의 탑승을 거절시켜 항공기 운항의 안전성을 확보하려는 것이다.

(2) 아시아나항공

2019년 7월, 미국 LA에서 인천으로 향하는 항공편에서 술에 취한 중년 남성이 승무원을 성추행하는 일이 발생했다. 이에 승무원은 불쾌감을 토로했고 사무장은 해당 승객에게 경고 조치를 한 후 다른 좌석으로 이동시켰다. 해당 승객은 인천공항에 도착하자마자 인천공항 경찰대에 인계했고 혐의를 모두 인정하여 항공보안법 위반 혐의로 검찰에 송치되었다.

(3) 티웨이항공

2018년 4월, 한 승객이 태블릿 PC로 승무원 치마 속을 동영상 촬영한 사건이 있었다.

(4) 에어부산

2016년 1월, 앞 좌석에 탄 중학생을 성희롱한 일이 벌어졌다.

2018년 3월, 부산 김해공항에서 일본 오사카로 향하던 기내에서 이륙 준비를 위해 활주로로 향하던 중이었고 30대 남성 승객은 자신의 코트를 건네받던 승무원이 손등을 긁었다며 주먹으로 승무원의 팔을 치고 목을 졸랐다. 보고를 받은 기장은 즉시 항공기를 돌렸고 이 남성은 계류장에서 대기하던 경찰에 체포되었고 이 사건으로 항공기에 탑승했던 승객 180여 명이 50분 뒤에 지연 출발하는 피해를 보았다. 공항 경찰대는 이 남성의 신원을 파악하면서 1차 조사를 진행한 뒤 부산 강서경찰서로 사건을 넘겼다.

(5) 제주항공

2016년 4월, 회항 결정에 불만을 품은 고객이 항공기 밖 무단 이탈을 시도했고 승무원이 이를 제지하자 폭력을 가했다.

2018년 8월, 괌 출발 인천행 기내에서 술에 취한 20대 승객이 영어로 욕설을 하여 승무원이 경고를 하였으나 날개 쪽 비상구 개방 핸들 덮개를 떼어내고 비상구 문을 열려고 하였다. 비행 중에는 기압 차에 의해 비상구가 열리지는 않았지만 승객들은 불안에 떨어야 했다.

제주항공은 2019년 7월, 기내 난동 행위 근절을 위한 '해피 플라이트(Happy Flight)' 캠페인을 시작했다. 제주항공은 2018년 1년 동안 약 50건의 폭언과 흡연, 성희롱 등의 행위를 적발해 경찰에 넘긴 바 있다. 이와 관련한 영상도 제작해 기내 난동 행위 근절을 위한 캠페인을 지속적으로 진행하는 계획을 가지고 있다.

(6) 진에어

2018년 9월, 인천국제공항 활주로에서 방콕을 향해 이륙하려던 진에어 항공기내에서 태국인 30대 남성 승객이 갑자기 내리겠다며 승무원에게 위협을 가하며 난동을 부렸다. 진에어 측은 올가미형 포승줄(Restricted Cable)로 승객의 난동을 진압했고, 비행기는 계류장으로 되돌아왔으며 체포된 해당 승객은 곧바로 공항경찰대에 인계되었다. 이 승객은 술에 취한 상태는 아니었으며 한국 입국 목적이 불분명해 추방당하게 되었다.

(7) 이스타항공

2018년 8월, 베트남 하노이 국제공항으로 향하던 비행기 기내 화장실에서 술에 취한 20대 여성 승객이 흡연하여 여성 승무원에게 제지를 받자 여성 승무원을 폭행한 사건이 발생했다. 항공보안법 위반 혐의로 기소된 이 여성 승객에게 징역 4월에 집행유예 1년과 함께 벌금 100만 원을 선고했다.

승무원이 기내 흡연을 제지하며 증거 자료 확보를 위해 휴대폰으로 동영상을 촬영하자 발로 배를 걷어차 넘어지게 했다. 판사는 "피고인은 기소된 이후 소재 불명 상태에서 의도적으로 재판을 기피했다고 의심할 만한 정황이 있다."면서도 "우울증 등을 앓는 상태에서 술에 취해 우발적으로 범행한 것으로 보인다."고 판단했다. 이어 피고인은 법정에서 범행을 인정하며 반성하는 모습을 보였으며 사건 당시 승무원들에 의해 조기에 제압되어 더 큰 사고가 발생하지는 않은 점 등을 고려하여 양형을 선고했다고 했다.

7) 귀가 조치된 사건

사례 1

2018년 11월, 미국 로스앤젤레스(LA)에서 인천으로 향하는 항공편에서 미국 국적의 교포 30대 남성 승객이 술을 달라며 승무원에게 욕설을 퍼부었다. 승무원의 경고를 받고 이내 사과했지만, 이후 항공기 벽면과 장식품을 가격하는 한편 뜨거운 물을 승무원에게 붓고 주먹으로 위협하는 등의 위해 행위를 지속했다. 이에 좌석에 격리를 시켰지만 태블릿 PC를 던져 비행기 안쪽 창문까지 파손시켰다. 항공사는 도착 즉시 승객을 경찰에게 인계했지만 해당 승객은 경찰 조사를 받은 후 곧바로 귀가 조치되었다.

사례 2

2017년 3월, 애틀랜타에서 인천으로 향하는 항공편에 탑승한 아일랜드 국적의 남성이 여성 승무원에게 성적 수치심을 유발하는 발언을 지속하여 이에 대해 경고하자 승무원들을 위협하는 등 기내 불법행위를 저질렀다. 해당 승객은 인천공항에 도착하자마자 공항경찰대에 인계되었지만 그날 바로 훈방조치되었고 다음 날 다른 항공편을 이용해 한국을 떠났다.

사례 3

2017년 3월, 인천을 출발하여 홍콩으로 향하는 항공편에 탑승한 중국 국적의 남성이 본인의 좌석이 아닌 다른 좌석에 앉아 원래 좌석을 배정받은 승객과 실랑이를 하는 일이 발생했다. 승무원들이 제지하자 욕설을 내뱉고 주변 승객과 소란을 벌여 어쩔 수 없이 해당 승객을 하기시킬 수밖에 없었다. 이 과정에서 3시간 가까이 항공편의 출발이 지연되었다.

하지만 공항경찰대에 인계된 해당 승객은 훈방 조치되었고 다른 항공사를 이용하여 홍콩으로 출국했다.

표_항공기내 불법행위자 경찰대 인계 현황 및 항공사 자체 마무리 현황

구분 연도	폭언 등 소란 행위	음주 후 위해 행위	성적 수치심 유발 행위	폭행 및 협박	흡연 행위	전자기기 사용	기 타	경찰 인계 소계	항공사 자체 마무리
2013	18	3	2	10	14	0	7	54	149
2014	26	2	6	14	90	0	2	140	214
2015	26	4	15	6	333	0	5	389	71
2016	45	9	16	6	360	0	7	443	12
2017	27	9	16	2	342	0	6	402	36
2018. 6.	23	2	10	10	194	0	2	241	–
합계	165	29	65	48	1,333	0	29	1,669	482

출처: 국토교통부

표_항공기내 불법행위자 경찰대 인계 현황 및 항공사 자체 마무리 현황

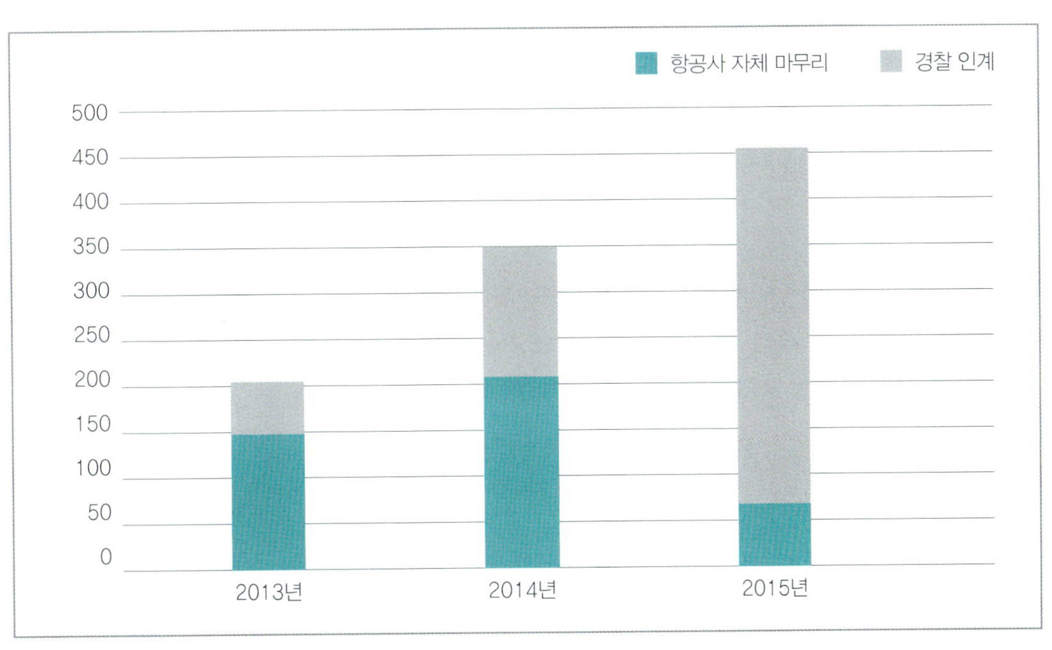

2. 항공기내 불법 방해 행위 국외 사례

국외 항공기내에서도 여성 승무원에게 성희롱과 성추행을 행하는 탑승객들이 갈수록 증가하고 있다. 이에 따라 미 연방항공청은 승무원의 안전을 위해 기내 성추행범에 대한 무관용 정책을 발표하고 피해 사실을 알릴 수 있는 부서를 개설하는 등 강력 대응에 나서고 있다.

미연방수사국(FBI)에 신고된 기내에서 발생한 성희롱과 성추행 건수는 2014년 38건에서 2017년 63건으로 25건이나 늘었다. 5만여 명이 속해 있는 미국전국승무원협회의 최근 보고서에 의하면 68%의 승무원들이 근무하는 동안 승객으로부터 성추행과 성희롱을 겪었다고 한다. 실제로 피해를 입고도 수치심과 같은 심리적인 사유로 신고하지 못하는 승무원들도 많다고 한다.

이에 미국연방항공청(FAA)은 각 항공사마다 성추행에 관한 피해 사례를 조사하고 이를 바탕으로 승무원들이 대처할 수 있는 방법을 알리기 위해 교육 시스템을 마련하는 계획을 수립하였다.

1) 미국

기내에서 난동이나 승무원의 업무를 방해(기내 승무원 폭행, 협박, 업무 수행 방해 및 간섭의 경우)할 시 FBI가 직접 수사해 기소하고 최대 징역 20년의 처벌을 받게 되고, 무기를 사용하는 경우 최대 형량에 제한이 없다.

사례 1

2017년 7월, 시애틀에서 베이징으로 향하던 델타항공에 탑승한 일등석 승객이 화장실을 이용하고 나온 후 갑자기 비상구 쪽으로 향하더니 일등석 오른쪽 비상구를 열려고 하여 승무원 2명이 이를 제지하자 이 남성은 와인 병을 휘두르고 다른 승객을 폭행까지 했다. 다수의 승객들이 계속 제지하였으나 제압이 힘든 상황이 이어져 보다 못한 승무원이 와인 두 병을 양손에 들고 남

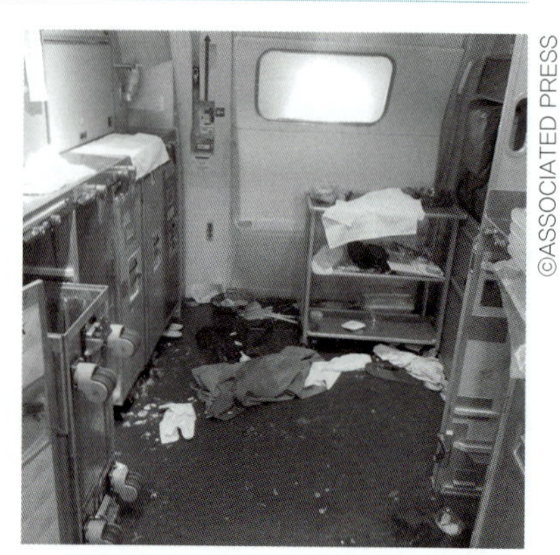

©ASSOCIATED PRESS

난동의 심각성을 보여주는 Galley 상황

자의 머리를 내리쳤으나 아랑곳하지 않고 내가 누군지 아느냐며 고성을 지르고 난동을 이어갔다. 이로 인해 조종사는 시애틀 공항으로 회항했고 이 남성은 최대 25만 달러(약 3억 원) 벌금 및 20년 징역형에 처해질 수 있다고 한다.

사례 2

2016년 12월, 델타항공 국내선 노선에서 이륙하여 순항고도를 잡기 전까지 좌석에 앉아 있어야 할 시점에 미국인 한 여성이 화장실을 이용하려 하여 승무원이 이를 제지하자 함께 탑승한 동반자 남성이 흥분하게 되었고 이후 승무원에게 난동을 부렸다고 한다. 기장은 미니애폴리스공항으로 회항을 결정했고, 비행기 착륙 후 이들 커플은 공항 경찰에 인계되어 조사를 받게 되었다.

사례 3

2018년 7월, 속옷만 입은 채 공항 활주로에 뛰어든 남성(19세)에게 미국 재판부는 불법 침입 및 공연음란죄로 보석금 1만 8,000달러(약 2,016만 원)를 책정했다. 이 남성은 약 3.6m 철조망을 넘어 미국 애틀랜타 공항 활주로에 난입, 델타항공 비행기에 뛰어든 혐의로 재판에 넘겨졌다. 당시 그는 속옷만 입은 상태였다.

사례 4

2019년 7월, 술에 취해 난동을 부려 미국 하와이 출발 한국행 여객기의 회항을 유발한 한국인 승객에게 하와이 호놀룰루 법원은 난동을 부린 한국인 A 씨(48세)에 대해 승무원 업무방해 혐의를 적용해 징역 6개월 형을 선고했다. 또 법원은 여객기 회항 비용과 비행 일정 변경에 따르면 숙박비 등 명목으로 17만 2천 달러(약 2억 원)를 항공사 측에 지급하라고 명령했다. 검찰 기소장에 따르면 A 씨는 하와이 항공 여객기 기내에서 술에 취해 옆자리에 앉은 아이를 괴롭혔다. 또 이를 저지하려는 승무원에게 고함을 지르고 달려드는 등 난동을 부렸다. A 씨는 비행기 탑승 전에 위스키를 병째 마시는 등 취한 상태로 알려졌다. 기내에 탑승한 군인들이 A 씨를 제압하면서 소동은 일단락됐고, 이후 기장은 긴급 회항을 결정했으며 A 씨는 하와이 공항에 착륙하여 체포됐다.

사례 5

2019년 2월, 극히 일부이긴 하지만, 할리우드 국제공항의 라스베이거스행 제트블루 항공기 안에서 한 여성 승객(32세)이 자신의 좌석이 어린아이 옆자리인 것을 보자 큰소리로 "난 온종일 술을 마셨으니 빌어먹을 세 살 꼬마 옆에 앉지 않겠다!"고 불평하며 객실승무원의 허가도 없이 멋대로 다른 자리로 옮기려고 했다. 이때 그녀는 자신과 같은 줄에 앉아있던 한 여성 승객에게 자리를 바꿔 달라고 요구했으나 거절당하자 손찌검을 했다. 문제의 승객이 기내에서 소란을 일으키고 있다는 것을 알아챈 승무원이 곧바로 보안관 사무소에 신고했고 급히 출동한 보안관들은 그녀에게 기내에서 내릴 것을 명령했다. 일단 그녀는 비행기에서 내리긴 했지만, 다시 기내로 돌아가려고 했다. 그러자 항공사 직원들이 저지를 시도했고, 그녀는 직원들과 보안관들에게 침을 뱉고 옆에 있던 직원의 머리를 가격했다. 결국 그녀는 폭행죄로 체포돼 수갑을 찼다. 하지만 그녀는 이후에도 스스로 걷지 않으려고 해서 휠체어에 태워진 채 난동을 피우지 못하도록 다리가 묶여 경찰차까지 연행, 유치장에 감금됐다. 이튿날 아침 브로워드카운티(Broward County) 법원에 출두한 그녀는 전날 기내 난동 때와는 정반대의 태도로 시종일관 침묵을 고수했고, 결국 보석금 1,000달러(약 112만 원)를 내고 풀려났다. 또한 그녀에게 기내에서 손찌검을 당한 여성 승객은 고소하지 않는 것으로 알려졌다.

사례 6

2019년 7월, 한 승객(30세)이 델타항공 579편 기내에서 "산후안(푸에트토리코 수도)은 내일 사라질 것"이라며 "나는 세계를 구하러 왔다. 테러를 종식시킬 것"이라고 고함을 치며 조종석으로 난입을 시도했다. 다행히 승객들의 도움을 받아 승무원들은 문제의 남성을 제지할 수 있었다. "나는 신이다."라며 난동을 부려 뉴욕으로 향하던 비행기가 푸에르토리코 산후안 공항으로 긴급 회항하는 소동이 일어났다. 푸에르토리코 경찰이 용의자를 체포하여 미연방수사국(FBI)에 넘겨졌고, 델타항공 승무원들의 빠른 대처와 고객의 도움으로 신속하게 제지할 수 있었다. 해당 여객기는 예정 시간보다 2시간 늦게 뉴욕 존 F. 케네디 국제공항에 도착할 수 있었다.

2) 호주

2014년 호주 브리즈번에서 인도네시아 발리로 향하던 호주 버진(Virgin)항공 여객기에 술 취한 승객이 조종석 진입 시도로 발리 덴파사르 국제공항에 군경의 삼엄한 경계 속에 착륙했다. 착륙 1시간 전 조종사가 비행기가 납치됐다고 긴급 신호를 보냈던 것이다. 이는 술 취한 승객이 공격적으로 행동하면서 조종실 문을 두드리고 진입을 시도한 것이 납치로 잘못 알려진 사건이다. 인도네시아 공군과 경찰은 납치 정황이 포착된 뒤 즉각 항공기 납치 경보를 발령하고 발리 공항을 폐쇄했다. 그리고 경찰과 군 병력을 대거 투입해 비상경계에 들어갔다. 이로 인해 덴파사르 국제공항이 2시간 동안 폐쇄되면서 모든 항공기의 이륙과 착륙이 중단되어 이용객들이 큰 불편을 겪었다. 이 항공기의 탑승객 139명과 승무원 6명은 모두 안전한 것으로 알려졌으며 경찰은 난동을 부린 호주 남성을 체포하였다.

호주는 승무원 폭행이나 협박 시 10년 이하의 징역에 처하고 승무원 업무에 지장을 초래했다고 판단할 경우에는 최대 20년까지 징역형을 선고받는다.

3) 중국

2014년에 20대 커플이 승무원에게 라면을 끼얹고 자살 소동을 벌여 방콕에서 난징으로 향하던 여객기가 출발지로 되돌아가는 소동이 발생했다.

2014년 중국인 남성이 신선한 공기를 마시고 싶다며 비상문을 열어 이륙이 지연되기도 했고, 좌석을 뒤로 젖히는 문제로 시작된 시비가 30명의 육박전으로 변질된 일도 있었다.

2015년 중국 난징에서 출발해 베이징으로 향하던 중국 여객기에서 한 젊은 여성 승객이 '비행기에 폭발물이 있다. 진짜로 있다. 곧 폭발할 거다. 비행기에 폭발물이 설치돼 있다.'고 협박하여 충칭 공항에 비상 착륙했다. 기내 정밀 수색을 하였지만 비행기 안에서 위험물질은 발견되지 않았다. 이 여성은 이코노미석(Economy Class)에서 일등석으로 들어가려다 제지를 당하자 거짓말을 한 것이라고 했다. 이로 인해 항공기는 예정시간보다 4시간이나 늦게 목적지에 도착했다.

중국 당국은 기내 난동 행위를 하는 자를 블랙리스트에 올리기로 하는 등 대책 마련에 부심하고 있으며, 기내와 공항 등지에서 난동을 부린 자국인을 '비문명 행위자' 명단에 올리고 2년간 출국이나 은행대출 과정 등에 불이익을 주며, 5~10일의 구류와 최대 500위안의 벌금을 부과한다.

4) 포르투갈

2019년 3월, 포르투갈 리스본에서 스페인 말라가로 향하는 TAP 항공 여객기에서 이륙 후 대략 한 시간 반이 지났을 무렵, 휴대용 술병에 담긴 술을 마시던 한 여성이 승무원들에게 '펩시콜라'를 달라고 요구했다. 승무원들이 콜라 대신 기내에 비치된 과일 주스를 제공하겠다고 하자 그는 스페인어로 소리를 지르기 시작했다. 항공기 탑승 전부터 술에 취해 있었으며 비행 내내 술을 마셨다고 한다. 이륙 전부터 자신의 가방을 왜 화물칸에 넣어야 하냐며 승무원과 실랑이를 벌이느라 비행기에도 가장 늦게 탑승하기도 했다. 이 여성은 남은 비행시간 내내 술에 취해 음식을 집어던지고 기내 안전 수칙을 무시하는 등 폭력적인 행동을 보였다. 그는 말라가에 도착한 후 공항에 대기하던 경찰에게 체포됐고, TAP 항공은 이 여성의 자사 항공기 탑승을 영구적으로 금지했다.

5) 캐나다

캐나다는 기내 난동 시 최대 10만 캐나다달러 벌금형 또는 5년의 징역형에 처할 수 있다. 2019년 1월, 캘거리를 떠나 영국 런던으로 향하던 웨스트제트 소속 여객기에서 술에 취해 소동을 부린 여성 승객으로 인해 기장은 회항을 결정했고 캘거리 공항에 도착하기 전 안전을 위해 9천여 kg의 연료를 모두 소모하고 버려야 했다. 따라서 그는 회항하여 소모된 연료비를 배상하게 됐으며, 연료비를 포함한 피해 보상으로 2만 1,260캐나다달러(약 1,800만 원)를 항공사에 지불하라는 판결이 나왔고 그는 앞으로 캐나다에 영구 입국 금지 대상에 올랐다.

출처: 연합뉴스

6) 아이슬란드

2013년 1월, 아이슬란드에서 미국 뉴욕으로 향하던 아이슬란드 항공기에서 소동이 일어났다. 46세의 아이슬란드인이 술에 취해 행패를 부려 승객과 승무원들에 의해 제압되고

의자에 테이프와 Tie-Wrap으로 묶여 제압당했다. 애주가 승객이 술에 취하자 승무원들을 술병을 압수했으나 남자는 굴하지 않고 미니어처 술병을 꺼내 더 마시기 시작했다. 뉴욕에 도착하기 2시간 전부터는 남성의 행동이 과격해져 다른 사람의 목을 조르고 더듬고 침을 뱉는 것은 물론 비행기가 곧 추락할 것이라고 소리를 질렀다. 견디다 못한 승객과 승무원이 포장 테이프 등을 이용해 남자의 입을 막고 팔다리를 묶은 후 의자에 묶었다. 만취 승객은 비행기 착륙 후 경찰을 만났지만 기소되지는 않았다. 다시 부근 병원으로 옮겨져 알코올 급성 중독 치료를 받았다고 한다.

7) 영국

영국은 승무원 방해 및 폭행 시 최대 2천5백 파운드 벌금형과 의도적인 경우에는 최대 5천 파운드의 벌금형 또는 5년의 징역형에 처한다.

사례 1

2019년 6월, 영국 런던 스탠스테드(Stansted) 공항을 출발해 터키로 향하던 영국의 저가 항공사인 제트투컴(Jet2.com) 항공기에서 승객 A 씨(25세 · 여)가 술에 취해 난동을 부렸다. A 씨는 술에 취해 비상구를 열려고 시도했고, 비명을 지르며 조종실로 난입하려 했다. 이 과정에서 제지하는 승무원을 물어뜯고 할퀴었으며, 여객기 바닥에 제압된 A 씨는 "모두를 죽이겠다."고 소리쳤다. 승객들은 갑작스러운 난동에 두려움을 느꼈고, 일부 승객들은 울음을 터뜨렸다. 결국 비행기는 이륙한 지 25분 만에 회항을 결정했다. 조종사가 긴급 회항을 보고하자 관제센터는 신속대응 경보를 발령했고 이에 초음속 전투기 2대가 출동해 여객기를 호위하여 비행기는 안전하게 공항에 착륙했고 난동을 부린 A 씨는 승무원을 폭행한 혐의로 경찰에 체포되었다. 항공사 측은 승객 A 씨에게 손해배상을 청구한 뒤 회항으로 인해 발생한 비용을 모두 회수할 것이라고 밝혔다.

출처: 헤럴드 경제

사례 2

2019년 8월, 미국 테네시주 내슈빌(Nashville)에서 영국 런던으로 향하는 브리티시 항공 일등석에서 남성 승객이 술에 취한 채 여성 승객에게 성행위를 제안하고 잠자던 다른 여성 승객을 성추행하고 승무원에게 욕설을 퍼부어 영국 히스로(Heathrow) 공항에 도착하자마자 체포되어 사법 절차가 진행되었다.

8) 홍콩

홍콩 국제공항 출국 제한구역에서 드론을 날려 자신을 사진 촬영한 혐의로 공항 당국이 CCTV로 추적하여 일본에 갔다가 귀국하는 50대 남성을 체포하였다. 홍콩 공항 당국의 법규에 따르면 드론을 날리거나 비행 안전에 위험을 야기할 수 있는 행위는 금지되어 있고 이를 어기면 5만 달러(약 720만 원)의 벌금 내지는 6개월의 징역형을 받을 수 있다.
이 남성이 SNS(Social Networking Service)에 사진을 올린 것을 보고 신고를 받아 그를 추적하여 체포한 사건이다.

9) 베트남

베트남은 항공법상 전자담배를 포함해 기내에서 흡연할 경우 300~500만 동(한화 약 15~25만 원)의 벌금에 처한다.

10) 독일

독일은 항공기 안전에 직접적인 영향을 미치는 경우 5년 이하의 징역 또는 벌금형을 처하고, 승무원을 위협하거나 지시에 불응하는 경우 2년 이하의 징역형 또는 벌금형을 처한다.

표_해외 항공기내 불법행위 처벌 규정

국가	내용
미국	(법적 근거) 49 U.S. Code §46504 운항 객실승무원에 대한 방해 행위 (주요 내용) 운항 중 승무원에 대한 폭행 위협, 직무방해, 그러한 행위의 시도 또는 공모 시 최고 20년 이하 징역 또는 20만 달러 이하 벌금(병과 가능), 위험한 무기 사용 시 종신형 (법적 근거) 49 U.S. Code §46318 운항 객실승무원에 대한 방해 행위 (주요 내용) 운항 중 승무원, 승객 폭행 또는 폭행 위협 시 미국연방항공청(FAA)에서 최고 25,000달러 이하 과태료(Civil Penalty)
일본	(법적 근거) 航空法(항공법) 제73조의 4 제5항 안전저해행위 등의 금지 (주요 내용) 승무원 업무방해, 흡연, 출입문 · 비상구 조작 등 행위 시 50만 엔 이하의 벌금
싱가포르	(법적 근거) Air Navigation Act(항공법) 항공안전 8B (주요 내용) 승무원 위협, 공격의 경우 싱가포르 달러 100,000 이하의 벌금, 5년 이하의 징역(병과 가능)
영국	(법적 근거) Air Navigation Order(항행규칙) 2016 Section 241 (주요 내용) 기내 불법행위 등에 대한 유죄 확정 시, 기내 안전 위반 시 벌금 또는 2년 이하 징역(병과 가능)
캐나다	(법적 근거) Aeronautics Act(항공법) 7.3(1)(d) 업무방해에 대한 처벌 *세부 제재 조치는 '형법'에 따라 처벌 (법적 근거) Criminal Code(형법) Section 77 (주요 내용) 기내 안전을 위험에 처하게 하는 자는 최고 종신형
호주	(법적 근거) Crime(Aviation) Act(항공범죄법) 1991 Division 3 20 A (주요 내용) 승무원에 대한 폭행 시 20년 이하의 징역

출처: 국토교통위원회, 「항공보안법 일부개정법률안 검토보고」, 2017. 2., pp. 63-64

Appendix_ 법규

Appendix

법규

1. 항공보안법

[시행 2021. 1. 1.] [법률 제17646호, 2020. 12. 15., 타법개정]

국토교통부(항공보안과)

제1장 총칙 〈개정 2010. 3. 22.〉

제1조(목적) 이 법은 「국제민간항공협약」 등 국제협약에 따라 공항시설, 항행안전시설 및 항공기 내에서의 불법행위를 방지하고 민간항공의 보안을 확보하기 위한 기준·절차 및 의무사항 등을 규정함을 목적으로 한다. 〈개정 2013. 4. 5.〉

[전문개정 2010. 3. 22.]

제2조(정의) 이 법에서 사용하는 용어의 뜻은 다음과 같다. 다만, 이 법에 특별한 규정이 있는 것을 제외하고는 「항공사업법」·「항공안전법」·「공항시설법」에서 정하는 바에 따른다. 〈개정 2012. 1. 26., 2013. 4. 5., 2016. 3. 29., 2017. 10. 24〉

1. "운항 중"이란 승객이 탑승한 후 항공기의 모든 문이 닫힌 때부터 내리기 위하여 문을 열 때까지를 말한다.
2. "공항운영자"란 「항공사업법」 제2조 제34호에 따른 공항운영자를 말한다.
3. "항공운송사업자"란 「항공사업법」 제7조에 따라 면허를 받은 국내항공운송사업자 및 국제항공운송사업자, 같은 법 제10조에 따라 등록을 한 소형항공운송사업자 및 같은 법 제54조에 따라 허가를 받은 외국인 국제항공운송업자를 말한다.
4. "항공기취급업체"란 「항공사업법」 제44조에 따라 항공기취급업을 등록한 업체를

말한다.

5. “항공기정비업체”란 「항공사업법」 제42조에 따라 항공기정비업을 등록한 업체를 말한다.
6. “공항상주업체”란 공항에서 영업을 할 목적으로 공항운영자와 시설이용 계약을 맺은 개인 또는 법인을 말한다.
7. “항공기내보안요원”이란 항공기 내의 불법방해행위를 방지하는 직무를 담당하는 사법경찰관리 또는 그 직무를 위하여 항공운송사업자가 지명하는 사람을 말한다.
8. “불법방해행위”란 항공기의 안전운항을 저해할 우려가 있거나 운항을 불가능하게 하는 행위로서 다음 각 목의 행위를 말한다.
   가. 지상에 있거나 운항중인 항공기를 납치하거나 납치를 시도하는 행위
   나. 항공기 또는 공항에서 사람을 인질로 삼는 행위
   다. 항공기, 공항 및 항행안전시설을 파괴하거나 손상시키는 행위
   라. 항공기, 항행안전시설 및 제12조에 따른 보호구역(이하 “보호구역”이라 한다)에 무단 침입하거나 운영을 방해하는 행위
   마. 범죄의 목적으로 항공기 또는 보호구역 내로 제21조에 따른 무기 등 위해물품(危害物品)을 반입하는 행위
   바. 지상에 있거나 운항중인 항공기의 안전을 위협하는 거짓 정보를 제공하는 행위 또는 공항 및 공항시설 내에 있는 승객, 승무원, 지상근무자의 안전을 위협하는 거짓 정보를 제공하는 행위
   사. 사람을 사상(死傷)에 이르게 하거나 재산 또는 환경에 심각한 손상을 입힐 목적으로 항공기를 이용하는 행위
   아. 그 밖에 이 법에 따라 처벌받는 행위
9. “보안검색”이란 불법방해행위를 하는 데에 사용될 수 있는 무기 또는 폭발물 등 위험성이 있는 물건들을 탐지 및 수색하기 위한 행위를 말한다.
10. “항공보안검색요원”이란 승객, 휴대물품, 위탁수하물, 항공화물 또는 보호구역에 출입하려고 하는 사람 등에 대하여 보안검색을 하는 사람을 말한다.
11. “장비운영자”란 제15조부터 제17조까지 및 제17조의 2에 따라 보안검색을 실시하기 위하여 항공보안장비를 설치·운영하는 공항운영자, 항공운송사업자, 화

물터미널운영자, 상용화주 및 그 밖에 국토교통부령으로 정하는 자를 말한다.
[전문개정 2010. 3. 22.]

제3조(국제협약의 준수) ① 민간항공의 보안을 위하여 이 법에서 규정하는 사항 외에는 다음 각 호의 국제협약에 따른다. 〈개정 2013. 4. 5.〉

1. 「항공기 내에서 범한 범죄 및 기타 행위에 관한 협약」
2. 「항공기의 불법납치 억제를 위한 협약」
3. 「민간항공의 안전에 대한 불법적 행위의 억제를 위한 협약」
4. 「민간항공의 안전에 대한 불법적 행위의 억제를 위한 협약을 보충하는 국제민간항공에 사용되는 공항에서의 불법적 폭력행위의 억제를 위한 의정서」
5. 「가소성 폭약의 탐지를 위한 식별조치에 관한 협약」

② 제1항에 따른 국제협약 외에 항공보안에 관련된 다른 국제협약이 있는 경우에는 그 협약에 따른다. 〈개정 2013. 4. 5.〉
[전문개정 2010. 3. 22.]

제4조(국가의 책무) 국토교통부장관은 민간항공의 보안에 관한 계획 수립, 관계 행정기관 간 업무 협조체제 유지, 공항운영자·항공운송사업자·항공기취급업체·항공기정비업체·공항상주업체 및 항공여객·화물터미널운영자 등의 자체 보안계획에 대한 승인 및 실행점검, 항공보안 교육훈련계획의 개발 등의 업무를 수행한다. 〈개정 2013. 3. 23., 2013. 4. 5.〉
[전문개정 2010. 3. 22.]

제5조(공항운영자 등의 협조의무) 공항운영자, 항공운송사업자, 항공기취급업체, 항공기정비업체, 공항상주업체, 항공여객·화물터미널운영자, 공항이용자, 그 밖에 국토교통부령으로 정하는 자는 항공보안을 위한 국가의 시책에 협조하여야 한다. 〈개정 2013. 3. 23., 2013. 4. 5.〉
[전문개정 2010. 3. 22.]

제6조 삭제 〈2013. 4. 5.〉

제2장 항공보안협의회 등 〈개정 2013. 4. 5.〉

제7조(항공보안협의회) ① 항공보안에 관련되는 다음 각 호의 사항을 협의하기 위하여 국토교통부에 항공보안협의회를 둔다. 〈개정 2013. 3. 23., 2013. 4. 5.〉

1. 항공보안에 관한 계획의 협의
2. 관계 행정기관 간 업무 협조
3. 제10조 제2항에 따른 자체 보안계획의 승인을 위한 협의
4. 그 밖에 항공보안을 위하여 항공보안협의회의 장이 필요하다고 인정하는 사항. 다만, 「국가정보원법」 제3조에 따른 대테러에 관한 사항은 제외한다.

② 항공보안협의회의 구성, 운영 및 자체 보안계획 승인의 대상 등에 관하여 필요한 사항은 대통령령으로 정한다. 〈개정 2013. 4. 5.〉

[전문개정 2010. 3. 22.]

[제목개정 2013. 4. 5.]

제8조(지방항공보안협의회) ① 지방항공청장은 관할 공항별로 항공보안에 관한 사항을 협의하기 위하여 지방항공보안협의회를 둔다. 〈개정 2013. 4. 5.〉

② 지방항공보안협의회의 구성·임무 및 운영 등에 관하여 필요한 사항은 대통령령으로 정한다. 〈개정 2013. 4. 5.〉

[전문개정 2010. 3. 22.]

[제목개정 2013. 4. 5.]

제9조(항공보안 기본계획) ① 국토교통부장관은 항공보안에 관한 기본계획(이하 "기본계획"이라 한다)을 5년마다 수립하고, 그 내용을 공항운영자, 항공운송사업자, 항공기취급업체, 항공기정비업체, 공항상주업체, 항공여객·화물터미널운영자, 그 밖에 국토교통부령으로 정하는 자(이하 "공항운영자 등"이라 한다)에게 통보하여야 한다. 〈개정 2013. 3. 23., 2013. 4. 5.〉

② 기본계획에는 항공보안에 관한 종합적·장기적인 추진방향 등 대통령령으로 정하는 사항이 포함되어야 한다. 〈개정 2013. 4. 5.〉

③ 국토교통부장관은 기본계획에 따라 항공보안 업무를 수행하기 위하여 매년 항공보안

에 관한 시행계획(이하 "시행계획"이라 한다)을 수립·시행하여야 한다. 〈개정 2013. 4. 5.〉

④ 국토교통부장관은 기본계획을 수립하거나 변경하고자 하는 때에는 관계 행정기관과 미리 협의하여야 한다. 〈신설 2013. 4. 5.〉

⑤ 국토교통부장관은 기본계획 및 시행계획의 수립을 위하여 필요하다고 인정하는 경우에는 관계 기관, 단체 또는 전문가로부터 의견을 듣거나 필요한 자료의 제출을 요청할 수 있다. 〈신설 2013. 4. 5.〉

⑥ 그 밖에 기본계획 및 시행계획의 수립·변경·시행 등에 필요한 사항은 대통령령으로 정한다. 〈신설 2013. 4. 5.〉

[전문개정 2010. 3. 22.]

[제목개정 2013. 4. 5.]

제10조(국가항공보안계획 등의 수립) ① 국토교통부장관은 항공보안 업무를 수행하기 위하여 국가항공보안계획을 수립·시행하여야 한다. 〈개정 2013. 3. 23., 2013. 4. 5.〉

② 공항운영자 등은 제1항의 국가항공보안계획에 따라 자체 보안계획을 수립하거나 수립된 자체 보안계획을 변경하려는 경우에는 국토교통부장관의 승인을 받아야 한다. 다만, 국토교통부령으로 정하는 경미한 사항의 변경은 그러하지 아니하다. 〈개정 2013. 3. 23.〉

③ 제1항 및 제2항에 따라 수립하는 국가항공보안계획, 자체 보안계획의 세부 내용 및 수립절차 등에 관하여 필요한 사항은 국토교통부령으로 정한다. 〈개정 2013. 3. 23.〉

[전문개정 2010. 3. 22.]

제3장 공항·항공기 등의 보안

제11조(공항시설 등의 보안) ① 공항운영자는 공항시설과 항행안전시설에 대하여 보안에 필요한 조치를 하여야 한다. 〈개정 2013. 4. 5.〉

② 공항운영자는 보안검색이 완료된 승객과 완료되지 못한 승객 간의 접촉을 방지하기 위한 대책을 수립·시행하여야 한다.

③ 공항운영자는 보안검색을 거부하거나 무기·폭발물 또는 그 밖에 항공보안에 위협이 되는 물건을 휴대한 승객 등이 보안검색이 완료된 구역으로 진입하는 것을 방지하기 위한 대책을 수립·시행하여야 한다. 〈신설 2013. 4. 5.〉

④ 공항을 건설하거나 유지·보수를 하는 경우에 불법 방해 행위로부터 사람 및 시설 등을 보호하기 위하여 준수하여야 할 세부 기준은 국토교통부장관이 정한다. 〈개정 2013. 3. 23., 2013. 4. 5.〉

[전문개정 2010. 3. 22.]

[제목개정 2013. 4. 5.]

제12조(공항시설 보호구역의 지정) ① 공항운영자는 보안검색이 완료된 구역, 활주로, 계류장(繫留場) 등 공항시설의 보호를 위하여 필요한 구역을 국토교통부장관의 승인을 받아 보호구역으로 지정하여야 한다. 〈개정 2013. 3. 23.〉

② 공항운영자는 필요한 경우 국토교통부장관의 승인을 받아 임시로 보호구역을 지정할 수 있다. 〈개정 2013. 3. 23.〉

③ 제1항과 제2항에 따른 보호구역의 지정기준 및 지정취소에 관하여 필요한 사항은 국토교통부령으로 정한다. 〈개정 2013. 3. 23.〉

[전문개정 2010. 3. 22.]

제13조(보호구역에의 출입허가) ① 다음 각 호의 어느 하나에 해당하는 사람은 공항운영자의 허가를 받아 보호구역에 출입할 수 있다.

1. 보호구역의 공항시설 등에서 상시적으로 업무를 수행하는 사람
2. 공항 건설이나 공항시설의 유지·보수 등을 위하여 보호구역에서 업무를 수행할 필요가 있는 사람
3. 그 밖에 업무수행을 위하여 보호구역에 출입이 필요하다고 인정되는 사람

② 제1항에 따른 출입허가의 절차 등에 관하여 필요한 사항은 국토교통부령으로 정한다. 〈개정 2013. 3. 23.〉

[전문개정 2010. 3. 22.]

제14조(승객의 안전 및 항공기의 보안) ① 항공운송사업자는 승객의 안전 및 항공기의 보안을 위하여 필요한 조치를 하여야 한다.

② 항공운송사업자는 승객이 탑승한 항공기를 운항하는 경우 항공기내보안요원을 탑승시켜야 한다.

③ 항공운송사업자는 국토교통부령으로 정하는 바에 따라 조종실 출입문의 보안을 강화하고 운항 중에는 허가받지 아니한 사람의 조종실 출입을 통제하는 등 항공기에 대한 보안조치를 하여야 한다. 〈개정 2013. 3. 23., 2013. 4. 5.〉

④ 항공운송사업자는 매 비행 전에 항공기에 대한 보안점검을 하여야 한다. 이 경우 보안 점검에 관한 세부 사항은 국토교통부령으로 정한다. 〈개정 2013. 3. 23.〉

⑤ 공항운영자 및 항공운송사업자는 액체, 겔(gel)류 등 국토교통부장관이 정하여 고시하는 항공기 내 반입금지 물질이 보안검색이 완료된 구역과 항공기 내에 반입되지 아니하도록 조치하여야 한다. 〈개정 2013. 3. 23., 2013. 4. 5.〉

⑥ 항공운송사업자 또는 항공기 소유자는 항공기의 보안을 위하여 필요한 경우에는 「청원경찰법」에 따른 청원경찰이나 「경비업법」에 따른 특수경비원으로 하여금 항공기의 경비를 담당하게 할 수 있다. 〈개정 2013. 4. 5.〉

[전문개정 2010. 3. 22.]

제14조의 2(생체정보를 활용한 본인 일치 여부 확인) ① 공항운영자 및 항공운송사업자는 다음 각 호의 어느 하나에 해당하는 목적에 한정하여 관계 행정기관이 보유하고 있는 얼굴·지문·홍채 및 손바닥 정맥 등 개인을 식별할 수 있는 신체적 특징에 관한 개인정보(이하 "생체정보"라 한다)를 이용할 수 있다.

1. 공항운영자: 보호구역으로 진입하는 사람에 대한 본인 일치 여부 확인
2. 항공운송사업자: 탑승권을 발권, 수하물을 위탁하거나 항공기에 탑승하는 승객에 대한 본인 일치 여부 확인

② 제1항에 따라 생체정보를 이용하려는 경우 공항운영자 및 항공운송사업자는 관계 행정기관에 생체정보 제공을 요청할 수 있으며, 행정기관은 정당한 이유 없이 그 요청을 거부하여서는 아니 된다.

③ 공항운영자 및 항공운송사업자는 제1항 및 제2항에 따른 생체정보를 「개인정보 보호법」에 따라 처리하여야 한다.

④ 제1항 및 제2항에 따른 생체정보를 활용한 본인 일치 여부 확인방법 및 생체정보의 보호 등에 필요한 사항은 대통령령으로 정한다.
⑤ 공항운영자 및 항공운송사업자는 본인 일치 여부가 확인된 사람의 생체정보를 대통령령으로 정하는 바에 따라 파기하여야 한다.
[본조신설 2020. 6. 9.]

제15조(승객 등의 검색 등) ① 항공기에 탑승하는 사람은 신체, 휴대물품 및 위탁수하물에 대한 보안검색을 받아야 한다.
② 공항운영자는 항공기에 탑승하는 사람, 휴대물품 및 위탁수하물에 대한 보안검색을 하고, 항공운송사업자는 화물에 대한 보안검색을 하여야 한다. 다만, 관할 국가경찰관서의 장은 범죄의 수사 및 공공의 위험예방을 위하여 필요한 경우 보안검색에 대하여 필요한 조치를 요구할 수 있고, 공항운영자나 항공운송사업자는 정당한 사유 없이 그 요구를 거절할 수 없다.
③ 공항운영자 및 항공운송사업자는 제2항에 따른 보안검색을 직접 하거나 「경비업법」 제4조 제1항에 따른 경비업자 중 공항운영자 및 항공운송사업자의 추천을 받아 제6항에 따라 국토교통부장관이 지정한 업체에 위탁할 수 있다. 〈개정 2013. 3. 23.〉
④ 공항운영자는 제2항에 따른 보안검색에 드는 비용에 충당하기 위하여 「공항시설법」 제32조 및 제50조에 따른 사용료의 일부를 사용할 수 있다. 〈개정 2016. 3. 29.〉
⑤ 항공운송사업자는 공항 및 항공기의 보안을 위하여 항공기에 탑승하는 승객의 성명, 국적 및 여권번호 등 국토교통부령으로 정하는 운송정보를 공항운영자에게 제공하여야 한다. 이 경우 운송정보 제공 방법 및 절차 등 필요한 사항은 국토교통부령으로 정한다. 〈신설 2014. 1. 14.〉
⑥ 제2항에 따른 보안검색의 방법·절차·면제 등에 관하여 필요한 사항은 대통령령으로 정한다. 〈개정 2014. 1. 14.〉
⑦ 제3항에 따라 보안검색 업무를 위탁받으려는 업체는 국토교통부령으로 정하는 바에 따라 국토교통부장관의 지정을 받아야 한다. 〈개정 2013. 4. 5., 2014. 1. 14.〉
⑧ 국토교통부장관은 제6항에 따라 지정을 받은 업체가 다음 각 호의 어느 하나에 해당하는 경우에는 그 지정을 취소할 수 있다. 다만, 제1호 또는 제2호에 해당하면 지정을 취소하여야 한다. 〈신설 2013. 4. 5., 2014. 1. 14.〉

1. 거짓이나 그 밖의 부정한 방법으로 지정을 받은 경우
2. 「경비업법」에 따른 경비업의 허가가 취소되거나 영업이 정지된 경우
3. 국토교통부령에 따른 지정기준에 미달하게 된 경우. 다만, 일시적으로 지정기준에 미달하게 되어 3개월 이내에 지정기준을 다시 갖춘 경우에는 그러하지 아니하다.
4. 보안검색 업무의 수행 중 고의 또는 중대한 과실로 인명피해가 발생하거나 보안검색에 실패한 경우

[전문개정 2010. 3. 22.]

[제목개정 2014. 1. 14.]

제16조(승객이 아닌 사람 등에 대한 검색) ① 공항운영자는 제13조 제1항에 따라 허가를 받아 보호구역으로 들어가는 사람 또는 물품에 대하여도 보안검색을 하여야 한다. 이 경우 보안검색의 방법·절차·면제 및 위탁 등에 관하여는 제15조 제2항 단서, 같은 조 제3항 및 제6항부터 제8항까지의 규정을 준용한다. 〈개정 2013. 4. 5., 2014. 1. 14.〉

② 제1항에도 불구하고 화물터미널 내에 지정된 보호구역으로 들어가는 사람 또는 물품에 대한 보안검색은 화물터미널운영자가 하여야 한다. 이 경우 보안검색의 방법·절차·면제 및 위탁 등에 관하여는 제15조 제2항 단서, 같은 조 제3항 및 제6항부터 제8항까지의 규정을 준용한다. 〈개정 2013. 4. 5., 2014. 1. 14.〉

[전문개정 2010. 3. 22.]

제17조(통과 승객 또는 환승 승객에 대한 보안검색 등) ① 항공운송사업자는 항공기가 공항에 도착하면 통과 승객이나 환승 승객으로 하여금 휴대물품을 가지고 내리도록 하여야 한다.

② 공항운영자는 제1항에 따라 항공기에서 내린 통과 승객, 환승 승객, 휴대물품 및 위탁수하물에 대하여 보안검색을 하여야 한다. 〈개정 2013. 4. 5.〉

③ 제2항에 따른 보안검색에 드는 비용은 공항운영자가 부담하고, 항공운송사업자는 통과 승객이나 환승 승객에 대한 운송정보를 공항운영자에게 제공하여야 한다.

④ 제3항에 따른 운송정보 제공에 대하여는 제15조 제5항을 준용한다. 〈개정 2014. 1. 14〉

⑤ 제2항에 따른 보안검색의 방법·절차·면제 및 위탁 등에 관하여는 제15조 제2항 단서, 같은 조 제3항 및 제6항부터 제8항까지의 규정을 준용한다. 〈개정 2013. 4. 2014. 1. 14.〉

[전문개정 2010. 3. 22.]

제17조의 2(상용화주) ① 국토교통부장관은 검색장비, 항공보안검색요원 등 국토교통부령으로 정하는 기준을 갖춘 화주(貨主) 또는 항공화물을 포장하여 보관 및 운송하는 자를 지정하여 항공화물 및 우편물에 대하여 보안검색을 실시하게 할 수 있다. 〈개정 2013. 3. 23.〉

② 국토교통부장관은 제1항에 따라 지정된 자[이하 "상용화주(常用貨主)"라 한다]가 준수하여야 할 화물보안통제절차 등에 관한 항공화물보안기준을 정하여 고시하여야 한다. 〈개정 2013. 3. 23.〉

③ 항공운송사업자는 제15조 제2항에도 불구하고 제1항에 따라 상용화주가 보안검색을 한 항공화물 및 우편물에 대하여는 보안검색을 하지 아니한다. 다만, 다음 각 호에서 정하는 항공화물 및 우편물에 대하여는 보안검색을 실시하여야 한다. 〈개정 2017. 8. 9.〉

1. 상용화주로부터 접수하였으나 상용화주가 아닌 자가 취급한 경우
2. 접수·보안검색·운송 등 취급과정에서 상용화주 및 항공운송사업자의 통제를 벗어난 경우
3. 훼손 흔적이 있는 경우
4. 허가받지 아니한 자의 접촉이 발생하였거나 접촉이 의심되는 경우
5. 화물전용기에서 여객기로 옮겨지는 경우
6. 무작위 표본검색 등 국토교통부장관이 정하여 고시한 사항에 해당하는 경우
7. 제15조 제2항 단서에 따라 관할 국가경찰관서의 장이 필요한 조치를 요구한 경우
8. 그 밖에 위협정보의 입수 등 항공운송사업자가 보안검색이 필요하다고 인정할 만한 상당한 사유가 있는 경우

④ 상용화주의 지정절차 등에 관하여 필요한 사항은 국토교통부령으로 정한다. 〈개정 2013. 3. 23.〉

[본조신설 2010. 3. 22.]

제17조의 3(상용화주의 지정취소) ① 국토교통부장관은 상용화주가 다음 각 호의 어느 하나에 해당하는 경우 그 지정을 취소할 수 있다. 다만, 제1호에 해당하면 그 지정을 취소하여야 한다. 〈개정 2013. 3. 23., 2013. 4. 5.〉

1. 거짓이나 그 밖의 부정한 방법으로 지정을 받은 경우
2. 제17조의 2 제1항의 지정기준에 미달하게 된 경우
3. 제17조의 2 제2항의 항공화물보안기준을 위반하여 업무를 수행한 경우

② 국토교통부장관은 제1항에 따라 상용화주의 지정을 취소한 경우에는 즉시 항공운송사업자에게 통보하여 항공운송사업자가 보안검색을 하도록 조치하여야 한다. 〈개정 2013. 3. 23., 2013. 4. 5.〉

③ 상용화주 지정취소의 절차 등에 관하여 필요한 사항은 국토교통부령으로 정한다. 〈개정 2013. 3. 23.〉

[본조신설 2010. 3. 22.]

제18조(기내식 등의 통제) ① 항공운송사업자는 제21조에 따른 위해물품이 기내식(機內食)이나 기내 저장품을 이용하여 항공기 내로 유입되는 것을 방지하기 위하여 필요한 조치를 하여야 한다.

② 기내식 및 기내 저장품 유입·유출의 통제에 대한 세부 사항은 국토교통부령으로 정한다. 〈개정 2013. 3. 23.〉

[전문개정 2010. 3. 22.]

제19조(보안검색 실패 등에 대한 대책) ① 공항운영자, 항공운송사업자 및 화물터미널운영자는 다음 각 호의 사항이 발생한 경우에는 즉시 국토교통부장관에게 보고하여야 한다. 〈개정 2013. 3. 23., 2013. 4. 5.〉

1. 검색장비가 정상적으로 작동되지 아니한 상태로 검색을 하였거나 검색이 미흡한 사실을 알게 된 경우
2. 허가받지 아니한 사람 또는 물품이 보호구역 또는 항공기 안으로 들어간 경우
3. 그 밖에 항공보안에 우려가 있는 것으로서 국토교통부령으로 정하는 사항

② 국토교통부장관은 제1항에 따른 보고를 받은 경우에는 다음 각 호의 구분에 따라 항공보안을 위한 필요한 조치를 하여야 한다. 〈개정 2013. 4. 5.〉

1. 항공기가 출발하기 전에 보고를 받은 경우: 해당 항공기에 대한 보안검색 등의 보안조치
2. 항공기가 출발한 후 보고를 받은 경우: 해당 항공기가 도착하는 국가의 관련 기관에 대한 통보

③ 국토교통부장관은 다른 국가로부터 제1항 각 호의 어느 하나에 해당하는 사항을 통보받은 경우에는 해당 항공기를 격리계류장으로 유도하여 보안검색 등 보안조치를 하여야 한다. 〈개정 2013. 3. 23., 2013. 4. 5.〉

[전문개정 2010. 3. 22.]

제20조(비행 서류의 보안관리 절차 등) ① 항공운송사업자는 탑승권, 수하물 꼬리표 등 비행 서류에 대한 보안관리 대책을 수립·시행하여야 한다. 〈개정 2013. 4. 5.〉

② 제1항에 따른 비행 서류의 보안관리를 위한 세부 사항은 국토교통부령으로 정한다. 〈개정 2013. 3. 23., 2013. 4. 5.〉

[전문개정 2010. 3. 22.]

[제목개정 2013. 4. 5.]

제4장 항공기 내의 보안 〈개정 2013. 4. 5.〉

제21조(위해물품 휴대 금지 및 검색시스템 구축·운영) ① 누구든지 항공기에 무기[탄저균(炭疽菌), 천연두균 등의 생화학무기를 포함한다], 도검류(刀劍類), 폭발물, 독극물 또는 연소성이 높은 물건 등 국토교통부장관이 정하여 고시하는 위해물품을 가지고 들어가서는 아니 된다. 〈개정 2013. 3. 23.〉

② 국토교통부장관은 제1항에 따른 위해물품의 세부종류, 공개방법 등과 관련한 사항을 정하고 정기적으로 적정성을 검토하여야 한다. 〈신설 2020. 6. 9.〉

③ 제1항에도 불구하고 경호업무, 범죄인 호송업무 등 대통령령으로 정하는 특정한 직무를 수행하기 위하여 대통령령으로 정하는 무기의 경우에는 국토교통부장관의 허가를 받아 항공기에 가지고 들어갈 수 있다. 〈개정 2013. 3. 23., 2020. 6. 9.〉

④ 제3항에 따라 항공기에 무기를 가지고 들어가려는 사람은 탑승 전에 이를 해당 항공

기의 기장에게 보관하게 하고 목적지에 도착한 후 반환받아야 한다. 다만, 제14조 제2항에 따라 항공기 내에 탑승한 항공기내보안요원은 그러하지 아니하다. 〈개정 2020. 6. 9.〉

⑤ 항공기 내에 제3항에 따른 무기를 반입하고 입국하려는 항공보안에 관한 업무를 수행하는 외국인 또는 외국국적 항공운송사업자는 항공기 출발 전에 국토교통부장관으로부터 미리 허가를 받아야 한다. 〈개정 2013. 3. 23., 2013. 4. 5., 2020. 6. 9.〉

⑥ 제3항 및 제5항에 따른 항공기 내 무기 반입 허가절차 등에 관하여 필요한 사항은 국토교통부령으로 정한다. 〈개정 2013. 3. 23., 2020. 6. 9.〉

⑦ 국토교통부장관은 제1항 및 제2항에 따른 위해물품을 쉽게 확인하기 위하여 위해물품 검색시스템을 구축·운영할 수 있다. 〈신설 2020. 6. 9.〉

[전문개정 2010. 3. 22.]

[제목개정 2020. 6. 9.]

제22조(기장 등의 권한) ① 기장이나 기장으로부터 권한을 위임받은 승무원(이하 “기장 등”이라 한다) 또는 승객의 항공기 탑승 관련 업무를 지원하는 항공운송사업자 소속 직원 중 기장의 지원요청을 받은 사람은 다음 각 호의 어느 하나에 해당하는 행위를 하려는 사람에 대하여 그 행위를 저지하기 위한 필요한 조치를 할 수 있다. 〈개정 2013. 4. 5.〉

1. 항공기의 보안을 해치는 행위
2. 인명이나 재산에 위해를 주는 행위
3. 항공기 내의 질서를 어지럽히거나 규율을 위반하는 행위

② 항공기 내에 있는 사람은 제1항에 따른 조치에 관하여 기장 등의 요청이 있으면 협조하여야 한다.

③ 기장 등은 제1항 각 호의 행위를 한 사람을 체포한 경우에 항공기가 착륙하였을 때에는 체포된 사람이 그 상태로 계속 탑승하는 것에 동의하거나 체포된 사람을 항공기에서 내리게 할 수 없는 사유가 있는 경우를 제외하고는 체포한 상태로 이륙하여서는 아니 된다.

④ 기장으로부터 권한을 위임받은 승무원 또는 승객의 항공기 탑승 관련 업무를 지원하는 항공운송사업자 소속 직원 중 기장의 지원요청을 받은 사람이 제1항에 따른 조치를 할 때에는 기장의 지휘를 받아야 한다.

[전문개정 2010. 3. 22.]

제23조(승객의 협조의무) ① 항공기 내에 있는 승객은 항공기와 승객의 안전한 운항과 여행을 위하여 다음 각 호의 어느 하나에 해당하는 행위를 하여서는 아니 된다. 〈개정 2013. 7. 16., 2016. 3. 29., 2020. 6. 9.〉

1. 폭언, 고성방가 등 소란행위
2. 흡연
3. 술을 마시거나 약물을 복용하고 다른 사람에게 위해를 주는 행위
4. 다른 사람에게 성적(性的) 수치심을 일으키는 행위
5. 「항공안전법」 제73조를 위반하여 전자기기를 사용하는 행위
6. 기장의 승낙 없이 조종실 출입을 기도하는 행위
7. 기장 등의 업무를 위계 또는 위력으로써 방해하는 행위

② 승객은 항공기 내에서 다른 사람을 폭행하거나 항공기의 보안이나 운항을 저해하는 폭행·협박·위계행위(危計行爲) 또는 출입문·탈출구·기기의 조작을 하여서는 아니 된다. 〈개정 2017. 3. 21.〉

③ 승객은 항공기가 착륙한 후 항공기에서 내리지 아니하고 항공기를 점거하거나 항공기 내에서 농성하여서는 아니 된다.

④ 항공기 내의 승객은 항공기의 보안이나 운항을 저해하는 행위를 금지하는 기장 등의 정당한 직무상 지시에 따라야 한다. 〈개정 2013. 4. 5.〉

⑤ 항공운송사업자는 금연 등 항공기와 승객의 안전한 운항과 여행을 위한 규제로 인하여 승객이 받는 불편을 줄일 수 있는 방안을 마련하여야 한다.

⑥ 기장 등은 승객이 항공기 내에서 제1항 제1호부터 제5호까지의 어느 하나에 해당하는 행위를 하거나 할 우려가 있는 경우 이를 중지하게 하거나 하지 말 것을 경고하여 사전에 방지하도록 노력하여야 한다.

⑦ 항공운송사업자는 다음 각 호의 어느 하나에 해당하는 사람에 대하여 탑승을 거절할 수 있다. 〈개정 2013. 3. 23., 2013. 4. 5.〉

1. 제15조 또는 제17조에 따른 보안검색을 거부하는 사람
2. 음주로 인하여 소란행위를 하거나 할 우려가 있는 사람
3. 항공보안에 관한 업무를 담당하는 국내외 국가기관 또는 국제기구 등으로부터 항공기 안전운항을 해칠 우려가 있어 탑승을 거절할 것을 요청받거나 통보받은 사람
4. 그 밖에 항공기 안전운항을 해칠 우려가 있어 국토교통부령으로 정하는 사람

⑧ 누구든지 공항에서 보안검색 업무를 수행 중인 항공보안검색요원 또는 보호구역에의 출입을 통제하는 사람에 대하여 업무를 방해하는 행위 또는 폭행 등 신체에 위해를 주는 행위를 하여서는 아니 된다.

⑨ 항공운송사업자는 항공기가 이륙하기 전에 승객에게 국토교통부장관이 정하는 바에 따라 승객의 협조의무를 영상물 상영 또는 방송 등을 통하여 안내하여야 한다. 〈신설 2017. 8. 9.〉

[전문개정 2010. 3. 22.]

[제목개정 2013. 4. 5.]

제24조(수감 중인 사람 등의 호송) ① 사법경찰관리 또는 법 집행 권한이 있는 공무원은 항공기를 이용하여 피의자, 피고인, 수형자(受刑者), 그 밖에 기내 보안에 위해를 일으킬 우려가 있는 사람(이하 이 조에서 "호송대상자"라 한다)을 호송할 경우에는 미리 해당 항공운송사업자에게 통보하여야 한다. 〈개정 2013. 4. 5.〉

② 제1항에 따른 통보사항에는 호송대상자의 인적사항, 호송 이유, 호송방법 및 호송 안전조치 등에 관한 사항이 포함되어야 한다.

③ 제1항에 따라 통보를 받은 항공운송사업자는 호송대상자가 항공기, 승무원 및 승객의 안전에 위협이 된다고 판단되는 경우에는 사법경찰관리 등 호송 공무원에게 적절한 안전조치를 요구할 수 있다.

④ 호송대상자의 호송방법, 호송조건 등에 관하여 필요한 사항은 국토교통부령으로 정한다. 〈개정 2013. 3. 23.〉

[전문개정 2010. 3. 22.]

제25조(범인의 인도·인수) ① 기장 등은 항공기 내에서 이 법에 따른 죄를 범한 범인을 직접 또는 해당 관계 기관 공무원을 통하여 해당 공항을 관할하는 국가경찰관서에 통보한 후 인도하여야 한다. 〈개정 2016. 1. 19.〉

② 기장 등이 다른 항공기 내에서 죄를 범한 범인을 인수한 경우에 그 항공기 내에서 구금을 계속할 수 없을 때에는 직접 또는 해당 관계 기관 공무원을 통하여 해당 공항을 관할하는 국가경찰관서에 지체 없이 인도하여야 한다.

③ 제1항 및 제2항에 따라 범인을 인도받은 국가경찰관서의 장은 범인에 대한 처리 결

과를 지체 없이 해당 항공운송사업자에게 통보하여야 한다.
[전문개정 2010. 3. 22.]

제26조(예비조사) ① 국가경찰관서의 장은 제25조 제1항 및 제2항에 따라 범인을 인도받은 경우에는 범행에 대한 범인의 조사, 증거물의 제출요구 또는 증인에 대한 진술확보 등 예비조사를 할 수 있다.
② 국가경찰관서의 장은 제1항에 따른 예비조사를 하는 경우에 해당 항공기의 운항을 부당하게 지연시켜서는 아니 된다.
[전문개정 2010. 3. 22.]

제5장 항공보안장비 등 〈개정 2013. 4. 5.〉

제27조(항공보안장비 성능 인증 등) ① 장비운영자가 이 법에 따른 보안검색을 하는 경우에는 국토교통부장관으로부터 성능 인증을 받은 항공보안장비를 사용하여야 한다.
② 제1항에 따른 항공보안장비의 성능 인증을 위한 기준·방법·절차 및 장비운영자가 사용하는 항공보안장비의 성능 검사 등 운영에 필요한 사항은 국토교통부령으로 정한다.
③ 국토교통부장관은 성능 인증을 받은 항공보안장비의 종류, 운영, 유지관리 등에 관한 기준을 정하여 고시하여야 한다.
④ 국토교통부장관은 제1항에 따라 성능 인증을 받은 항공보안장비가 계속하여 성능을 유지하고 있는지를 확인하기 위하여 국토교통부령으로 정하는 바에 따라 정기적으로 또는 수시로 점검을 실시하여야 한다.
⑤ 우리나라와 항공보안장비 성능 상호인증 협약이 체결된 국가로부터 그 성능을 인증받은 항공보안장비는 제1항의 규정에도 불구하고 우리나라의 항공보안장비 성능 인증을 받은 것으로 본다. 다만, 국토교통부장관은 상호인증 협약을 체결하였을 때에는 그 내용을 고시하여야 한다.
[전문개정 2017. 10. 24.]

제27조의 2(항공보안장비 성능 인증의 취소) 국토교통부장관은 성능 인증을 받은 항공보안장비가 다음 각 호의 어느 하나에 해당하는 경우에는 그 인증을 취소할 수 있다. 다만, 제1호에 해당하는 때에는 그 인증을 취소하여야 한다.

1. 거짓이나 그 밖의 부정한 방법으로 인증을 받은 경우
2. 항공보안장비가 제27조 제2항에 따른 성능 기준에 적합하지 아니하게 된 경우
3. 제27조 제4항에 따른 점검을 정당한 사유 없이 받지 아니한 경우
4. 제27조 제4항에 따른 점검을 실시한 결과 중대한 결함이 있다고 판단될 경우

[본조신설 2017. 10. 24.]

제27조의 3(인증업무의 위탁) 국토교통부장관은 인증업무의 전문성과 신뢰성을 확보하기 위하여 제27조에 따른 항공보안장비의 성능 인증 및 점검 업무를 대통령령으로 정하는 기관(이하 "인증기관"이라 한다)에 위탁할 수 있다.

[본조신설 2017. 10. 24.]

제27조의 4(시험기관의 지정) ① 국토교통부장관은 제27조에 따른 성능 인증을 위하여 항공보안장비의 성능을 평가하는 시험(이하 "성능평가시험"이라 한다)을 실시하는 기관(이하 "시험기관"이라 한다)을 지정할 수 있다.

② 제1항에 따라 시험기관 지정을 받으려는 법인이나 단체는 국토교통부령으로 정하는 지정기준을 갖추어 국토교통부장관에게 지정신청을 하여야 한다.

[본조신설 2017. 10. 24.]

제27조의 5(시험기관의 지정취소 등) ① 국토교통부장관은 제27조의 4에 따라 시험기관으로 지정받은 법인이나 단체가 다음 각 호의 어느 하나에 해당하는 경우에는 그 지정을 취소하거나 1년 이내의 기간을 정하여 그 업무의 전부 또는 일부의 정지를 명할 수 있다. 다만, 제1호 또는 제2호에 해당하는 때에는 그 지정을 취소하여야 한다.

1. 거짓이나 그 밖의 부정한 방법을 사용하여 시험기관으로 지정을 받은 경우
2. 업무정지 명령을 받은 후 그 업무정지 기간에 성능평가시험을 실시한 경우
3. 정당한 사유 없이 성능평가시험을 실시하지 아니한 경우

4. 제27조 제2항에 따른 기준·방법·절차 등을 위반하여 성능평가시험을 실시한 경우
5. 제27조의 4 제2항에 따른 시험기관 지정기준을 충족하지 못하게 된 경우
6. 성능평가시험 결과를 거짓으로 조작하여 수행한 경우

② 제1항에 따른 지정취소와 업무정지의 기준 등에 관하여 필요한 사항은 국토교통부령으로 정한다.

[본조신설 2017. 10. 24.]

제27조의 6(수수료) 제27조 제1항에 따라 항공보안장비 성능 인증을 받으려는 자는 국토교통부령으로 정하는 바에 따라 인증기관 및 시험기관에 수수료를 내야 한다.

[본조신설 2017. 10. 24.]

제28조(교육훈련 등) ① 국토교통부장관은 항공보안에 관한 업무수행자의 교육에 필요한 사항을 정하여야 한다. 〈개정 2013. 3. 23., 2013. 4. 5.〉

② 제1항에 따른 정보 제공의 절차 및 협력사항 등에 관한 세부 사항은 국토교통부령으로 정한다. 〈개정 2013. 3. 23.〉

③ 제2항에 따른 교육기관으로 지정받으려는 자가 갖추어야 하는 시설·장비 및 인력 등의 지정기준에 대하여는 국토교통부령으로 정한다. 〈개정 2013. 3. 23.〉

④ 국토교통부장관은 교육기관으로 지정받은 자가 다음 각 호의 어느 하나에 해당하는 경우에는 그 지정을 취소할 수 있다. 다만, 제1호에 해당하면 지정을 취소하여야 한다. 〈개정 2013. 3. 23.〉

1. 거짓이나 그 밖의 부정한 방법으로 교육기관의 지정을 받은 경우
2. 제3항의 지정기준에 미달하게 된 경우. 다만, 일시적으로 지정기준에 미달하게 되어 3개월 내에 지정기준을 다시 갖춘 경우에는 그러하지 아니하다.
3. 교육의 전 과정을 2년 이상 운영하지 아니한 경우

⑤ 교육기관의 지정이나 교육훈련에 관하여 필요한 사항은 국토교통부장관이 정한다. 〈개정 2013. 3. 23.〉

[전문개정 2010. 3. 22.]

제29조(검색 기록의 유지) 공항운영자 및 항공운송사업자 또는 보안검색을 위탁받은 검색업체는 검색요원의 업무, 현장교육훈련 기록 등의 보안검색에 관한 기록을 국토교통부령으로 정하는 바에 따라 작성·유지하여야 한다. 〈개정 2013. 3. 23.〉

[전문개정 2010. 3. 22.]

제6장 항공보안 위협에 대한 대응 〈개정 2013. 4. 5.〉

제30조(항공보안을 위협하는 정보의 제공) ① 국토교통부장관은 항공보안을 해치는 정보를 알게 되었을 때에는 관련 행정기관, 국제민간항공기구, 해당 항공기 등록국가의 관련 기관 및 항공기 소유자 등에 그 정보를 제공하여야 한다. 〈개정 2013. 3. 23., 2013. 4. 5.〉

② 제1항에 따른 정보 제공의 절차 및 협력사항 등에 관한 세부 사항은 국토교통부령으로 정한다. 〈개정 2013. 3. 23.〉

[전문개정 2010. 3. 22.]

[제목개정 2013. 4. 5.]

제31조(국가항공보안 우발계획 등의 수립) ① 국토교통부장관은 민간항공에 대한 불법 방해행위에 신속하게 대응하기 위하여 국가항공보안 우발계획을 수립·시행하여야 한다.

② 공항운영자 등은 제1항의 국가항공보안 우발계획에 따라 자체 우발계획을 수립·시행하여야 한다.

③ 공항운영자 등은 제2항에 따라 자체 우발계획을 수립 또는 변경하는 경우에는 국토교통부장관의 승인을 받아야 한다. 다만, 국토교통부령으로 정하는 경미한 사항을 변경하는 경우에는 그러하지 아니하다.

④ 제1항부터 제3항까지의 규정에 따른 국가항공보안 우발계획 및 자체 우발계획의 구체적인 내용, 수립기준 및 승인절차 등에 관하여 필요한 사항은 국토교통부령으로 정한다.

[전문개정 2013. 4. 5.]

제32조(보안조치) 국토교통부장관은 민간항공에 대한 위협에 신속한 대응이 필요한 경우에는 공항운영자 등에 대하여 필요한 조치를 할 수 있다. 〈개정 2013. 3. 23.〉
[전문개정 2010. 3. 22.]
[제목개정 2013. 4. 5.]

제33조(항공보안 감독) ① 국토교통부장관은 소속 공무원을 항공보안 감독관으로 지정하여 항공보안에 관한 점검업무를 수행하게 하여야 한다. 〈개정 2013. 3. 23., 2013. 4. 5.〉
② 국토교통부장관은 대통령령으로 정하는 바에 따라 관계 행정기관과 합동으로 공항 및 항공기의 보안실태에 대하여 현장점검을 할 수 있다. 〈개정 2013. 4. 5.〉
③ 국토교통부장관은 제1항 및 제2항에 따른 점검업무의 수행에 필요하다고 인정하는 경우에는 공항운영자 등에게 필요한 서류 및 자료를 제출하게 할 수 있다. 〈신설 2013. 4. 5.〉
④ 국토교통부장관은 제1항 및 제2항에 따른 점검 결과 그 개선이나 보완이 필요하다고 인정하는 경우에는 공항운영자 등에게 시정조치 또는 그 밖의 보안대책 수립을 명할 수 있다. 〈신설 2013. 4. 5.〉
⑤ 제1항 또는 제2항에 따라 점검을 하는 경우에는 점검 7일 전까지 점검일시, 점검이유 및 점검내용 등에 대한 점검계획을 점검 대상자에게 통지하여야 한다. 다만, 긴급한 경우 또는 사전에 통지하면 증거인멸 등으로 점검 목적을 달성할 수 없다고 인정하는 경우에는 그러하지 아니하다. 〈개정 2013. 4. 5.〉
⑥ 항공보안 감독관은 항공보안에 관한 점검업무 수행을 위하여 필요한 경우에는 항공기 및 공항시설에 출입하여 검사할 수 있다. 〈개정 2013. 4. 5.〉
⑦ 제1항, 제2항 및 제6항에 따라 점검을 하는 공무원은 그 권한을 표시하는 증표를 지니고 이를 관계인에게 보여주어야 한다. 〈개정 2013. 4. 5.〉
⑧ 제1항에 따른 항공보안 감독관의 지정·운영 및 점검업무 등에 대한 세부 사항은 국토교통부령으로 정한다. 〈개정 2013. 3. 23., 2013. 4. 5.〉
[전문개정 2010. 3. 22.]

제33조의 2(항공보안 자율신고) ① 민간항공의 보안을 해치거나 해칠 우려가 있는 사실로서 국토교통부령으로 정하는 사실을 안 사람은 국토교통부장관에게 그 사실을 신고(이하 이 조에서 "항공보안 자율신고"라 한다)할 수 있다.

② 국토교통부장관은 항공보안 자율신고를 한 사람의 의사에 반하여 신고자의 신분을 공개하여서는 아니 되며, 그 신고 내용을 보안사고 예방 및 항공보안 확보 목적 외의 다른 목적으로 사용하여서는 아니 된다.

③ 공항운영자 등은 소속 임직원이 항공보안 자율신고를 한 경우에는 그 신고를 이유로 해고, 전보, 징계, 그 밖에 신분이나 처우와 관련하여 불이익한 조치를 하여서는 아니 된다.

④ 국토교통부장관은 제1항 및 제2항에 따른 항공보안 자율신고의 접수·분석·전파에 관한 업무를 대통령령으로 정하는 바에 따라 「한국교통안전공단법」에 따른 한국교통안전공단에 위탁할 수 있다. 이 경우 위탁받은 업무에 종사하는 한국교통안전공단의 임직원은 「형법」 제129조부터 제132조까지의 규정을 적용할 때에는 공무원으로 본다. 〈2017. 10. 24.〉

⑤ 항공보안 자율신고의 신고방법 및 신고처리절차 등에 관하여 필요한 사항은 국토교통부령으로 정한다.

[본조신설 2013. 4. 5.]

제7장 보칙

제34조(재정 지원) 국가는 예산의 범위에서 항공보안 업무 수행에 필요한 비용을 지원할 수 있다. 〈개정 2013. 4. 5.〉

[전문개정 2010. 3. 22.]

제35조(감독) ① 국토교통부장관은 이 법 또는 이 법에 따른 명령이나 처분을 위반하는 행위에 대하여는 시정명령 등 필요한 조치를 할 수 있다. 〈개정 2013. 3. 23., 2017. 10. 24.〉

② 국토교통부장관은 항공보안장비의 안전 및 적합성을 확보하기 위하여 인증기관 및

시험기관에 대하여 필요한 범위에서 지도·감독을 할 수 있다. 〈신설 2017. 10. 24.〉

③ 국토교통부장관은 제2항에 따라 감독상 필요하다고 인정되는 경우에는 인증기관 및 시험기관의 운영과 업무의 처리에 관한 명령을 할 수 있으며, 소속 공무원으로 하여금 그 장부와 전표, 서류, 시설 등을 검사하게 할 수 있다. 이 경우 검사를 하는 공무원은 그 권한을 표시하는 증표를 지니고 이를 관계인에게 내보여야 한다. 〈신설 2017. 10. 24.〉

[전문개정 2010. 3. 22.]

제35조의 2(항공보안정보체계의 구축) ① 국토교통부장관은 항공보안정보의 체계적인 관리 및 정보공유를 위하여 항공보안정보체계를 구축·운영할 수 있다.

② 국토교통부장관은 항공보안정보체계의 구축·운영에 필요한 자료의 제출 또는 정보의 제공을 공항운영자 등에게 요청할 수 있다. 이 경우 자료의 제출이나 정보의 제공을 요구받은 자는 정당한 사유가 없으면 이에 따라야 한다.

[본조신설 2017. 8. 9.]

제36조 삭제 〈2012. 1. 26.〉

제37조(청문) 국토교통부장관은 다음 각 호의 어느 하나에 해당하는 취소처분을 하려면 청문을 하여야 한다. 〈개정 2013. 3. 23., 2013. 4. 5., 2014. 1. 14., 2017. 10. 24.〉

1. 제15조 제8항(제16조 제1항 후단, 제2항 후단 및 제17조 제5항에서 준용하는 경우를 포함한다)에 따른 위탁업체 지정의 취소
2. 제17조의 3 제1항에 따른 상용화주 지정의 취소
3. 제27조의 5에 따른 시험기관 지정의 취소
4. 제28조 제4항에 따른 교육기관 지정의 취소

[전문개정 2010. 3. 22.]

제38조(권한의 위임·위탁) ① 국토교통부장관은 이 법에 따른 권한의 일부를 대통령령으로 정하는 바에 따라 소속기관의 장에게 위임할 수 있다.

② 국토교통부장관은 이 법에 따른 업무의 일부를 대통령령으로 정하는 바에 따라 항공

보안 관련 기관 또는 단체에 위탁할 수 있다.
[전문개정 2020. 6. 9.]

제38조의 2(벌칙 적용에서 공무원 의제) 항공보안장비 성능 인증 및 성능평가시험에 관한 업무에 종사하는 인증기관 및 시험기관의 임직원은 「형법」 제129조부터 제132조까지의 규정에 따른 벌칙을 적용할 때에는 공무원으로 본다.
[본조신설 2017. 10. 24.]

제8장 벌칙

제39조(항공기 파손죄) ① 운항 중인 항공기의 안전을 해칠 정도로 항공기를 파손한 사람(「항공안전법」 제138조 제1항에 해당하는 사람은 제외한다)은 사형, 무기징역 또는 5년 이상의 징역에 처한다. 〈개정 2016. 3. 29.〉
② 계류 중인 항공기의 안전을 해칠 정도로 항공기를 파손한 사람은 7년 이하의 징역에 처한다.
[전문개정 2010. 3. 22.]

제40조(항공기 납치죄 등) ① 폭행, 협박 또는 그 밖의 방법으로 항공기를 강탈하거나 그 운항을 강제한 사람은 무기 또는 7년 이상의 징역에 처한다.
② 제1항의 죄를 범하여 사람을 사상(死傷)에 이르게 한 사람은 사형 또는 무기징역에 처한다.
③ 제1항의 미수범은 처벌한다.
④ 제1항 또는 제2항의 죄를 범할 목적으로 예비 또는 음모한 사람은 5년 이하의 징역에 처한다. 다만, 그 목적한 죄를 실행에 옮기기 전에 자수한 사람에 대하여는 그 형을 감경하거나 면제할 수 있다.
[전문개정 2010. 3. 22.]

제41조(항공시설 파손죄) ① 항공기 운항과 관련된 항공시설을 파손하거나 조작을 방해함으로써 항공기의 안전운항을 해친 사람(「항공안전법」 제140조에 해당하는 사람은 제외한다)은 10년 이하의 징역에 처한다. 〈개정 2016. 3. 29., 2017. 10. 24.〉

② 제1항의 죄를 범하여 사람을 사상에 이르게 한 사람은 사형, 무기징역 또는 7년 이상의 징역에 처한다. 〈신설 2017. 10. 24.〉

[전문개정 2010. 3. 22.]

제42조(항공기 항로 변경죄) 위계 또는 위력으로써 운항 중인 항공기의 항로를 변경하게 하여 정상 운항을 방해한 사람은 1년 이상 10년 이하의 징역에 처한다.

[전문개정 2010. 3. 22.]

제43조(직무집행방해죄) 폭행·협박 또는 위계로써 기장 등의 정당한 직무집행을 방해하여 항공기와 승객의 안전을 해친 사람은 10년 이하의 징역에 처한다.

[전문개정 2010. 3. 22.]

제44조(항공기 위험물건 탑재죄) 제21조를 위반하여 휴대 또는 탑재가 금지된 물건을 항공기에 휴대 또는 탑재하거나 다른 사람으로 하여금 휴대 또는 탑재하게 한 사람은 2년 이상 5년 이하의 징역 또는 2천만 원 이상 5천만 원 이하의 벌금에 처한다. 〈개정 2017. 8. 9.〉

[전문개정 2010. 3. 22.]

제45조(공항운영 방해죄) 거짓된 사실의 유포, 폭행, 협박 및 위계로써 공항운영을 방해한 사람은 5년 이하의 징역 또는 5천만 원 이하의 벌금에 처한다. 〈개정 2013. 4. 5.〉

[전문개정 2010. 3. 22.]

제46조(항공기 내 폭행죄 등) ① 제23조 제2항을 위반하여 항공기의 보안이나 운항을 저해하는 폭행·협박·위계행위 또는 출입문·탈출구·기기의 조작을 한 사람은 10년 이하의 징역에 처한다.

② 제23조 제2항을 위반하여 항공기 내에서 다른 사람을 폭행한 사람은 5년 이하의 징역에 처한다.
[전문개정 2017. 3. 21.]

제47조(항공기 점거 및 농성죄) 제23조 제3항을 위반하여 항공기를 점거하거나 항공기 내에서 농성한 사람은 3년 이하의 징역 또는 3천만원 이하의 벌금에 처한다. 〈개정 2013. 4. 5.〉
[전문개정 2010. 3. 22.]

제48조(운항 방해정보 제공죄) 항공운항을 방해할 목적으로 거짓된 정보를 제공한 사람은 3년 이하의 징역 또는 3천만 원 이하의 벌금에 처한다. 〈개정 2013. 4. 5.〉
[전문개정 2010. 3. 22.]

제49조(벌칙) ① 제23조 제1항 제7호를 위반하여 기장 등의 업무를 위계 또는 위력으로써 방해한 사람은 10년 이하의 징역 또는 1억 원 이하의 벌금에 처한다. 〈신설 2016. 1. 19., 2017. 3. 21.〉
② 다음 각 호의 어느 하나에 해당하는 사람은 3년 이하의 징역 또는 3천만 원 이하의 벌금에 처한다. 〈개정 2017. 3. 21.〉
  1. 제23조 제1항 제6호를 위반하여 조종실 출입을 기도한 사람
  2. 제23조 제4항을 위반하여 기장 등의 지시에 따르지 아니한 사람
[전문개정 2010. 3. 22.]

제50조(벌칙) ① 제23조 제8항을 위반하여 공항에서 보안검색 업무를 수행 중인 항공보안검색요원 또는 보호구역에의 출입을 통제하는 사람에 대하여 업무를 방해하는 행위 또는 폭행 등 신체에 위해를 주는 행위를 한 사람은 5년 이하의 징역 또는 5천만 원 이하의 벌금에 처한다.
② 운항 중인 항공기 내에서 다음 각 호의 어느 하나에 해당하는 사람은 3년 이하의 징역 또는 3천만 원 이하의 벌금에 처한다.
  1. 제23조 제1항 제1호를 위반하여 폭언, 고성방가 등 소란행위를 한 사람

2. 제23조 제1항 제3호를 위반하여 술을 마시거나 약물을 복용하고 다른 사람에게 위해를 주는 행위를 한 사람

③ 다음 각 호의 어느 하나에 해당하는 자는 5천만 원 이하의 벌금에 처한다.

1. 제10조 제2항을 위반하여 자체 보안계획을 수립하지 아니한 자
2. 제15조를 위반하여 보안검색 업무를 하지 아니하거나 소홀히 한 사람
3. 제31조 제2항을 위반하여 자체 우발계획을 수립하지 아니한 자

④ 다음 각 호의 어느 하나에 해당하는 자는 3천만 원 이하의 벌금에 처한다.

1. 제10조 제2항을 위반하여 자체 보안계획의 승인을 받지 아니한 자
2. 제16조 또는 제17조를 위반하여 보안검색 업무를 하지 아니하거나 소홀히 한 사람
3. 제31조 제3항을 위반하여 자체 우발계획의 승인을 받지 아니한 자

⑤ 계류 중인 항공기 내에서 다음 각 호의 어느 하나에 해당하는 사람은 2천만 원 이하의 벌금에 처한다.

1. 제23조 제1항 제1호를 위반하여 폭언, 고성방가 등 소란행위를 한 사람
2. 제23조 제1항 제3호를 위반하여 술을 마시거나 약물을 복용하고 다른 사람에게 위해를 주는 행위를 한 사람

⑥ 운항 중인 항공기 내에서 다음 각 호의 어느 하나에 해당하는 사람은 1천만 원 이하의 벌금에 처한다.

1. 제23조 제1항 제2호를 위반하여 흡연을 한 사람
2. 제23조 제1항 제4호를 위반하여 다른 사람에게 성적(性的) 수치심을 일으키는 행위를 한 사람
3. 제23조 제1항 제5호를 위반하여 전자기기를 사용한 사람

⑦ 계류 중인 항공기 내에서 다음 각 호의 어느 하나에 해당하는 사람은 5백만 원 이하의 벌금에 처한다.

1. 제23조 제1항 제2호를 위반하여 흡연을 한 사람
2. 제23조 제1항 제4호를 위반하여 다른 사람에게 성적(性的) 수치심을 일으키는 행위를 한 사람
3. 제23조 제1항 제5호를 위반하여 전자기기를 사용한 사람

⑧ 제13조 제1항을 위반하여 공항운영자의 허가를 받지 아니하고 보호구역에 출입한 사

람은 1백만 원 이하의 벌금에 처한다.
[전문개정 2017. 3. 21.]

제50조의 2(양벌규정) 법인의 대표자나 법인 또는 개인의 대리인, 사용인, 그 밖의 종업원이 그 법인 또는 개인의 업무에 관하여 제50조의 어느 하나에 해당하는 위반행위를 하면 그 행위자를 벌하는 외에 그 법인 또는 개인에게도 해당 조문의 벌금형을 과(科)한다. 다만, 법인 또는 개인이 그 위반행위를 방지하기 위하여 해당 업무에 관하여 상당한 주의와 감독을 게을리하지 아니한 경우에는 그러하지 아니하다.
[본조신설 2013. 4. 5.]

제51조(과태료) ① 다음 각 호의 어느 하나에 해당하는 자에게는 1천만 원 이하의 과태료를 부과한다. 〈개정 2013. 4. 5., 2016. 1. 19., 2017. 10. 24., 2020. 6. 9.〉

1. 제10조 제2항에 따라 승인받은 자체 보안계획을 이행하지 아니한 자(국가항공보안계획과 관련되는 부분만 해당한다)
2. 제14조 제2항을 위반하여 항공기내보안요원을 탑승시키지 아니한 항공운송사업자
3. 제14조 제4항을 위반하여 항공기에 대한 보안점검을 실시하지 아니한 항공운송사업자

3의 2. 제14조의 2 제5항을 위반하여 생체정보를 파기하지 아니한 자

4. 제17조 제1항을 위반하여 통과 승객이나 환승 승객에게 휴대물품을 가지고 내리도록 조치하지 아니한 항공운송사업자
5. 제19조 제1항을 위반하여 국토교통부장관에게 보고하지 아니한 자

5의 2. 제25조 제1항을 위반하여 항공기 내에서 죄를 범한 범인을 관할 국가경찰관서에 인도하지 아니한 기장 등이 소속된 항공운송사업자

6. 제27조를 위반하여 국토교통부장관의 성능 인증을 받은 항공보안장비를 사용하지 아니한 자

6의 2. 제27조에 따른 항공보안장비 성능 인증을 위한 기준과 절차 등을 위반한 인증기관 및 시험기관

7. 제31조 제3항에 따라 승인받은 자체 우발계획을 이행하지 아니한 자(국가항공보

안 우발계획과 관련되는 부분만 해당한다)

8. 제32조에 따른 보안조치를 이행하지 아니한 자

9. 제33조 제4항에 따른 시정조치 또는 명령을 이행하지 아니한 자

10. 제33조의 2 제3항을 위반하여 불이익한 조치를 한 자

11. 제35조에 따른 시정명령 등 필요한 조치를 이행하지 아니한 자

② 다음 각 호의 어느 하나에 해당하는 자에게는 500만 원 이하의 과태료를 부과한다. 〈신설 2013. 4. 5., 2017. 8. 9.〉

1. 제23조 제9항에 따른 안내를 하지 아니한 항공운송사업자

2. 제29조를 위반하여 보안검색에 관한 기록을 작성·유지하지 아니한 자

3. 제33조 제3항에 따른 점검업무의 수행에 필요한 서류 및 자료를 제출하지 아니하거나 거짓의 자료를 제출한 자

③ 제17조 제1항에 따른 항공운송사업자의 지시에도 불구하고 휴대물품을 가지고 내리지 아니한 사람에게는 100만 원 이하의 과태료를 부과한다. 〈개정 2013. 4. 5.〉

④ 제1항부터 제3항까지의 규정에 따른 과태료는 대통령령으로 정하는 바에 따라 국토교통부장관이 부과·징수한다. 〈개정 2013. 4. 5.〉

[전문개정 2010. 3. 22.]

부 칙 〈법률 제6734호, 2002. 8. 26.〉

① (시행일) 이 법은 공포 후 3월이 경과한 날부터 시행한다. 다만, 제6조 및 제38조의 개정규정은 공포한 날부터 시행한다.

② (보안검색업무에 관한 경과조치) 이 법 시행 당시 공항에서 보안검색업무를 수행하고 있는 자는 공항운영자 및 항공운송사업자가 보안검색을 인수할 때까지 보안검색업무를 수행한다.

③ (다른 법률의 개정) 항공법 중 다음과 같이 개정한다.

제61조 제2항 및 제6항을 삭제한다.

제165조 중 "제61조 제2항 또는 제3항"을 "제61조 제3항"으로 한다.

부　　칙 〈법률 제7050호, 2003. 12. 31.〉

① (시행일) 이 법은 2004년 4월 1일부터 시행한다.

② (통과 또는 환승 승객 등에 대한 보안검색에 관한 적용례) 제17조 및 제50조 제1항 제2호 및 제3호의 개정규정은 이 법 시행 후 최초로 공항에 도착한 항공기의 통과 또는 환승 승객 및 휴대물품부터 적용한다.

③ (보안검색업무에 관한 경과조치) 이 법 시행 당시 공항운영자가 통과 또는 환승 승객 및 휴대물품의 보안검색업무를 인수할 때까지 항공운송사업자가 보안검색업무를 수행한다.

부　　칙 〈법률 제7472호, 2005. 3. 31.〉

이 법은 공포 후 3월이 경과한 날부터 시행한다.

부　　칙 〈법률 제7691호, 2005. 11. 8.〉 (항공법)

제1조 (시행일) 이 법은 공포 후 8월이 경과한 날부터 시행한다. 〈단서 생략〉

제2조 내지 제9조 생략

제10조 (다른 법률의 개정) 항공안전 및 보안에 관한 법률 일부를 다음과 같이 개정한다.

제21조 제1항 단서를 다음과 같이 한다.

다만, 「항공법」 제59조 제1항의 규정에 의하여 건설교통부장관의 허가를 받은 경우 및 특정한 직무를 수행하기 위한 경우 등 건설교통부령이 정하는 경우에는 그러하지 아니하다.

부　　칙 〈법률 제7849호, 2006. 2. 21.〉

(제주특별자치도 설치 및 국제자유도시 조성을 위한 특별법)

제1조 (시행일) 이 법은 2006년 7월 1일부터 시행한다. 〈단서 생략〉

제2조 내지 제39조 생략

제40조 (다른 법령의 개정) ① 내지 ㉟ 생략

㊱ 항공안전 및 보안에 관한 법률 일부를 다음과 같이 개정한다.

제15조 제2항 단서, 제25조 제1항 내지 제3항 및 제26조 제1항·제2항 중 "경찰관서"를 각각 "국가경찰관서"로 한다.

㊲ 내지 ㊼ 생략

제41조 생략

부　　칙 〈법률 제7926호, 2006. 3. 24.〉

이 법은 공포 후 3개월이 경과한 날부터 시행한다.

부　　칙 〈법률 제7988호, 2006. 9. 27.〉 (소비자기본법)

제1조 (시행일) 이 법은 공포 후 6개월이 경과한 날부터 시행한다. 〈단서 생략〉

제2조 내지 제11조 생략

제12조 (다른 법률의 개정) ① 내지 ⑩ 생략

⑪ 항공안전 및 보안에 관한 법률 일부를 다음과 같이 개정한다.

제36조 제1항 본문 중 "소비자보호법에 의한 한국소비자보호원(이하 "소비자보호원"이라 한다)"을 「소비자기본법」에 의한 한국소비자원(이하 "한국소비자원"이라 한다)"으로 하고, 동조 제3항 중 "소비자보호원"을 "한국소비자원"으로 한다.

⑫ 생략

제13조 생략

부 칙 〈법률 제8129호, 2006. 12. 28.〉

이 법은 공포 후 3개월이 경과한 날부터 시행한다.

부 칙 〈법률 제8787호, 2007. 12. 21.〉 (항공법)

제1조(시행일) 이 법은 공포 후 6개월이 경과한 날부터 시행한다. 〈단서 생략〉

제2조부터 제12조까지 생략

제13조(다른 법률의 개정) 항공안전 및 보안에 관한 법률 일부를 다음과 같이 개정한다.

제2조에 제4호의 2를 다음과 같이 신설한다.

4의 2. "항공기정비업체"란 「항공법」 제137조의 2에 따라 항공기정비업을 등록한 업체를 말한다.

제4조 중 "항공기취급업체"를 "항공기취급업체·항공기정비업체"로 한다.

제5조 및 제10조 중 "항공기취급업체"를 각각 "항공기취급업체·항공기정비업체"로 한다.

부 칙 〈법률 제8852호, 2008. 2. 29.〉 (정부조직법)

제1조(시행일) 이 법은 공포한 날부터 시행한다. 다만, · · · 〈생략〉 · · · , 부칙 제6조에 따라 개정되는 법률 중 이 법의 시행 전에 공포되었으나 시행일이 도래하지 아니한 법률을 개정한 부분은 각각 해당 법률의 시행일부터 시행한다.

제2조부터 제5조까지 생략

제6조(다른 법률의 개정) ①부터 〈624〉까지 생략

〈625〉 항공안전 및 보안에 관한 법률 일부를 다음과 같이 개정한다.

제4조, 제6조, 제7조 제1항 각 호 외의 부분, 제9조 제1항, 제10조 제1항, 제12조 제1항·제2항, 제15조 제3항 · 제6항 전단, 제17조 제4항, 제19조 제1항 각 호 외의 부분·제2항 · 제3항, 제21조 제1항 단서, 제27조 제1항 · 제2항, 제28조 제1항 · 제2항, 제

30조, 제31조 제2항, 제32조, 제33조 제1항 · 제2항, 제35조, 제37조 및 제38조 제1항 · 제2항 중 "건설교통부장관"을 각각 "국토해양부장관"으로 한다.

제5조, 제10조 제1항, 제12조 제3항, 제13조 제2항, 제14조 제3항, 제15조 제6항 후단, 제18조 제2항, 제19조 제1항 제3호, 제20조 제2항, 제21조 제1항 단서, 제23조 제7항, 제24조 제4항, 제29조, 제31조 제3항, 제33조 제5항 및 제36조 제4항 중 "건설교통부령"을 각각 "국토해양부령"으로 한다.

제7조 제1항 각 호 외의 부분 중 "건설교통부"를 "국토해양부"로 한다.

〈626〉부터 〈760〉까지 생략

제7조 생략

부 칙 〈법률 제9074호, 2008. 3. 28.〉

이 법은 공포 후 3개월이 경과한 날부터 시행한다.

부 칙 〈법률 제9779호, 2009. 6. 9.〉

① (시행일) 이 법은 공포한 날부터 시행한다. 다만, 제23조 제7항의 개정규정은 공포 후 3개월이 경과한 날부터 시행하고, 제17조 제3항부터 제5항까지의 개정규정은 2010년 1월 1일부터 시행한다.

② (벌칙에 관한 경과조치) 이 법 시행 전의 행위에 대하여 벌칙을 적용할 때에는 종전의 규정에 따른다.

부　　칙 〈법률 제9780호, 2009. 6. 9.〉 (항공법)

제1조(시행일) 이 법은 공포 후 3개월이 경과한 날부터 시행한다. 〈단서 생략〉

제2조부터 제10조까지 생략

제11조(다른 법률의 개정) ①부터 ⑰까지 생략

⑱ 항공안전 및 보안에 관한 법률 일부를 다음과 같이 개정한다.

제2조 제3호 중 "「항공법」 제112조의 규정에 의하여 면허를 받은 정기항공운송사업자, 동 법 제132조의 규정에 의하여 등록한 부정기항공운송사업자 및 동법 제147조의 규정에 의하여"를 "「항공법」 제112조에 따라 면허를 받은 국내항공운송사업자 및 국제항공운송사업자, 같은 법 제132조에 따라 등록을 한 소형항공운송사업자 및 같은 법 제147조에 따라"로 한다.

제11조 제1항 중 "「항공법」 제2조 제6호 및 제16호의 규정에 의한"을 "「항공법」 제2조 제8호 및 제17호에 따른"으로 한다.

⑲ 생략

제12조 생략

부　　칙 〈법률 제10160호, 2010. 3. 22.〉

① (시행일) 이 법은 공포 후 6개월이 경과한 날부터 시행한다.

② (경과조치) 이 법 시행 당시 종전의 규정에 따라 공항운영자 등이 수립하여 국토해양부장관의 승인을 받은 항공안전 및 보안의 시행계획은 제10조 제2항의 개정규정에 따라 수립하여 승인받은 자체 보안계획으로 본다.

부　　칙 〈법률 제11244호, 2012. 1. 26.〉 (항공법)

제1조(시행일) 이 법은 공포 후 6개월이 경과한 날부터 시행한다. 〈단서 생략〉

제2조부터 제7조까지 생략

제8조(다른 법률의 개정) ① 항공안전 및 보안에 관한 법률 일부를 다음과 같이 개정한다.

제2조 제2호를 다음과 같이 한다.

2. "공항운영자"란 「항공법」 제2조 제7호의 2에 따른 공항운영자를 말한다.

제36조를 삭제한다.

② 생략

부　　칙 〈법률 제11690호, 2013. 3. 23.〉 (정부조직법)

제1조(시행일) ① 이 법은 공포한 날부터 시행한다.

② 생략

제2조부터 제5조까지 생략

제6조(다른 법률의 개정) ①부터 〈653〉까지 생략

〈654〉 항공안전 및 보안에 관한 법률 일부를 다음과 같이 개정한다.

제4조, 제6조, 제9조 제1항, 제10조 제1항, 같은 조 제2항 본문, 제11조 제3항, 제12조 제1항 · 제2항, 제14조 제5항, 제15조 제3항, 같은 조 제6항 전단, 제17조 제4항, 제17조의 2 제1항 · 제2항, 제17조의 3 제1항 각 호 외의 부분, 같은 조 제2항, 제19조 제1항 각 호 외의 부분, 같은 조 제2항 · 제3항, 제21조 제1항 · 제2항 · 제4항, 제27조 제1항 · 제2항, 제28조 제1항·제2항, 같은 조 제4항 각 호 외의 부분 본문, 같은 조 제5항, 제30조 제1항, 제31조 제2항, 제32조, 제33조 제1항 · 제2항, 제35조, 제37조 각 호 외의 부분, 제38조 제1항 · 제2항 및 제51조 제3항 중 "국토해양부장관"을 각각 "국토교통부장관"으로 한다.

제5조, 제9조 제1항, 제10조 제2항 단서, 같은 조 제3항, 제12조 제3항, 제13조 제2항, 제14조 제3항, 같은 조 제4항 후단, 제15조 제6항 후단, 제17조의 2 제1항 · 제4항, 제17조의 3 제3항, 제18조 제2항, 제19조 제1항 제3호, 제20조 제2항, 제21조 제

5항, 제23조 제7항 제4호, 제24조 제4항, 제28조 제3항, 제29조, 제30조 제2항, 제31조 제3항 및 제33조 제6항 중 "국토해양부령"을 각각 "국토교통부령"으로 한다.

제7조 제1항 각 호 외의 부분 중 "국토해양부"를 "국토교통부"로 한다.

〈655〉부터 〈710〉까지 생략

제7조 생략

부 칙 〈법률 제11753호, 2013. 4. 5.〉

제1조(시행일) 이 법은 공포 후 1년이 경과한 날부터 시행한다.

제2조(항공안전협의회 등에 관한 경과조치) ① 이 법 시행 당시 종전의 규정에 따라 설치된 항공안전협의회는 제7조의 개정규정에 따른 항공보안협의회로 본다.

② 이 법 시행 당시 종전의 규정에 따라 설치된 공항안전운영협의회는 제8조의 개정규정에 따른 지방항공보안협의회로 본다.

제3조(항공안전 및 보안에 관한 기본계획에 관한 경과조치) 이 법 시행 당시 종전의 규정에 따라 수립된 항공안전 및 보안에 관한 기본계획은 제9조의 개정규정에 따른 항공보안에 관한 기본계획으로 본다.

제4조(항공안전 보안장비 관련 고시에 관한 경과조치) 이 법 시행 당시 종전의 규정에 따라 국토교통부장관이 행한 항공안전 보안장비에 관한 고시는 제27조 제2항의 개정규정에 따른 항공보안장비에 관한 고시로 본다.

제5조(국가항공보안 우발계획 등에 관한 경과조치) ① 국토교통부장관은 이 법 시행일부터 3개월 이내에 제31조 제1항의 개정규정에 따른 국가항공보안 우발계획을 수립하여야 한다.

② 이 법 시행 당시 종전의 규정에 따라 공항운영자 등이 수립하여 승인받은 우발계획은 제31조 제3항의 개정규정에 따라 국토교통부장관의 승인을 받은 자체 우발계획으로 본다.

제6조(벌칙 및 과태료에 관한 경과조치) 이 법 시행 전의 행위에 대한 벌칙과 과태료의 적용은 종전의 규정에 따른다.

제7조(다른 법률의 개정) 공중 등 협박목적을 위한 자금조달행위의 금지에 관한 법률 일부를 다음과 같이 개정한다.

제2조 제1호 나목 (1) 중 "「항공안전 및 보안에 관한 법률」"을 "「항공보안법」"으로 한다.

부 칙 〈법률 제11932호, 2013. 7. 16.〉

이 법은 2014년 4월 6일부터 시행한다.

부 칙 〈법률 제12257호, 2014. 1. 14.〉

이 법은 2014년 4월 6일부터 시행한다.

부 칙 〈법률 제13811호, 2016. 1. 19.〉

이 법은 공포한 날부터 시행한다.

부 칙 〈법률 제14113호, 2016. 3. 29.〉 (공항시설법)

제1조(시행일) 이 법은 공포 후 1년이 경과한 날부터 시행한다.

제2조부터 제16조까지 생략

제17조(다른 법률의 개정) ①부터 ㉔까지 생략

㉕ 항공보안법 일부를 다음과 같이 개정한다.

제15조 제4항 중 "「항공법」 제86조"를 "「공항시설법」 제32조 및 제50조"로 한다.

㉖ 생략

제18조 생략

부 칙 〈법률 제14115호, 2016. 3. 29.〉 (항공사업법)

제1조(시행일) 이 법은 공포 후 1년이 경과한 날부터 시행한다.

제2조부터 제24조까지 생략

제25조(다른 법률의 개정) ①부터 ⑤까지 생략

⑥ 항공보안법 일부를 다음과 같이 개정한다.

제2조 각 호 외의 부분 단서 중 "「항공법」"을 "「항공사업법」·「항공안전법」·「공항시설법」"으로 한다.

제2조 제2호 중 "「항공법」 제2조 제7호의 2"를 "「항공사업법」 제2조 제34호"로 하고, 같은 조 제3호 중 "「항공법」 제112조"를 "「항공사업법」 제7조"로, "같은 법 제132조"를 "같은 법 제10조"로, "같은 법 제147조"를 "같은 법 제54조"로 하며, 같은 조 제4호 중 "「항공법」 제137조"를 "「항공사업법」 제44조"로 하고, 같은 조 제5호 중 "「항공법」 제137조의 2"를 "「항공사업법」 제42조"로 한다.

⑦ 생략

제26조 생략

부 칙 〈법률 제14116호, 2016. 3. 29.〉 (항공안전법)

제1조(시행일) 이 법은 공포 후 1년이 경과한 날부터 시행한다. 〈단서 생략〉

제2조부터 제53조까지 생략

제54조(다른 법률의 개정) ①부터 ⑲까지 생략

⑳ 항공보안법 일부를 다음과 같이 개정한다.

제23조 제1항 제5호 중 "「항공법」 제61조의 2"를 "「항공안전법」 제73조"로 한다.

제39조 제1항 중 "「항공법」 제157조 제1항"을 "「항공안전법」 제138조 제1항"으로 한다.

제41조 중 "「항공법」 제156조"를 "「항공안전법」 제140조"로 한다.

㉑부터 ㉓까지 생략

제55조 생략

부　　칙 〈법률 제14724호, 2017. 3. 21.〉

이 법은 공포한 날부터 시행한다.

부　　칙 〈법률 제14870호, 2017. 8. 9.〉

이 법은 공포 후 6개월이 경과한 날부터 시행한다. 다만, 제17조의 2 제3항 및 제35조의 2의 개정규정은 공포 후 3개월이 경과한 날부터 시행한다.

부　　칙 〈법률 제14939호, 2017. 10. 24.〉 (한국교통안전공단법)

제1조(시행일) 이 법은 2018년 1월 1일부터 시행한다.

제2조 생략

제3조(다른 법률의 개정) ①부터 ⑨까지 생략

⑩ 항공보안법 일부를 다음과 같이 개정한다.

제33조의 2 제4항 전단 중 "「교통안전공단법」에 따른 교통안전공단"을 "「한국교통안전공단법」에 따른 한국교통안전공단"으로 하고, 같은 항 후단 중 "교통안전공단"을 "한국교통안전공단"으로 한다.

⑪ 및 ⑫ 생략

부　　칙 〈법률 제14954호, 2017. 10. 24.〉

제1조(시행일) 이 법은 공포 후 1년이 경과한 날부터 시행한다.

제2조(항공보안장비 성능 인증에 대한 경과조치) ① 장비운영자는 제27조 제1항의 개정규정에도 불구하고 이 법 시행일 이전부터 사용하고 있는 항공보안장비 중 제작국가 등의 항공보안장비 인증 공인기관으로부터 성능을 인증받은 항공보안장비에 대하여는 해당 장

비의 내용연수를 다할 때까지 국토교통부령으로 정하는 바에 따라 사용할 수 있다.

② 장비운영자는 제27조 제1항의 개정규정에도 불구하고 국토교통부장관으로부터 성능 인증을 받고 생산 중인 항공보안장비가 각기 다른 제작사의 장비로서 종류별로 2종 이상이 인증되기 이전까지는 제작국가 등의 항공보안장비 인증 공인기관으로부터 성능을 인증받은 장비를 사용할 수 있다.

부 칙 〈법률 제17461호, 2020. 6. 9.〉

이 법은 공포 후 6개월이 경과한 날부터 시행한다. 다만, 제23조의 개정규정은 공포한 날부터 시행한다.

부 칙 〈법률 제17646호, 2020. 12. 15.〉 (국가정보원법)

제1조(시행일) 이 법은 2021년 1월 1일부터 시행한다. 〈단서 생략〉

제2조부터 제4조까지 생략

제5조(다른 법률의 개정) ①부터 ⑦까지 생략

⑧ 항공보안법 일부를 다음과 같이 개정한다.

제7조 제1항 제4호 단서 중 "「국가정보원법」 제3조"를 "「국가정보원법」 제4조"로 한다.

⑨ 및 ⑩ 생략

제6조 생략

2. 항공운송사업자의 항공기내보안요원 등 운영 지침

[시행 2017. 3. 15.] [국토교통부지침 제22호, 2017. 3. 15., 일부 개정]

국토교통부(항공보안과)

제1조(목적) 이 지침은 「항공보안법」 제14조 제2항 및 「국가항공보안계획」 7.6.1에 따라, 항공운송사업자가 승객이 탑승한 항공기를 운항하는 경우 테러 등 불법행위로부터 승객의 안전 및 항공기의 보안을 위하여 탑승시키고 있는 항공기내보안요원 등의 운영에 관하여 필요한 최소한의 사항을 규정함을 목적으로 한다.

제2조(정의) 이 지침에서 사용하는 용어의 정의는 다음과 같다.

1. "무기"란 「항공보안법」 시행령 제19조에 따른 무기 중 분사기 및 전자충격기를 말한다.
2. "최소폭발물위험위치(LRBL: Least Risk Bomb Location)"란 폭탄(Bomb) 또는 폭발장치(Explosive Device)가 폭발하는 경우 항공기상에 영향을 최소화하기 위한 장소이며, 일반적으로 최소폭발물위험위치의 정보는 항공기 제작사에서 제공된다.
3. "관계기관"이란 국가정보원(공항보안실), 국토교통부(지방항공청) 및 경찰청(도착공항 경찰관서)을 말한다.
4. "동 · 하계"란 국제항공운송사업을 위한 시즌별 운항스케줄을 시작하는 매년 10월 및 3월 마지막 주 일요일을 말한다.
5. "항공기내보안요원"이란 항공기 내의 불법행위를 방지하는 직무를 담당하는 사법경찰관리 또는 그 직무를 위하여 항공운송사업자가 지명하는 사람을 말하며, "항공기내보안요원 등"이란 항공기내보안요원과 일반 객실승무원을 말한다.
6. "항공기 내의 불법행위"란 항공기의 안전운항을 저해할 우려가 있거나 운항을 불가능하게 하는 행위로 항공보안법 제2조 제8항 각 목의 행위를 말한다.
7. "위협수준"이란 무기 사용 절차 등 대응기준에 적용하기 위한 불법행위의 심각성 정도를 말하며 다음 각목과 같이 4단계로 구분된다.
   가. 1단계 – 수상한 행동이나 구두로 위협하는 방해 행위
   나. 2단계 – 육체적으로 폭력적인 행위

다. 3단계 - 목숨을 위협하는 행위

라. 4단계 - 조종실에 침범하거나 침범을 시도하는 행위 등

제3조(항공운송사업자의 책무) ① 항공운송사업자는 불법행위 발생시 위협수준에 따른 무기 사용 절차 등 대응기준을 수립·시행하여야 한다.

② 항공운송사업자는 승객이 탑승하는 항공기에 적정수의 항공기내보안요원을 탑승시켜야 한다. 다만, 위협의 정도가 심한 항공기 또는 항공노선에 대하여는 평시보다 항공기내보안요원을 추가로 탑승시켜야 하며, 추가 탑승 인원수는 관계기관과의 협의를 거쳐 결정한다.

③ 항공운송사업자는 항공기내보안요원에게 다음 각 호의 사항을 포함하여 임무를 부여하여야 한다.

1. 승객 탑승 전 항공기 객실 내 보안 점검 및 수색
2. 최초 출발공항 또는 중간경유지공항에서 항공기에 탑승하는 승객 또는 재탑승하는 승객과 휴대수하물에 대하여 의심스러운 경우 수색 및 점검
3. 운항 중 항공기 객실 내 보안 순찰
4. 운항 중 및 경유지에 있는 동안의 객실 내 보안감독
5. 항공기 불법 점거 또는 파괴 행위 제지
6. 객실 내 폭발의심물체가 발견된 경우 최소위험폭발물위치 사용절차에 따른 수행
7. 불법행위 발생 시 녹화 실시 및 불법행위 승객 도착공항 경찰관서에 인도
8. 기타 승객의 안전 및 항공기 보안에 필요한 사항

④ 항공운송사업자는 항공기내보안요원이 제2항의 규정에서 정한 임무를 성실히 수행하도록 감독하여야 한다.

⑤ 항공운송사업자는 객실 내 거동 수상한 행동을 하거나 보안위반의 경우 항공기내보안요원이 운항승무원에게 긴밀히 알릴 수 있는 절차를 수립·시행하여야 한다.

⑥ 항공운송사업자는 항공기내보안요원에 대한 교육훈련을 실시하여야 한다.

제4조(항공기내보안요원의 권한 및 책임) ① 항공기내보안요원은 항공기안으로 무기를 휴대하고 탑승할 수 있다.

② 항공기내보안요원은 제3조 제3항에 따라 부여된 임무를 수행하여야 하고, 이 경우

항공기내보안요원을 포함한 일반 객실승무원은 「사법경찰관리의 직무를 수행할 자와 그 직무범위에 관한 법률」 제7조 제2항에 따른 사법경찰리의 직무도 수행하여야 한다.

③ 항공기내보안요원(일반 객실승무원 포함)은 객실 내 불법행위 및 항공안전을 해치는 범죄행위 등을 녹화할 수 있으며, 그 행위를 저지시키기 위한 필요한 조치를 할 수 있다.

④ 항공기내보안요원은 항공기 내에서 불법행위가 발생한 경우 신속하게 대응하기 위하여 일반 객실승무원에게 임무를 부여하여야 하며, 항공기 내 주변 승객에게 협조 요청 등 필요한 조치를 요구할 수 있다.

⑤ 객실내 거동 수상한 행동을 하거나 보안위반의 경우 항공기내보안요원이 운항승무원에게 긴밀히 알릴 수 있어야 한다.

⑥ 항공기내보안요원은 항공기 내에서 불법행위를 행한 자 및 항공안전을 해치는 범죄자를 현행범으로 체포(물리적으로 신체를 속박한 경우에 해당)한 때에는 별지 제1호 서식의 현행범인체포서를 작성하여야 한다. 이 경우 항공기내보안요원은 피의사실의 요지, 체포의 이유와 변호인을 선임할 수 있음을 말하고 변명할 기회를 준 후 피 체포자로부터 별지 제2호 서식의 확인서를 받아야 한다.

⑦ 항공운송사업자는 제5항의 규정에 따라 현행범인체포서 및 확인서를 작성할 경우에는 원본은 도착공항 경찰관서에 피체포자와 함께 인계하고 그 사본을 사건이 종료된 날로부터 1년 이상 보존하여야 한다.

⑧ 항공기내보안요원은 기밀을 엄수하여 피의자·피해자 기타 관계인의 명예를 훼손하지 아니하도록 하여야 한다.

제5조(항공기내보안요원의 자격기준) 항공기내보안요원은 2년 이상의 선임객실승무원 또는 객실승무원 경력을 갖춘 자로서 정신적으로 안정되고 성숙된 자이어야 하며, 연령 및 성별을 고려하여 항공운송사업자가 선발하여야 한다.

제6조(항공기내보안요원의 교육훈련) 항공기내보안요원의 훈련프로그램에는 불법행위 유형별 위협수준에 따른 현실적 시나리오 및 훈련기법을 적용하여 실시하여야 하며, 다음 각 호의 내용을 포함하여야 한다.

1. 항공기내 불법행위자에 대한 강력대응, 경찰인계 절차 및 구금기법

2. 비무장 공격 및 방어 기술
3. 관찰 및 감시
4. 탑재된 무기의 사용방법 등 무기훈련
5. 불법행위 유형별 대응절차 및 조치사항
6. 최소폭발물위험위치 인지, 승무원의 임무와 책임, 항공기 성능 및 객실장비 등 일반적 교육
7. 테러정세 및 국가대테러활동체계
8. 운항승무원과 항공기내보안요원 간 객실 내 상황 또는 관련 정보의 신중한 전달 방법 또는 방식 등

제6조의 2(교육과정운영 등) ① 항공운송사업자는 항공기내보안요원의 교육과정을 초기·정기 교육으로 운영하여야 하며, 이론교육 및 실습훈련으로 구분 실시하여야 한다. 다만, 테러정세 및 국제위협상황 등이 발생하는 경우 관계기관과 협의하여 교육과정을 추가로 운영할 수 있다.

② 제1항의 초기교육은 실습훈련을 포함하여 최소 8시간 이상으로 운영하고, 초기교육을 받은 사람과 일반 객실승무원은 매 12개월마다 2시간 이상의 실습훈련을 포함한 최소 3시간 이상의 정기교육을 이수하여야 한다. 이 경우 「국가민간항공보안 교육훈련지침」 제22조에 따른 객실승무원 정기교육을 이수한 것으로 본다.

③ 제6조의 규정에 의한 항공기내보안요원의 교육훈련을 담당하는 교관의 자격요건은 항공기내보안요원으로 지명된 객실승무원 중에 관계기관으로부터 테러정세 및 국가대테러활동체계 등 필요한 교육을 최소 연 1회 이상 받은 자이어야 한다.

④ 제1항의 규정에 의한 정기교육은 교육을 받아야 할 날자가 속한 월과 전·후 1개월 이내에 실시하여야 하며, 이 경우 해당 월에 받은 것으로 본다.

제7조(무기 등 운영) ① 항공운송사업자는 항공기내보안요원에게 제2조 제1호에 따른 무기와 수갑 및 포승줄(올가미형) 등을 필요시 사용가능하도록 지급 및 탑재하여야 한다.

② 항공운송사업자는 제1항의 규정에 의한 무기·수갑·포승줄 등을 항공기내보안요원 등이 객실 내 위협수준에 따라 즉시 사용이 가능하도록 운영하여야 한다.

③ 항공기내보안요원 등은 현장 상황을 합리적으로 판단하여 무기·수갑·포승줄 등 중

에서 가장 적합한 장비를 정확하고 안전하게 사용하여야 하며, 불가피한 경우를 제외하고는 항공기내보안요원이 무기를 사용하여야 한다.

제8조(불법행위 대응 및 처리절차 등) ① 항공기 내에서 불법행위가 발생하는 경우 항공기내보안요원 및 일반 객실승무원은 휴대전화 등을 활용하여 불법행위를 녹화(불가피한 제약이 있는 경우는 제외)하여야 한다.

② 항공기내보안요원 및 일반 객실승무원은 폭행행위, 조종실 진입 기도행위, 출입문·탈출구·기기 등의 조작행위와 기내 안전을 위협하는 협박·위계행위, 승무원 업무방해행위, 음주 후 위해행위 등 불법행위를 범한 승객에 대해서는 신속히 제압 및 구금 조치(구금 이후에도 고성·폭언 등 위해행위를 지속하는 경우 추가 조치 포함)하여야 한다.

③ 항공기내보안요원 및 일반 객실승무원은 성적 수치심 유발행위, 흡연행위, 단순 소란행위, 기장 등의 정당한 직무상 지시를 따르지 않은 행위 등 불법행위를 중단할 것을 경고할 수 있으며, 경고 이후에도 불법행위를 지속하는 승객에 대해서는 항공기내보안요원의 판단에 따라 제2항과 같이 처리할 수 있다.

④ 기장 또는 항공기내보안요원은 도착공항 경찰관서에 사전 협조를 요청하여 불가피한 경우를 제외하고는 항공기 출입문 앞에서 불법행위 승객을 인계하여야 한다.

⑤ 기장 또는 항공기내보안요원은 제4항에 따라 불법행위 승객을 도착공항 경찰관서에 인계하는 경우 제1항에 따른 불법행위 녹화자료와 별지 제3호 서식에 따라 피해·목격 경위 및 내용 등이 포함된 진술서를 작성하여 경찰관서에 제출하여야 한다. 또한, 참고인의 진술이 있는 경우에도 이와 같으며, 항공기내보안요원 또는 승무원은 도착공항 경찰관이 피해·목격내용에 대하여 추가 진술을 요구할 경우 경찰관서에 동행하여 조사에 협조하여야 한다.

⑥ 항공운송사업자는 매 홀수 월 첫 번째 주 금요일까지 이전 월 마지막 날 기준으로 불법행위 발생현황 및 세부내용 등 국토교통부에서 요청한 자료를 작성하여 국토교통부에 제출하여야 한다.

제9조(행정) ① 항공운송사업자는 항공기내보안요원으로 임명된 자에 대한 명단, 제6조의 2에 따른 초기·정기교육 실적 및 제7조 제1항에 따라 지급된 무기의 종류·수량 등을 기록하여 1년 이상 보존하여야 한다.

② 항공기내보안요원에 대한 지정 신청 및 항공기 안으로 반입되는 무기의 허가 신청은 다음 각 호와 같다.

1. 항공기내보안요원 지정: 항공운송사업자는 매년 동·하계마다 별지 제4호 서식의 항공기내보안요원 지정 신청서를 지방항공청장에 제출
2. 무기반입 허가: 항공운송사업자는 매년 동·하계마다 무기 반입자, 반입사유, 종류 및 일련번호(내림차순)를 국토교통부장관에 제출

③ 지방항공청장은 제2항에 따라 항공운송사업자가 항공기내보안요원 지정 신청을 할 경우 동 요원의 적격여부를 판단하고 별지 제5호 서식의 항공기내보안요원 지정서를 발급하여야 한다.

④ 국토교통부장관은 제2항에 따라 항공운송사업자가 항공기 내 무기반입을 신청하는 경우 「항공보안법」 제21조에 따라 허가를 하여야 한다.

⑤ 항공운송사업자는 승객이 탑승을 완료한 후 항공기 이륙전에 「항공보안법」 제23조 제6항에 따라 불법행위를 하지 말 것을 기내 안내방송을 이용하여 기내에서 사전에 안내(경고)하여야 한다. 이 경우 안내 방송 문구는 소속 항공기내보안요원(기장·승무원)의 의견을 들어 작성하고, 형사상 처벌대상임을 알려야 할 필요가 있는 흡연·전자기기 사용·승무원의 업무를 방해하는 행위를 포함하여야 한다.

⑥ 항공운송사업자는 제5항에도 불구하고 「항공보안법」 제23조 제1항부터 제4항까지의 행위를 하지 말 것을 기내에 구비된 승객브리핑카드(안전정보카드)에 포함시켜 승객이 잘 볼 수 있는 곳에 비치하여야 한다.

제10조(재검토기한) 국토교통부장관은 「훈령·예규 등의 발령 및 관리에 관한 규정」에 따라 이 지침에 대하여 2017년 7월 1일 기준으로 매 3년이 되는 시점(매 3년째의 6월 30일까지를 말한다)마다 그 타당성을 검토하여 개선 등의 조치를 하여야 한다.

부　　칙 〈제19호, 2016. 4. 12.〉

제1조(시행일) 이 지침은 발령한 날부터 시행한다.

제2조(종전 지침의 폐지) 종전의 「항공운송사업자의 항공기내보안요원 운영지침」(국토교통부 지침 제16호, 2015. 7. 1)은 폐지한다.

부　　칙 〈제22호, 2017. 3. 15.〉

제1조(시행일) 이 지침은 발령한 날부터 시행한다.

제2조(항공기내보안요원 및 일반 객실승무원 정기교육 시행에 관한 적용례) 제6조의 2 제2항의 개정규정은 2017년 7월 1일 이후 시행되는 정기교육부터 적용한다.

제3조(무기 등 운영에 관한 적용례) 제7조 제1항의 개정규정에 따라 포승줄(올가미형)의 지급 및 기내 탑재는 이 지침 시행일부터 3개월이 경과한 날부터 시행한다.

참고 자료

(사)대한민국 항공보안협회, 항공보안법규(2016년 개정판), 2016

고광남, 장경태, 소대섭 공저, 항공보안개론, 진영사, 2019

김윤정, 항공기내 불법방해행위에 관한 객실승무원의 법적 지위 연구, 2015

김종복, 항공판례의 연구, 한국학술정보(주), 2008

박원화, 국제항공법, 한국학술정보(주), 2014

이강석, 김준혁, 이창무, 정태황, 황호원 공저, 항공보안학, 박영사, 2015

국토교통부

대한항공 홈페이지